把握新时代的转型之路

——广西工业和信息化发展"十三五"规划学习读本

广西壮族自治区工业和信息化委员会 ◎ 主编

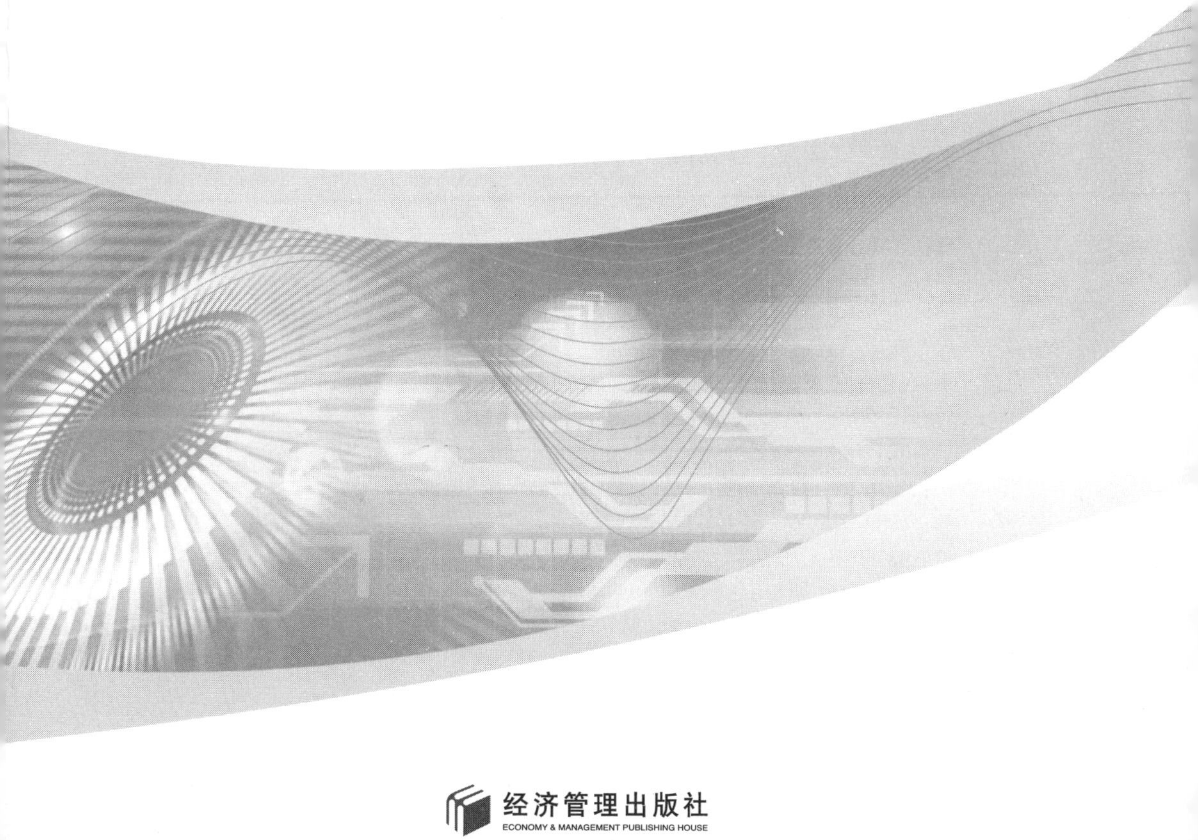

图书在版编目（CIP）数据

把握新时代的转型之路：广西工业和信息化发展"十三五"规划学习读本/广西壮族自治区工业和信息化委员会主编．—北京：经济管理出版社，2018.1
ISBN 978-7-5096-5668-6

Ⅰ.①把… Ⅱ.①广… Ⅲ.①地方工业—工业发展—广西—2016—2020—学习参考资料②信息产业—产业发展—广西—2016—2020—学习参考资料 Ⅳ.①F427.67②F492

中国版本图书馆 CIP 数据核字（2018）第 032200 号

组稿编辑：张巧梅
责任编辑：张巧梅
责任印制：黄章平
责任校对：陈　颖

出版发行：经济管理出版社
　　　　　（北京市海淀区北蜂窝 8 号中雅大厦 A 座 11 层　100038）
网　　址：www.E-mp.com.cn
电　　话：（010）51915602
印　　刷：北京玺诚印务有限公司
经　　销：新华书店
开　　本：720mm×1000mm/16
印　　张：17.5
字　　数：324 千字
版　　次：2018 年 1 月第 1 版　2018 年 1 月第 1 次印刷
书　　号：ISBN 978-7-5096-5668-6
定　　价：88.00 元

·版权所有　翻印必究·
凡购本社图书，如有印装错误，由本社读者服务部负责调换。
联系地址：北京阜外月坛北小街 2 号
电话：（010）68022974　邮编：100836

编 委 会

主　　任：莫　桦
副主任：潘　峰　　彭健铭　　区柱天　　侯　刚　　陈　清　　徐莉青
　　　　　　马义生　　陈兴忠　　陆建科
成　　员：文桂莲　　蒙　良　　邱镇林　　石红艳　　丁剑岚　　陈洪韬
　　　　　　彭　忠　　吴胜周　　索申敬　　邱　海　　刘　强　　李　郁
　　　　　　赵　榕　　田　宁　　杨富刚　　吴永干　　张　阳　　李　建
　　　　　　潘红星　　陆爱平　　马启步

编 写 组

组　　长：蒙　良
副组长：杨　鹏　　赖晓东　　谭冠晖
成　　员：邱镇林　　陈洪韬　　邱　海　　田　宁　　张修竹　　蒋　萍
　　　　　　谭秀群　　吴　青　　张北玉　　商小杰　　李卫旗　　唐庚发
　　　　　　田新明　　覃绮雯　　唐华臣　　陈　钊　　张鹏飞　　孙金阳
　　　　　　余燕军　　柯　梅　　陈　宏　　张明园　　秦　鸣　　雷万轩
　　　　　　吕宗玲　　刘　鹏　　李林峰　　洪忠城　　李博龙　　黄继才
　　　　　　潘　燕　　罗　剑　　苏超然　　左建伟　　李思晖　　梁维佳
　　　　　　李宏周　　苏冰霞　　罗家泰　　黄　翀　　劳创志　　罗剑波
　　　　　　黄土生　　龙长华　　蒲　冰　　莫德蕙　　莫小虎　　韦　玮
　　　　　　陈光忠　　文成业　　李瑞红　　文建新　　凌　琼　　尚毛毛
　　　　　　张梦飞
分统稿：杨　鹏　　赖晓东　　李卫旗　　唐庚发　　陈光忠　　文成业
总统稿：蒙　良　　杨　鹏　　赖晓东

序 言

习近平总书记在十九大报告中指出，经过长期努力，中国特色社会主义进入了新时代，这是我国发展新的历史方位，我国社会主要矛盾已经转化为人民日益增长的美好生活需要和不平衡、不充分发展之间的矛盾。在新时代下，必须以供给侧结构性改革为主线，着力解决好发展不平衡、不充分问题，大力提升发展质量和效益，工业发展是供给侧结构性改革的主力军，抓好工业转型升级和两化深度融合是深入推进供给侧结构性改革的战略任务。

工业既是一个国家、一个地区实现经济社会持续发展、推进工业化和城镇化进程的关键动力，也是实体经济的核心力量，更是创造美好生活、满足美好需求的关键力量。当前，全球范围内新一轮科技革命和产业变革蓬勃兴起，工业和信息化发展已经进入全新阶段，面临着新的发展机遇和诸多挑战。党的十九大提出要把发展经济的着力点放在实体经济上，把提高供给体系质量作为主攻方向，显著增强我国经济质量优势和加快发展先进制造业，推动互联网、大数据、人工智能和实体经济深度融合，这为广西加快工业转型升级、推进两化深度融合带来新的机遇，也提出了新的挑战。

进入新时代，面对新机遇，如何加快推进工业转型升级和两化深度融合是摆在我们面前的重大课题。长期以来，广西工业发展滞后于东部沿海发达地区，甚至与中西部先进地区的差距呈现扩大趋势，工业在全区经济社会发展中的主导作用还未达到应有的效应，工业发展低端低效低位特征还比较明显，加快转型升级发展的压力不言而喻。在奋力实现"两个建成"和奋力担当"三大定位"新使命的历史背景下，必须始终坚定工业发展定力，强化工业发展动力，全面贯彻实施《中国制造2025》战略部署，走具有广西特色的新型工业化发展道路，加快实现工业和信息化发展的转型跨越升级。

《广西壮族自治区工业和信息化发展"十三五"规划》（以下简称《规划》）是"十三五"时期广西工业和信息化发展的纲领性文件，各部门、各领域和各市正在加快推进实施，努力实现《规划》确定的发展目标和重点任务。为全面

把握新时代的转型之路

贯彻落实党的十九大精神，积极主动适应新时代的新要求，广西壮族自治区工业和信息化委员会组织编制了《把握新时代的转型之路——广西工业和信息化发展"十三五"规划学习读本》（以下简称《学习读本》）。《学习读本》以习近平新时代中国特色社会主义思想为指导，落实新发展理念，以供给侧结构性改革为主线，立足广西工业和信息化发展实际，结合新时代新要求，以全面加快工业转型升级、深入推进两化深度融合为主要路径，努力提升工业和信息化发展的质量、效益，努力破解工业和信息化发展不平衡、不充分问题，努力满足新时代人民日益增长的美好生活需要，为广西经济社会持续稳步发展提供主力引擎。

《学习读本》围绕《规划》做到切合实际，强化比较分析，延伸内容解读，力求做到资料翔实、内容丰富、观点准确、论述有据，力求高质高效完成，更好地支撑和推进《规划》的落地实施。本书在撰写过程中还有不足之处，请各部门和各界同仁予以理解包含，并不吝赐教，共同实施好工业和信息化"十三五"规划，共同努力实现广西工业持续稳步发展和转型升级发展，为实现"两个建成"、践行"三大定位"提供新的动能引擎。

本书编委会

2017 年 11 月

前　言

"十二五"期间，广西坚持做大做强做优工业，深入实施工业跨越发展"1131工程"和"十大行动计划"，积极推进两化深度融合发展，加快建设跨境（跨省）园区和高铁经济带合作试验区，产业结构逐步优化，千亿元产业不断壮大，新兴产业培育壮大，产业能级稳步提升，工业园区加快发展，产城互动成效初显，建成国内首个两化融合公共服务平台，两化融合指数超过全国平均水平，居全国第17位、西部第3位。总的来看，广西工业和信息化发展迈上新的台阶，为实现与全国同步全面建成小康社会奠定了坚实基础。

当前，新一轮科技革命和产业变革蓄势待发，国家深入推进"一带一路"建设、实施新一轮西部大开发，中国—东盟自贸区升级版加快建设，中央赋予广西"三大定位"的新使命和新要求，"互联网＋"等战略加快实施，以及供给侧结构性改革的深入推进，为新时代广西工业和信息化发展营造了良好的战略环境。编制和实施《广西壮族自治区工业和信息化发展"十三五"规划》（以下简称《规划》）对加快工业转型升级、做强做优实体经济、提升和优化工业供给能力、加快构建现代化经济体系、努力实现高质量发展等具有重要意义。《规划》依据《中国制造2025》和《广西壮族自治区国民经济和社会发展第十三个五年规划纲要》等，按照工业和信息化部"十三五"规划体系和《中国制造2025》"1＋X"体系等编制，既是"十三五"时期广西工业和信息化发展的行动纲领，也是工业和信息化领域编制相关规划的重要依据。

自治区党委、政府明确要求，要狠抓规划的全面实施。深刻领会《规划》的主要内容，是贯彻落实《规划》的重要前提，自治区工业和信息化委员会同相关部门组织编写了《把握新时代的转型之路——广西工业和信息化发展"十三五"规划学习读本》（以下简称《学习读本》）。《学习读本》围绕《规划》主要内容，以准确的数据、翔实的资料对《规划》进行了阐述和解读，有助于全区工业和信息化领域广大干部深入学习、准确理解和全面掌握《规划》的精神和内容，可作为相关部门领导和干部的重要参考工具。

把握新时代的转型之路

当前,广西正处于构建现代化经济体系、实现高质量发展的关键阶段,我们要深刻领悟党的十九大精神,全面贯彻落实党中央和国务院的战略部署,在自治区党委、政府的领导下,坚定不移地贯彻创新、协调、绿色、开放、共享的发展理念,以供给侧结构性改革为主线,坚持质量第一、效益优先,以两化深度融合为抓手,按照"智能、绿色、低碳、循环"的转型升级要求,大力发展先进制造业和战略性新兴产业,积极培育新兴先导产业,着力打造一批千亿元产业链,着力提升协同创新能力,全面提升产业核心竞争能力和综合发展水平,推动产业向中高端水平迈进,加快广西工业和信息化转型跨越发展和高质量发展,为新时代广西经济社会发展做出新的贡献。

目 录

第一篇 总 论

第1讲 "十二五"时期工业和信息化发展回顾与经验总结 …………… 3

一、"十二五"时期工业和信息化发展取得的主要成就 ………… 3

二、"十二五"时期工业和信息化发展取得的经验总结 ………… 14

第2讲 "十三五"时期广西工业和信息化发展基础和环境 ………… 17

一、发展基础 …………………………………………………… 17

二、发展环境 …………………………………………………… 19

第3讲 明确思路、发挥优势 推动广西工业和信息化转型升级加速发展 …………………………………………………………… 23

一、转型升级和跨越发展的基本导向 ………………………… 23

二、转型升级和跨越发展的基本原则 ………………………… 24

第4讲 "十三五"时期广西工业和信息化发展的主要目标 ………… 27

一、发展目标的体系设定 ……………………………………… 27

二、发展目标的主要内容 ……………………………………… 28

第二篇 践行《中国制造2025》 打造现代工业体系

第5讲 全面实施《中国制造2025》 …………………………………… 37

一、推动制造业跨越发展 ……………………………………… 37

二、重点领域和主攻方向 ……………………………………… 39

把握新时代的转型之路

第6讲 改造提升传统优势产业的重点和方向 ············ 44
一、食品工业 ············ 44
二、石化工业 ············ 47
三、有色金属工业 ············ 50
四、冶金工业 ············ 53
五、建材工业 ············ 55
六、电力工业 ············ 57
七、造纸与木材加工业 ············ 59
八、纺织服装与皮革加工业 ············ 61

第7讲 大力发展现代制造业的重点和方向 ············ 64
一、汽车工业 ············ 64
二、机械工业 ············ 66
三、电子信息 ············ 67
四、医药制造 ············ 70
五、修造船及海洋工程装备 ············ 73

第8讲 壮大提升战略性新兴产业的重点和方向 ············ 75
一、新材料 ············ 75
二、节能环保 ············ 76
三、生物医药 ············ 79
四、高端装备制造 ············ 82
五、新一代信息技术 ············ 84
六、节能与新能源汽车 ············ 87

第9讲 培育发展新兴先导产业的重点和方向 ············ 89
一、机器人 ············ 89
二、增材制造 ············ 91
三、云计算 ············ 92
四、卫星导航 ············ 93
五、石墨烯 ············ 94
六、通用航空 ············ 96

第10讲　提升发展现代服务业的重点和方向 …… 97
 一、现代仓储物流 …… 97
 二、工业设计服务 …… 98
 三、信息技术服务业 …… 99
 四、节能环保服务 …… 100
 五、现代电子商务 …… 101
 六、现代服务外包 …… 102
 七、专业会展服务 …… 103
 八、检验检测认证 …… 104

第三篇　加快转型升级　实现共享发展

第11讲　推进工业产业转型升级 …… 109
 一、加强传统产业转型升级 …… 109
 二、推动重点领域突破发展 …… 110
 三、加快推进产业集聚发展 …… 112

第12讲　加强综合施策精准发力 …… 114
 一、加强技改升级投资力度 …… 114
 二、调整优化工业投资结构 …… 115
 三、加快实施重大工业项目 …… 116
 四、加快推进企业做强做优 …… 117

第13讲　全面增强创新驱动能力 …… 120
 一、加强协同创新能力 …… 120
 二、实施专利倍增计划 …… 121
 三、打造科技创新型企业 …… 123

第14讲　加强工业绿色发展 …… 125
 一、大力发展绿色循环工业 …… 125
 二、加强落后产能整治淘汰 …… 126
 三、强化节能减排硬约束 …… 127
 四、加强节能环保综合控制 …… 128

五、推进制造业绿色改造 ………………………………………… 129

第15讲　全面推进工业扶贫 ………………………………………… 132
　　一、加强产业扶贫引导 …………………………………………… 132
　　二、推进工业扶贫协作 …………………………………………… 133

第四篇　推进两化深度融合　提速信息化建设

第16讲　全面推进两化深度融合 …………………………………… 137
　　一、深化制造业与互联网融合发展 ……………………………… 137
　　二、大力发展新型生产模式 ……………………………………… 138
　　三、着力提升重点领域智能化水平 ……………………………… 140
　　四、积极推进企业新型能力建设 ………………………………… 140

第17讲　打造"一带一路"信息交流　有机衔接重要门户 ……… 142
　　一、加快推进中国—东盟信息港建设 …………………………… 142
　　二、积极扩大对外信息交流 ……………………………………… 145

第18讲　健全工业控制系统安全保障体系 ………………………… 146
　　一、完善工业控制系统安全制度 ………………………………… 146
　　二、加强工业控制系统信息安全管理 …………………………… 147
　　三、提高重点领域应急处置能力 ………………………………… 147

第19讲　提高无线电监管水平和应急处置能力 …………………… 149
　　一、发挥统筹引领作用，强化无线电监督管理 ………………… 149
　　二、加强无线电基础建设，提升无线电监管水平 ……………… 150

第20讲　着力推动信息化基础建设 ………………………………… 152
　　一、加快信息基础设施建设 ……………………………………… 152
　　二、加快综合应用信息平台建设 ………………………………… 154

第五篇　强化统筹协调　优化产业空间布局

第21讲　推进临海工业集聚协调发展的重点和方向 ……………… 157
　　一、南宁市 ………………………………………………………… 157

二、北海市 ··· 160
　　三、钦州市 ··· 162
　　四、防城港 ··· 164

第22讲　构建沿江现代产业体系的重点和方向 ················· 168
　　一、柳州市 ··· 168
　　二、桂林市 ··· 171
　　三、梧州市 ··· 174
　　四、贵港市 ··· 177
　　五、来宾市 ··· 180
　　六、玉林市 ··· 182
　　七、贺州市 ··· 185

第23讲　加强生态型特色产业集聚发展的重点和方向 ········· 188
　　一、百色市 ··· 188
　　二、河池市 ··· 191
　　三、崇左市 ··· 194

第24讲　如何着力推进产业空间优化布局 ····················· 197
　　一、培育发展现代产业园区 ·· 197
　　二、着力打造特色产业基地 ·· 199
　　三、加快推进产城互动建设 ·· 202
　　四、打造一批生态产业园区 ·· 203
　　五、培育壮大工业经济强县 ·· 204
　　六、打造高铁工业经济带 ·· 205

第六篇　强化要素支撑　夯实发展基础

第25讲　创新平台支撑 ··· 209
　　一、培育一批国家创新平台 ·· 209
　　二、打造一批自治区级创新平台 ·· 210
　　三、建设一批创新创业载体 ·· 211

第26讲　互联互通支撑 ··· 213
　　一、公路交通 ··· 213

二、铁路交通 …………………………………………………… 214
　　三、民航机场 …………………………………………………… 215
　　四、水路交通 …………………………………………………… 215

第27讲　土地利用支撑 …………………………………………… 217
　　一、科学安排工业用地 ………………………………………… 217
　　二、提高用地集约水平 ………………………………………… 218
　　三、强化保障后备用地 ………………………………………… 219

第28讲　能源供给支撑 …………………………………………… 220
　　一、优化能源总量控制 ………………………………………… 220
　　二、强化电力供给保障 ………………………………………… 221
　　三、强化煤炭资源保障 ………………………………………… 221
　　四、保障油品供应能力 ………………………………………… 222
　　五、确保天然气供需求 ………………………………………… 223

第29讲　财政金融支撑 …………………………………………… 224
　　一、增强财政支撑功能 ………………………………………… 224
　　二、创新金融服务体系 ………………………………………… 224
　　三、增强企业融资能力 ………………………………………… 225

第30讲　人才保障支撑 …………………………………………… 226
　　一、引进培养创新型人才 ……………………………………… 226
　　二、建设基础扎实的人才队伍 ………………………………… 227
　　三、专业技能人才建设 ………………………………………… 227

第七篇　完善政策措施　加强规划实施

第31讲　加强政策扶持 …………………………………………… 231
　　一、争取国家政策支持 ………………………………………… 231
　　二、制定专项发展政策 ………………………………………… 231
　　三、加强产业引导扶持 ………………………………………… 232
　　四、用好用足现有政策 ………………………………………… 232

第32讲 着力体制创新 ····································· 234
一、加强园区体制创新 ································ 234
二、壮大非公工业经济 ································ 234
三、大力发展行业协会 ································ 235
四、强化负面清单管理 ································ 236

第33讲 强化招商引资 ····································· 237
一、提高项目策划能力 ································ 237
二、创新招商引资模式 ································ 237
三、激发社会投资活力 ································ 238

第34讲 扩大对外合作 ····································· 239
一、优化外来投资结构水平 ···························· 239
二、提高产业转移承接能力 ···························· 239
三、推动国际产能和制造合作 ·························· 240

第35讲 推进规划实施 ····································· 242
一、加强组织协调 ···································· 242
二、规范规划管理 ···································· 242
三、落实责任机制 ···································· 243
四、加强实施监测 ···································· 243

附录：名词解释 ··· 244

第一篇　总　论

　　"十二五"时期是发展进程中极不平凡的五年，面对世界经济复苏乏力、局部冲突和动荡频发、全球性问题加剧的外部环境，面对我国经济发展进入新常态等一系列深刻变化，自治区党委、政府坚持稳中求进工作总基调，迎难而上，开拓进取，工业和信息化发展取得了不同寻常的成绩，走出了一条具有广西特色的新型工业化道路，开创了工业和信息化发展新局面。

第1讲 "十二五"时期工业和信息化发展回顾与经验总结

一、"十二五"时期工业和信息化发展取得的主要成就

"十二五"时期,广西坚持以科学发展观为指导,以改革促发展,积极加强项目实施的顶层设计,成立项目推进专职部门,切实推动重大任务和重大项目的实施,工业和信息化发展取得新的成绩,工业结构不断优化,千亿元产业、千亿元园区和千亿元企业培育成效明显,战略性新兴产业和先进制造业加快发展,节能减排取得显著成效,工业和信息化发展进入新的阶段。

(一)工业总量不断扩大,综合实力稳步壮大

"十二五"期间,广西以做大做强做优工业为主线,深入实施工业跨越发展"1131工程"和"十大行动计划",加快推进工业跨越发展,实现了工业总量的逐步扩大和发展效益的稳步提升。5年间,全区全部工业总产值由1.17万亿元增加到2.33万亿元,增长0.99倍,年均增长14.7%,其中规模以上工业总产值由9644.13亿元增加到2.25万亿元,增长1.33倍,年均增长19.0%;工业增加值达到6338亿元,年均增长11.8%,其中规模以上工业增加值达到6096.97亿元,年均增长13.8%,增速均排在全国前列(见图1)。

"十二五"期间,全区规模以上工业主营业务收入突破2万亿元,由2010年的9059.82亿元增加到2015年的20078.93亿元,增长1.2倍;工业利润突破千亿元,由2010年的465.76亿元增加到2015年的1175.37亿元,增长1.52倍;实现税金突破千亿元,由2010年的414.05亿元增加到2015年的1043.12亿元,

增长 1.51 倍。工业运行质量和发展潜力居全国前列。

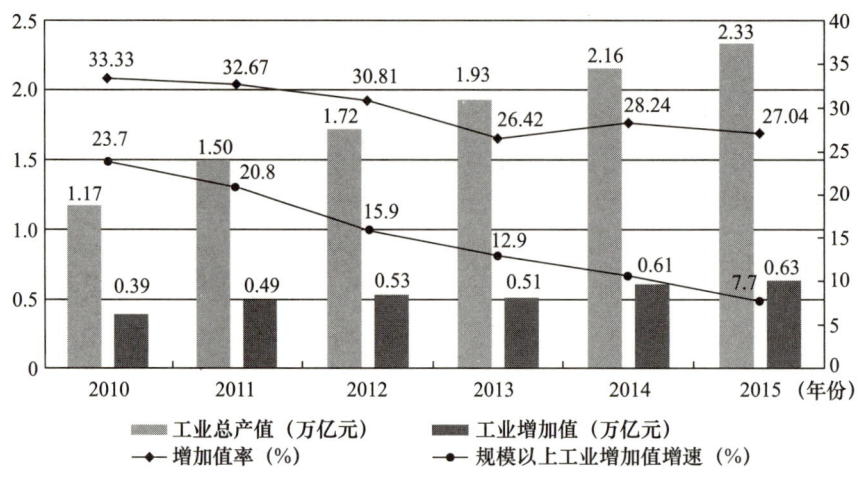

图 1　广西工业总产值和工业增加值（2010～2015 年）

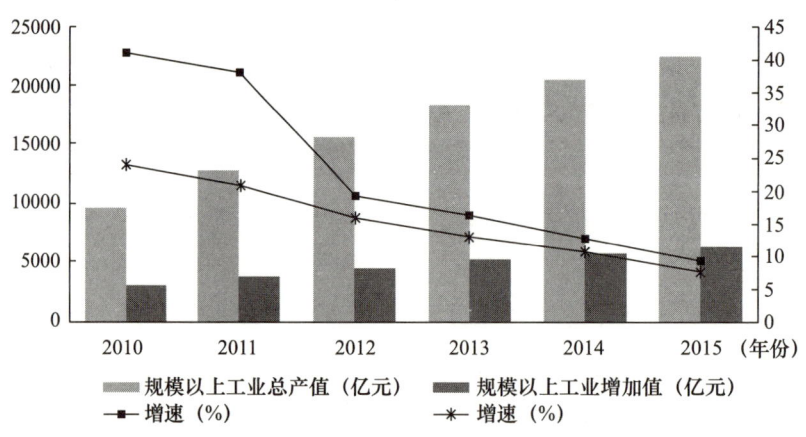

图 2　2010～2015 年广西规模以上工业完成情况

"十二五"期间，工业拉动经济增长的作用得到进一步巩固，成为拉动全区经济增长的重要引擎。第二产业增加值由 2010 年的 4510.83 亿元增加到 2015 年的 7694.74 亿元，年均增长 11.27%；工业化率①由 2010 年的 2.3 提高到 2015 年的 2.5。工业带动全区 70% 以上就业，对全区地区生产总值增长的贡献率达到 41.8%，支撑全区 42% 的全社会固定资产投资，是全区经济发展的主导力量。

表1 "十二五"期间全区工业经济效益情况

指标 年份	主营业务 收入（亿元）	增长 （%）	利润总额 （亿元）	增长 （%）	实现税金 （亿元）	增长 （%）
2010	9059.82	43.11	465.76	78.80	414.05	25.81
2011	11973.45	32.15	717.34	54.01	558.77	34.95
2012	14324.38	19.63	749.00	4.41	713.26	27.64
2013	16726.00	16.76	874.00	16.68	846.78	18.71
2014	18455.11	10.33	963.78	10.27	911.09	7.59
2015	20078.43	8.79	1175.37	21.95	1043.12	14.49

表2 "十二五"期间全区三次产业拉动 GDP 增长及贡献率

贡献度 产业	拉动 GDP 增长（百分点）		对 GDP 增长的贡献率（%）*	
	2010 年	2015 年	2010 年	2015 年
第一产业	0.8	0.6	5.5	6.8
第二产业	9.2	4.2	64.8	51.4
#工业	7.7	3.4	54.5	41.8
#规模以上工业	6.8	—	48.1	—
第三产业	4.2	3.4	29.7	41.9

注：*表示自治区统计局自 2015 年起不再对外公布规模以上工业增加值绝对值，只公布增速。

---

① 对工业化的理解，传统意义上是将工业（特别是制造业）或第二产业产值在地区生产总值中比重不断上升的过程，以及工业就业人数在总就业人数中比重不断提高的过程。随着现代经济体系的加快打造，尤其是以"互联网+"为代表的新兴产业快速发展，三次产业融合度不断提升，上述的认识已经难以适应新的发展趋势，对工业化的认识应当从更加全面、更加系统的角度看待。工业化率是衡量工业化水平的相对客观的指标，对工业化率的理解有两种，一种认为工业化率即工业增加值占全部生产总值的比重，当工业化率达到 20%～40%，为工业化初期，40%～60% 为半工业化国家，60% 以上为工业化国家。另一种认为工业化率=工业增加值/第一产业增加值，相对而言，后一种算法更加符合当前工业化的发展实际，能够比较客观地体现二产带一产、三产融合的发展趋势，另有将后一种称为"工业化程度系数"。

（二）产业结构优化升级，转型升级成效显著

"十二五"期间，广西加快推进工业产业结构调整和转型升级，以科学发展为主题，以加快转变发展方式为主线，以科技进步和自主创新作为重要支撑，大力提升发展传统产业，加快培育发展战略性新兴产业，着力提升产业发展层次，产业发展水平得到稳步提升。5年间，广西先进制造业产值年均增长22.4%，较规模以上工业总产值增速高出7.7个百分点，高技术产业增加值年均增速高于规模以上工业增加值增速6.1个百分点。规模以上工业度电产值提高12元，六大高耗能行业工业固定资产投资占全区比重下降11.6个百分点、占全区规模以上工业增加值比重下降4.6个百分点。电子、汽车等产业快速壮大，新材料、先进装备制造等战略性新兴产业产业化进程加快，柳州汽车和装备制造（工程机械）、玉林装备制造（内燃机）、百色生态铝及北海、南宁、桂林电子信息等特色产业基地加快建设，有力地推动了广西先进制造业和战略性新兴产业发展壮大，以及传统优势产业的转型升级，促进经济持续健康稳定发展。

（三）产业实力稳步增强，支撑作用不断提升

"十二五"期间，广西加快发展14个千亿元产业和战略性新兴产业，重点培育打造的现代产业体系由"14+4"① 升级为"14+10"，产业规模和实力稳步提升，对全区经济发展的支撑作用日益增强。5年来，千亿元产业由3个增加到10个（食品、汽车、冶金、石化、机械、建材、电力、有色金属、造纸与木材加工、电子信息），两千亿元产业增加到6个（食品、冶金、汽车、石化、机械、电子信息），食品产业突破3000亿元，成为第一个三千亿元产业。微型汽车、轮式装载机、车用柴油机、多功能乘用车等产品市场占有率全国第一，食糖产量连续10个榨季占全国60%以上，蚕茧产量占全国44%，连续10年居全国第一，桑蚕丝产量占全国25%，连续5年居全国第一。增材制造（3D打印）、工业机器人等新兴产业取得突破，为工业发展增添了后劲。

（四）园区布局逐步优化，聚集效应不断显现

"十二五"期间，广西"两区一带"工业发展空间布局不断优化，高铁经济

---

① "4"是指战略性新兴产业，产业体系升级后，重点发展的新兴产业由原来的4个增加到10个，除原有的新材料、新能源、节能环保、海洋经济外，新增生物医药、新一代信息技术、新能源汽车、生物农业、先进装备制造、养生长寿健康产业6个战略性新兴产业。新增的6个战略性新兴产业，符合国家产业结构调整政策方向，符合广西产业结构、发展水平、创新基础和资源禀赋实际，产业前景好，资源消耗低，带动系数大，经济效益明显。

表3 2010~2015年全区主要工业行业发展情况　　　单位：亿元

年份 行业	2010	2015	年均增长（%）
有色金属	799.46	1598.35	14.86
汽车工业	1246.29	2424.79	14.24
食品工业	1570.54	3526.92	17.56
石油化工	912.84	2244.42	19.71
冶金工业	1166.05	2677.27	18.09
机械工业	1054.53	2401.78	17.89
电力工业	813.06	1089.18	6.02
建材工业	687.22	1954.46	23.25
医药工业	170.87	442.25	20.95
电子工业	231.08	1312.04	41.53
造纸与木材加工业	526.56	1554.61	24.18
纺织服装与皮革加工业	231.63	551.56	18.95
煤炭工业	22.10	54.43	19.75
其他工业	178.40	647.00	29.39

带试验区、跨境（跨省）园区成为产业布局新亮点、产业合作新高地，园区承载能力和配套水平得到进一步提升，基础设施加快完善，园区规模和实力显著增强，产业链条进一步延展，园区经济成为广西工业强有力的增长点。5年间，广西工业园区工业总产值由2010年的0.65万亿元增加到2015年的1.96万亿元，较2010年增长2.02倍，工业园区增加值由2010年的1829.30亿元增加到2015年的5284亿元，较2010年增长1.89倍，占全区工业增加值的比重达到83.4%。全区工业园区由103个增加到118个，工业集中区基本实现县（市、区）全覆盖。千亿元园区从无到有实现新突破，南宁高新技术产业开发区、柳州高新技术产业开发区工业总产值相继突破千亿元，超500亿元园区达到9个，百亿元园区达到52个。全面推进30个试点园区建设，柳州汽车城、钦州石化产业园等一批专业特色园区得到迅速成长，产城互动发展初见成效。中马钦州产业园区、粤桂合作特别试验区等跨境、跨省合作园区加快发展，高铁经济带合作试验区（柳州园、桂林园）等产业合作新平台加快建设。

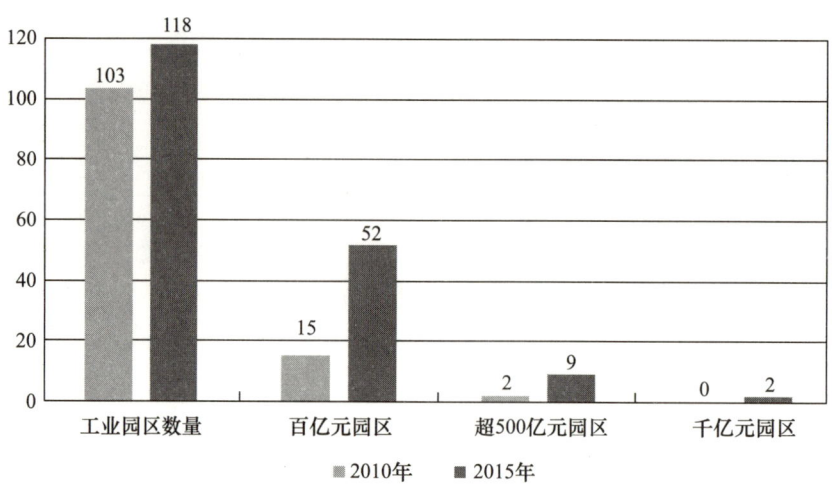

图3 广西工业园区发展数量（2010/2015年）

表4 "十二五"全区国家级、自治区级工业园区增加值、总产值和项目投资

单位：亿元

经济指标 园区名称	增加值（亿元）			总产值（亿元）			项目实际投资		
	2010年	2015年	年均增长（%）	2010年	2015年	年均增长（%）	2010年	2015年	年均增长（%）
南宁高新技术产业开发区	1816750	3759146	15.65	5434319	14457912	21.62	396463	1144343	23.61
南宁经济技术开发区	366491	1369325	30.16	1316264	4863764	29.88	225889	1204799	39.77
广西—东盟经济技术开发区	156796	561356	29.06	657563	2267523	28.09	319043	542608	11.21
广西良庆经济开发区	264835	469347	12.13	1005841	1686986	10.90	144417	136074	-1.18
南宁六景工业园区	105696	546102	38.88	352312	1820339	38.88	425523	372190	-2.64
南宁仙葫经济开发区	21923	117241	39.84	84553	414587	37.43	29411	161033	40.50
南宁江南工业园区	90634	433809	36.77	340121	1668497	37.45	58434	350215	43.07
广西柳州高新技术产业开发区	1806000	3991000	17.19	9831094	15788000	9.94	100896	177366	11.94
广西柳州阳和工业园区	580759	1242301	16.42	2150962	4601115	16.42	19810	217550	61.49
广西鹿寨经济开发区	213679	358314	10.89	715598	1194380	10.79	212042	189867	-2.18
桂林高新技术产业开发区	1233776	2489860	15.08	4020700	8486641	16.11	126315	248556	14.50

续表

经济指标\园区名称	增加值（亿元）			总产值（亿元）			项目实际投资		
	2010年	2015年	年均增长（%）	2010年	2015年	年均增长（%）	2010年	2015年	年均增长（%）
广西桂林西城经济开发区	476176	1333272	22.87	1414131	4240098	24.56	82059	109043	5.85
广西灵川八里街工业园区	41542	260312	44.34	150483	783229	39.08	15450	145100	56.51
广西梧州工业园区	320054	1105136	28.13	1030288	3157530	25.11	400729	532310	5.84
广西梧州长洲工业园区	10776	26813	20.00	63536	61450	(0.67)	—	84045	—
广西北海高新技术产业园区	114191	223450	14.37	268329	745133	22.66	25810	10761	-16.05
广西北海出口加工区	219668	760002	28.18	737823	3200000	34.10	190725	1029069	40.09
广西北海工业园区	274663	1412316	38.75	1079332	6490421	43.16	478810	121678	-23.97
广西合浦工业园区	114819	310561	22.02	375569	1150225	25.09	105000	44578	-15.75
东兴镇边境经济合作区	—	252319	—	—	903064	—	—	171755	—
广西钦州港经济技术开发区	753689	804507	1.31	2882390	4883517	11.12	654312	48158	-40.66
广西贵港江南工业园区	115005	153830	5.99	390298	649010	10.71	61310	301887	37.55
广西玉林经济开发区	71938	350992	37.30	283999	1239586	34.27	112425	328615	23.93
广西容县经济开发区	172130	468343	22.16	525580	1760690	27.35	165175	380213	18.15
广西北流日用陶瓷工业园区	311578	750510	19.22	1050683	2855604	22.14	313215	54390	-29.54
广西百色工业园区	375445	498255	5.82	1088245	1691830	9.23	186300	63617	-19.34
广西贺州旺高工业园区	61245	195674	26.15	216907	663300	25.05	33546	27560	-3.85
广西宜州经济开发区	44100	78018	12.09	170163	390109	18.05	76288	71291	-1.35
凭祥市边境经济合作区	32520	63205	14.21	115328	216347	13.41	93247	178	-71.41
合计	10166878	24385316	19.12	37752411	92330887	19.59	5052644	8268849	10.35

从表4可以看出,"十二五"期间,广西工业园区增加值年均增速最快的是广西灵川八里街工业园区,年均增速达到44.34%。南宁仙葫经济开发区、南宁六景工业园区、广西北海工业园区等16个园区年均增速超过全区园区平均增长速度,年均增长速度最慢的为广西钦州港经济技术开发区,年均增速仅为1.31%。工业总产值增长速度最快的为广西北海工业园区,年均增速达到43.16%。广西灵川八里街工业园区、南宁六景工业园区、南宁江南工业园区等17个园区工业总产值增长速度高于全区园区平均水平。广西梧州长洲工业园区工业总产值出现负增长(年均增速为-0.67%)。项目实际投资年均增速最快的为广西柳州阳和工业园区,年均增长达到61.49%;广西灵川八里街工业园区、南宁江南工业园区、南宁仙葫经济开发区等13个园区实际投资年均增长速度高于全区园区平均水平。

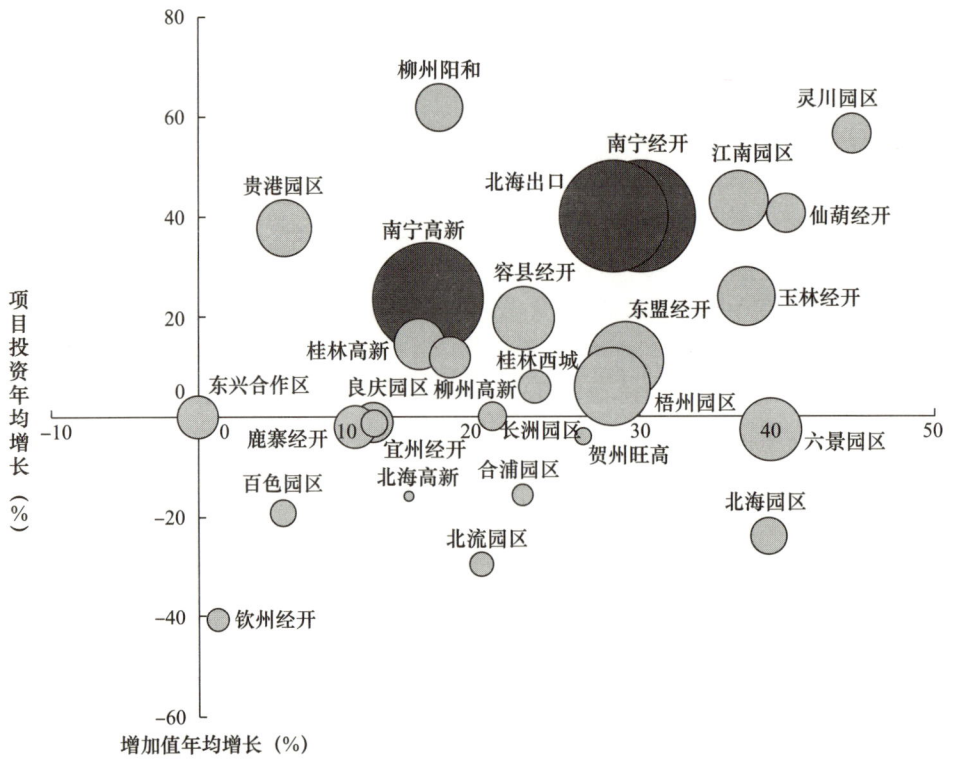

图4 国家级和自治区级工业园区发展指标和趋势研判

散点图分析是厘清发展主体关系和发展指标趋势的有效手段,通过对广西国家级和自治区级工业园区的散点图分析(X表示增加值年均增长率,Y表示项目投资年均增长率,圆形大小代表工业园区产值规模),可以看出,"十二五"期间,广西国家级和自治区级工业园区发展趋势总体良好,但在增长态势和增长后劲方面,各工业园区表现不一。从产值规模来看,南宁高新区、北海出口加工区、南宁经开区是工业园区发展的第一梯队,其次广西东盟经开区、梧州工业园区、贵港江南工业园区、玉林经开区和南宁六景工业区等处于工业园区发展的第二梯队,贵港江南工业园区、南宁江南工业园区、柳州阳和工业园区、灵川八里街工业园区等工业园区项目投资增长后劲较强,未来发展上升空间较大,尤其是梧州工业园区、广西东盟经开区是广西工业园区"绩优股"的代表,逐渐形成工业规模优势。

(五)工业投资快速增长,发展后劲稳步增强

"十二五"期间,在"稳增长"各种政策措施的刺激和扶持下,广西积极克服国内外经济下行压力和各种不利因素的影响,工业固定资产投资在逆境中保持了稳步发展的态势,投资规模稳步扩大,投资结构进一步得到优化,工业固定资产投资的良好发展使广西工业生产能力不断提高,园区基础设施建设加快推进。5年间,广西工业固定资产投资达到6390.80亿元,年均增长19.45%;技术改造投资达到5897.85亿元,年均增长21.62%;制造业投资达到5253亿元,年均增长20.86%。技术改造投资占全社会固定资产投资比重由28.2%提高到36.3%。中石油钦州千万吨炼油厂、防城港红沙核电站、柳州汽车城、富士康南宁科技园、中国联通南宁总部基地、源正新能源客车生产线、桂西华银铝、平果氧化铝、靖西信发铝、北海诚德镍铬合金冷轧工程、龙滩水电站、广西金川有色金属原料加工等一批重大项目建成投产或开工建设,为广西工业和信息化发展提供了持续动力。

表5 "十二五"期间全区工业投资情况　　　　　　　单位:亿元

指标 年份	工业投资	增长(%)	更新改造投资	增长(%)	制造业投资	增长(%)
2010	2627.33	38.70	2215.90	42.7	2036.96	43.50
2011	3742.54	42.44	3054.81	37.85	2919.98	43.34
2012	4653.17	24.33	4257.10	39.38	3776.26	29.32
2013	4562.87	-1.94	4319.06	1.45	3744.87	-0.83
2014	5460.79	19.67	5038.93	16.66	4518.09	20.64
2015	6390.80	17.03	5897.85	17.04	5253.40	16.27

（六）创新能力不断提升，企业体系日渐完善

"十二五"期间，广西工业坚持提质增效、转型升级的发展主线，积极打造以企业为主体的产业创新体系，加快创新成果和新产品产业化步伐，持续推动企业创新能力建设，积极搭建产学研合作平台和协同创新平台，加快互联网、大数据、云计算等技术在企业研发、生产、管理、销售等环节中的运用，企业创新能力得到显著提升。5年间，全区企业创新平台达到636家，增长3倍，广西名牌产品（工业领域）达到289个，增长1.4倍。工业企业申请发明专利达到10851件，增长21.2倍，获授权发明专利达到1447件，获中国质量奖提名奖3个、广西壮族自治区主席质量奖7个。大中型工业企业研发经费投入达到90亿元，以产品创新为核心的创新理念越来越受到企业重视，全区大中型企业新产品产值由735.56亿元增加到2000亿元，增长1.7倍。全区拥有企业技术中心的企业实现新产品销售收入1600亿元。一批拥有自主知识产权的核心技术取得突破，10项达到国际先进水平，87项达到国内先进水平。朗科闪存技术和产品占据国际领先地位，航空高性能大规格铝合金、发泡陶瓷新材料、3D打印机等研制成功。

（七）节能减排成效显著，循环经济深入推进

"十二五"期间，广西按照绿色发展、循环发展、低碳发展理念，围绕打造循环经济示范省区，全力推进产业生态化、生态产业化发展，通过技术改造，不断加快建设科技含量高、资源消耗低、环境影响小的绿色生态工业体系。5年间，全区规模以上万元工业增加值能耗累计下降33.2%，超额完成"十二五"目标任务，万元工业增加值用水量累计下降53.4%，实现结构性节能763万吨标准煤。发布全国第一个工业行业循环经济评价考核地方标准①，先后在制糖、冶金、有色、建材、石化、电力、轻工等重点行业中择优确定28个自治区工业循环经济试点单位，在制糖、电解铝、火电、新型干法旋窑水泥、林板等资源型行业企业组织实施循环经济推进行动，构建起特色产业循环经济发展模式，累计培育超过90家工业循环经济示范（先进）企业，相关企业循环经济主要技术指标达到国内一流、国际先进水平。工业固体废物综合利用率达到63%，高于全国平均水平。制糖企业循环利用率达到90%以上，糖业综合利用产值占食糖产值的比重提高到40%，稳居全国第一。循环化改造重点园区达到13个，南宁、梧州、贺州、河池4个生态产业园区加快建设。

---

① 依据《广西主要工业行业循环经济评价指标体系》判定，资源产出、资源消耗、资源综合利用、废物排放四项循环经济主要技术指标达到国内先进水平（二级以上考核指标），就可认定为循环经济企业。

(八) 信息化建设步伐加快,应用水平稳步上升

"十二五"期间,广西重点推进企业管理创新、营销创新、战略创新,建立以企业为主体,以科研院校为技术依托,以信息技术为支撑的创新体系,建立产学研用结合新模式,企业智能化生产和信息化应用水平不断提升,信息技术与制造业融合创新得到进一步深化,重点产业、重点领域两化融合水平明显提高,产业规模和实力不断增强。5年间,电子信息产业总产值突破2000亿元,年均增长30%以上,南宁市成为首批25个国家信息消费示范城市之一,国家信息消费试点城市达到4个(南宁、柳州、桂林、北海),获批国家信息消费创新应用示范项目2家,自治区级信息消费创新应用示范项目20家。宽带广西、智慧城市和中国—东盟区域性信息交流中心建设加快推进,中国—东盟信息港建设上升为国家战略。柳州市、桂林市、贵港市、梧州市等实施公共场所免费无线上网服务项目,指导协调数字化社区等各领域信息化应用。无线电管理事业有新发展,台站数量年均增长35.5%,监测机房面积增加43%,监管能力显著提升。广西信息化建设以经营管理信息化和产品装备数字化为重点,重点推进信息化与工业化融合,通过应用数字信息技术显著提高工业产品技术含量和附加值,有力推动了工业发展方式从粗放型向集约型的转变。

(九) 两化融合程度加深,激发企业内生动力

"十二五"期间,广西按照工业和信息化融合发展思路,着力加强信息技术在汽车制造、工程机械、钢铁、化工、制糖、建材、造纸、日化、通信运营等重点行业、企业的应用推广,加快推动生产装备和生产过程的数字化和智能化,推进重点工业企业开展智能化改造,工业企业对信息技术的应用水平大幅提高,一大批工业企业完成了智能化改造,实现对生产工艺、流程的智能管控,推动企业向分工专业化、管理精细化、生产柔性化、产品创新化发展,提高企业敏捷制造能力和综合竞争力。在全国率先编制出台《广西两化融合评估体系》《广西两化融合工作指南》,建成国内首个两化融合公共服务平台——广西两化融合门户网站,成立广西两化融合促进中心,两化融合指数超过全国平均水平,居全国第17位、西部第3位,柳州、桂林国家级两化融合试点城市通过工业和信息化部验收。通过工业和信息化部两化融合管理体系认定企业达到4家,入围全国两化融合管理体系贯标试点企业达到9家。中国电信广西分公司和广西广播电视信息网络股份有限公司开展双向进入业务许可申报工作,中国电信集团获得国家新闻出版广电总局批复同意增加IPTV传输服务传输范围,标志着广西三网融合试点企业实现业务双向进入,"三网融合"用户达到100万户,基本完成

南宁市全国"三网融合"试点工作任务。广西从区域、行业、企业3个层面，在企业设计、生产、销售、管理等各个环节，全力推进两化融合发展，用先进的信息技术优化产业结构，提高企业效益，提升产品水平，增强企业竞争能力，培育形成一批"互联网＋"制造的先进典型应用项目，玉柴数字化铸造车间智能化改造完成，上汽通用五菱等企业建成产、供、销、服务综合业务网络平台，柳工集团自主开发的"工程机械云服务平台"实现向"互联网＋制造＋服务"的转型升级。

二、"十二五"时期工业和信息化发展取得的经验总结

"十二五"期间，广西深入推动工业经济转型升级发展，工业和信息化水平得到加快提升，从实践经验来看，广西在推动工业和信息化发展过程中，重点从坚持规划引领、把握科学定位、用好项目抓手、推动两化融合、着力扩大投入等方面着手，并取得了良好的发展成效。

（一）坚持规划引领，保障组织实施

加快工业和信息化转型升级，很重要的一点就是要坚持和强化规划的引领作用，通过强有力的组织实施，把规划的目标任务落在实处。"十二五"期间，广西认真组织实施了《广西壮族自治区工业和信息化发展"十二五"规划》，配套实施了各项工业和信息化专项规划，组织制定了《广西壮族自治区工业和信息化发展"十二五"规划实施方案》，落实了责任分工和目标分解，重点推动工业提质增效、转型升级发展，统筹全区工业和信息化发展，并根据新形势和新变化，适当增加新的工作任务及工作要求，既体现出规划实施的严谨性、权威性，又体现出灵活性，确保各项规划目标和重点任务落到实处。经过认真组织实施，全区在工业和信息化相关产业培育、项目建设、设施完善等方面取得突出成效，显著提高了全区工业发展水平。

（二）坚持科学定位，强化工业主导

当前，广西正处于工业化发展的关键阶段，工业化水平总体处于中期阶段，能否实现向工业化后期的顺利迈进，关键在工业，核心在产业，必须强化工业主导地位，科学定位产业发展。"十二五"期间，自治区党委、政府高度重视工业

发展在全区经济发展中的定位，强化全区统筹发展，牢固坚持工业主导方向，大力实施工业转型升级专项行动，相继制定出台了《广西壮族自治区人民政府关于印发加快推进广西亿元工业企业工程实施方案的通知》（桂政发〔2012〕28号）《广西壮族自治区人民政府关于印发工业跨越发展十大行动计划的通知》（桂政发〔2013〕40号）《广西壮族自治区人民政府关于印发工业跨越发展"1131工程"实施方案的通知》（桂政发〔2013〕39号）等，按照全区工业定位要求，推动工业转型跨越发展，进一步巩固了工业主导地位。

（三）坚持用好项目抓手，完善园区建设

项目建设是经济社会发展的强力引擎和强大助推器，如何让项目建设引领带动和推进工业经济更好更快发展，尤其是在新一轮科技革命和产业变革背景下，谁在项目建设中率先一步、技高一筹，谁就能赢得发展的先机，掌握发展的主动权，抢占发展的制高点，以项目建设为经济建设总抓手已成共识共为。"十二五"期间，广西坚持以项目为抓手，大力开展招商引资行动，积极承接东部发达地区产业转移，建立健全项目跟踪服务制度，顺利实现一大批重大项目建设投产，极大地激活了工业发展活力；加快实施园区基础设施提升工程，引导新建项目向园区集聚，提升园区综合配套能力，重点建设了一批特色园区、跨省合作园区、生态园区等，提高了工业产业集聚水平，优化了工业空间布局。

（四）推动两化融合，提升信息化水平

两化融合是工业化的关键引擎，是重点行业发展的关键动力，是新时代国家对工业行业信息化发展的新要求、新战略，是促进工业行业由大变强的有力举措，是推动"四化同步"的必经之路。企业要发展必须牢固树立信息化引领工业化的战略意识，把两化深度融合作为企业转型升级、创新发展的主战略。"十二五"期间，广西持续提升制造业与信息化融合发展水平，着力发展智能制造，将大数据、云计算、物联网等新一代信息技术应用到工业发展的相关环节和领域，完善新一代信息基础设施布局建设，实施"三网"融合行动，加快推动信息元器件制造、软件服务业等产业发展，拓展和深化信息技术应用领域，提高了全社会信息化水平，以信息化引领带动了新型工业化发展。

（五）着力扩大投入，推动技术改造

技术改造不是搞量的低水平扩张，关键是注重质的提高。实践证明，技术改造具有技术新、投资省、工期短、见效快、效益好的突出特点，也是应对危机、

把握新时代的转型之路

提高投资拉动效应的有效手段,着力推动技术改造与提升产业层次相结合、与推动信息化与工业化融合相结合、与推动节能减排相结合,并把技术改造作为扩大内需、改善供给、促进工业经济平稳较快增长的重要措施。"十二五"期间,广西充分利用财政资金支持工业技术改造,加快推动民间投资发展,积极吸引国外投资,推动投资主体多元化,加大对高端装备制造、节能环保、新材料、新一代信息技术等领域的投资,推动银企合作,共同搭建融资平台,有效保持了投资对工业发展的持久拉动。

第2讲 "十三五"时期广西工业和信息化发展基础和环境

"十二五"期间,广西工业和信息化发展成效更加明显,发展基础更加扎实,为新时代广西工业和信息化发展奠定了基础。"十三五"时期是全球制造业升级发展和国内制造业转型升级的关键阶段,制造业竞争将更加激烈,两化融合将更加深入,发展机遇更加突出,广西必须紧紧抓住重大发展机遇,努力实现工业和信息化领域的突破发展和转型跨越。

一、发展基础

"十二五"时期,广西认真贯彻落实中央和自治区的决策部署,统筹推进产业、园区、企业等发展,加快推进两化融合,不断增强工业发展动力和发展水平。

一是重点产业转型基础成熟。广西按照突出重点、扶强扶优扶大的原则,支持成长性高、拉动力强、效益好、条件成熟的汽车、机械、食品、电子、石化、有色金属、医药制造七大产业,加快形成产业链,夯实和壮大了工业发展基础。制定实施战略性新兴产业突破发展工作方案,重点支持新材料、高端装备制造、节能与新能源汽车、节能环保、生物医药和新一代信息技术6个战略性新兴产业加快发展壮大。家用电器、电子产品、家具制造、糖果食品、体育用品、纺织服装等日用消费品取得新突破。工业设计、咨询策划、工业互联网、信息服务等生产性服务业得到培育发展,推动第二、第三产业协调联动发展。

二是工业园区建设逐步完善。广西始终坚持高起点规划、高标准建设、高质量管理的原则,加快打造产业发展平台,加强园区基础设施建设,推进新型工业化产业示范基地建设,持续提升产业经济承载能力。依托北部湾临海工业集聚区、桂西资源富集区精深加工基地和西江经济带沿江产业基地工业发展总体布局，着力打造自治区产业集中区，现已形成柳州汽车城、北海电子产业园、梧州再生资源加工园等一批特色园区和重点园区。在全国率先组织制订广西产城互动发展行动计划及工作方案，并选择30个工业园区作为试点。组织起草工业园区管理体制改革创新指导意见，推动园区干部人事制度、薪酬制度改革，努力激发园区发展活力。目前，广西共有各类产业园区118个，总规划面积超过1900平方公里，实现县（区）全覆盖，园区工业总产值占全区规模以上工业总量的80%以上。

三是现代企业培育不断成熟。广西深入实施"抓大壮小扶微"5大工程①，加快发展了一批强优大企业大集团，加大扶持发展中小企业和微型企业，使大企业"顶天立地"、小企业"铺天盖地"，各类经济得到竞相发展。建立各类中小工业企业信贷引导资金，通过与金融机构合作，提高资金使用效应。开展万家成长型中小企业信贷扶持工程、组织中小企业积极参与债券融资、开展"助融贷"业务合作等多种扶持形式，着力破解企业融资难、融资贵等难题。积极组织广西工业产品产销对接会，帮助企业开拓国内外市场。深入企业实地调查，认真分析企业税费负担情况，整理《新办企业建设项目收费案例》和《新办企业建设项目实际完成审批用时案例》，为减轻企业负担提供重要参考。

四是两化融合得到高层次结合。广西大力发展信息产业，加大信息基础设施建设，现已初步形成南宁、桂林、北海三个电子信息产业基地。起草了全区推进信息化发展和保障信息安全实施意见，制定广西软件企业认定工作实施细则。中国电子科技集团与自治区人民政府签署战略性合作框架协议，建立了长期战略合作伙伴关系，共同建设华南西南经济圈重要的先进电子信息产业化基地、面向东盟的国际区域性信息交流中心和开放合作的前沿地带。在国家工信部的支持下，成功举办中国—东盟卫星导航论坛，中国—东盟卫星导航合作联盟加快筹建，推动与东盟各国加强卫星导航应用领域的交流合作，共筑"信息丝绸之路"。组织实施两化深度融合专项行动，指导柳州市、桂林市国家级两化融合试验区建设，

---

① 一是"千亿元工业企业工程"，加大支持上汽通用五菱、玉柴集团、柳工集团、广西投资集团、广西交通投资集团、柳州钢铁厂、中国石油广西石化分公司等企业；二是"十亿元工业企业工程"，通过项目建设、技术改造、要素扶持等途径，培育壮大一批超10亿元的企业；三是"亿元工业企业工程"，通过技术改造、盘活存量、兼并重组、招商引资等方式，壮大企业总量规模，提升质量效益；四是"万家小型企业上规模工程"，通过盘活存量、兼并重组等方式，在项目建设、技改投资、生产要素供给等方面加大扶持力度，且广西主营业务收入2000万元以上的规模企业达到10000家以上；五是"扶微工程"，全面落实发展微型企业扶持政策，扶持劳动密集型、节能环保型微型企业，采取投资者出一点、财政补一点、税收返一点、金融机构贷一点、规费减一点、职能部门帮一点"6个一点"，大力发展现代物流、服务外包、电子商务、民生服务等微型企业。

带动两化融合向广度和深度发展。开展两化深度融合标杆企业认定，促进了两化深度融合对标推进，创新工作方式得到进一步加强。

二、发展环境

"十三五"时期，国际环境依然复杂多变，世界经济进入大调整、大重组、大变革的时代，深层次影响不断从经济、金融领域向科技、产业等领域传导，新兴产业将逐渐成为全球主导产业，因此，必须坚定不移贯彻创新、协调、绿色、开放、共享的发展理念，坚持创新驱动、提质增效、转型升级和绿色发展，不断夯实产业基础，不断提高综合集成水平，推动新型工业化、信息化、城镇化同步发展，加快构建具有广西特色的现代产业体系，实现工业和信息化跨越转型升级发展。

（一）实施制造强国发展战略

2015年5月，国务院印发实施《中国制造2025》，提出以促进制造业创新发展为主题，以提质增效为中心，以加快新一代信息技术与制造业深度融合为主线，以推进智能制造为主攻方向，建设成为制造业强国。2016年3月，广西印发实施《〈中国制造2025〉广西实施意见》，结合广西区情、产业基础及发展趋势明确指出，紧抓新一轮科技革命和产业变革的历史性机遇，选择一批重点产业和领域予以重点突破，力争通过"三步走"① 实现广西制造业跨越发展。贯彻落实《中国制造2025》，有利于广西加快发展先进制造业，主动承接产业转移，融入"一带一路"建设，加快产业转型升级和提质增效步伐，努力迈入中高端水平，引领"广西制造"迈向全球。

---

① 第一步：到2017年，先进制造业产值占全区工业总产值的比重进一步提高，先进制造业增加值率进一步上升，创新能力稳步提升，规模以上制造业研发经费内部支出占主营业务收入比重进一步提高，重点产业优势更加突出，制造业和信息化进一步融合发展，重点行业单位工业增加值能耗、物耗及污染物排放进一步下降。

第二步：到2020年，制造业信息化水平显著提升。掌握一批重点行业、重点领域关键技术，优势领域竞争力进一步增强，产品质量和品牌建设有较大提高。制造业数字化、网络化、智能化发展取得明显进展。重点行业单位工业增加值能耗、物耗及污染物排放明显下降。

第三步：到2025年，跨入工业化后期阶段，制造业整体素质大幅提升，创新能力显著增强，全员劳动生产率明显提高，两化深度融合迈上新台阶。重点行业单位工业增加值能耗、物耗及污染物排放达到全国先进水平。形成一批强优企业和特色优势产业集群，在我国产业分工和价值链中的地位明显提升。

（二）珠江—西江经济带开放发展①

2014年7月，国务院批复实施的《珠江—西江经济带发展规划》② 明确指出，珠江—西江经济带横贯广东、广西，上联云南、贵州，下通香港、澳门，在全国区域协调发展和面向东盟开放合作中具有重要战略地位。因此，广西要以推进协同发展为主线，以生态环境保护为前提，以全面深化改革开放为动力，加快结构调整和转型升级，建设区域性先进制造业基地和现代服务业基地，将广西打造成为我国西南、中南地区开放发展新的战略支点。珠江—西江经济带开放发展为广西加快推进港口、城镇、园区建设，加快区域性综合交通枢纽和重要港口城市，加快发展沿江临港产业，壮大园区经济，推动"港产城"一体化发展，带来新的发展契机。

（三）西部大开发战略深入实施

党的十九大指出，加大力度支持革命老区、民族地区、贫困地区加快发展，增强西部地区自我发展能力，强化举措推进西部大开发形成新格局，加快实现西部大开发与"一带一路"的有机融合。广西作为"一带一路"有机衔接的重要门户，应紧抓国家实施新一轮西部大开发的机遇，统筹利用国际国内两个市场、两种资源，形成横贯东中西、连接南北方的对外经济走廊，为西部全面深化改革和持续发展创造前提条件，通过转变经济发展方式和调整经济结构，扩大与"一带一路"沿线国家和地区的经贸合作，鼓励西部地区有竞争力的企业积极"走出去"参与沿线国家基础设施建设和产业投资。积极争取国家支持，加快推进北部湾经济区和珠江—西江经济带开放发展，运用各项优惠政策，开展招商引资和

---

① 2017年3月5日，国务院总理李克强在政府工作报告中提出，要推动内地与港澳深化合作，研究制定粤港澳大湾区城市群发展规划，发挥港澳独特优势。粤港澳大湾区由广州、佛山、肇庆（市区和四会）、深圳、东莞、惠州（不含龙门）、珠海、中山、江门9市和香港、澳门2个特别行政区组成，是与美国纽约湾区、旧金山湾区和日本东京湾区并肩的世界四大湾区之一，是中国建设世界级城市群和参与全球竞争的重要空间载体。珠江—西江经济带开放发展为广西对接粤港澳大湾区奠定了较好的基础，也为广西工业和信息化发展积极融入发达经济实体、加快引进先进生产要素创造了更加有利的条件。

② 到2020年，综合实力显著增强，区域一体化发展水平明显提升，支撑西南、中南地区开放发展的能力显著提高，成为我国西南、中南地区的重要增长极。以珠江—西江干线航道为核心的综合交通运输体系基本形成；生态环境质量进一步提高，资源节约集约利用水平大幅提升，区域可持续发展能力明显增强；产业分工合作更趋紧密，产业结构进一步优化，综合竞争力和自主创新能力显著提升；与港澳地区、东盟合作深化拓展，全方位、宽领域的开放合作迈上新台阶，开放型经济水平显著提高。展望2030年，经济持续健康发展，引领西南、中南地区开放发展作用充分发挥，开放型经济体系进一步健全，区域一体化发展格局基本形成，生态环境宜居优美，为加快实现社会主义现代化宏伟目标奠定了坚实的基础。

积极承接产业转移,推进电力体制机制改革、园区体制机制改革,实现产业转型升级和提质增效发展。

(四) 供给侧结构性改革

供给侧结构性改革是我国新时代重要发展战略任务,从功能上讲,供给侧结构性改革就是贯彻五大发展理念,通过深化各个领域的改革,推动经济发展方式转变,引领经济发展进入新常态。主动把握和适应供给侧结构性改革,加快发展先进制造业,推动互联网、大数据、人工智能和实体经济深度融合,在中高端消费、创新引领、绿色低碳、共享经济、现代供应链、人力资本服务等领域培育新增长点、形成新动能,推动工业产业去产能、去库存、去杠杆、降成本、补短板,优化存量资源配置,扩大优质增量供给,实现供需动态平衡,助推广西产业向中高端发展步伐。鼓励和引导企业引进先进生产技术、工艺和节能环保设备,应用新一代信息技术,着力改造提升产品生产、加工全过程,推动绿色制造、智能制造,全面提升广西工业发展质量和效益水平。

(五) 两化融合深度发展

新一轮科技革命和产业变革背景下,我国两化融合发展环境日益复杂,发展条件和动力将发生深刻变革,以云计算、大数据、物联网、移动互联网为代表的新一代信息技术正在向产业领域加速渗透融合,推动产业基础设施、生产方式、创新模式持续变革,信息技术的高速发展将加快促进形成新型产业体系。广西深入推进两化融合,既要重视技术创新,也要着力推动业务流程再造和组织管理变革,不断提高生产力和生产关系的协调性,加快形成产业发展新模式,通过加快信息技术在传统产业的全面渗透融合推动传统产业竞争能力优化升级,推进制造业与互联网融合发展,培育互联网时代产业新型竞争能力,培育服务新业态,释放发展新潜能。

(六) "互联网+"行动计划

近年来,我国在互联网技术、产业、应用以及跨界融合等方面取得了积极进展,已具备加快推进"互联网+"的坚实基础,数字化、网络化、智能化的产业生态圈初步形成。国务院印发实施《关于积极推进"互联网+"行动的指导意见》,自治区政府印发实施《"互联网+流通"行动计划实施方案》,以智能制造为主攻方向,大力推进信息化和工业化的深度融合,深入实施"互联网+"

制造业和"互联网+"小微企业行动①,加强工业互联网基础设施建设规划与布局,不断提升小微企业信息化水平。鼓励大型互联网企业和基础电信企业利用技术优势和产业整合能力,不断探索"互联网+"与各行业融合创新的新模式。有利于广西深入实施"互联网+工业"发展战略,培育发展电子商务、信息服务等新业态,推动"互联网+"技术与传统产业融合发展,加快形成经济发展新动能,实现工业发展提质增效和转型升级。

(七)新型城镇化发展

城镇化与工业化、信息化和农业化现代化同步发展,是现代化建设的核心内容,工业化处于主导地位,是发展的动力,信息化具有后发优势,是发展注入新的活力,城镇化是载体和平台,承载工业和信息化发展空间。新型城镇化是新常态发展的重要引擎,其增长效应能够兼顾"稳增长、调结构、促转型"。2014年3月,国务院印发实施《国家新型城镇化规划(2014~2020年)》,同年8月,自治区印发实施《广西壮族自治区新型城镇化规划(2014~2020年)》,为广西新型城镇化建设提供规划指导,加快推进新型城镇化建设、城乡统筹协调发展,有利于广西促进各类要素资源高效集约配置,提高经济发展整体质量,提升产城融合水平,提高工业园区城镇化水平,推动广西新型城镇化更好更快发展。

---

① 2017年11月,国务院发布《关于深化"互联网+先进制造业"发展工业互联网的指导意见》,提出立足国情,面向未来,打造与我国经济发展相适应的工业互联网生态体系,使我国工业互联网发展水平走在国际前列,争取实现并跑乃至领跑,分三步走,到21世纪中叶,工业互联网创新发展能力、技术产业体系以及融合应用等全面达到国际先进水平,综合实力进入世界前列。

第3讲 明确思路、发挥优势 推动广西工业和信息化转型升级加速发展

《规划》牢固树立和贯彻落实新发展理念，以供给侧结构性改革为主线，以两化深度融合为抓手，以提质增效和转型升级为中心，加快淘汰落后低效产能，积极培育新兴先进产能，总体而言，"十三五"时期广西工业和信息化发展的主导方向是转型升级和跨越发展的问题。

一、转型升级和跨越发展的基本导向

近年来，广西工业经济发展较快，对经济增长的贡献程度较高，工业经济总量、产值规模、创新能力、科技水平、企业实力等方面均有较大幅度的提升。但与发达国家、发达地区相比，仍处在相对落后的发展阶段，传统的工业经济增长模式并未有本质改变，面临着转型升级和提质增效的重大任务，为实现这一要求，必须按照"智能、绿色、低碳、循环"的转型升级要求，实施工业产业转型升级专项行动，推动产业向中高端水平迈进，加快工业和信息化转型跨越发展，成为实现"两个建成"目标的重要引擎。

(一)"智能、绿色、低碳、循环"是转型升级和跨越发展的内在要求

牢固树立和贯彻落实新发展理念，坚持推动全面协调可持续发展。当前，广西工业经济粗放式增长仍然存在，以资源的大量消耗实现经济的快速增长，导致效率不高、效益较低和环境压力增大等问题，高能耗产业所占比重仍然较高，产业结构仍不合理，高新技术产业比重仍然较低，资源能耗量较大，长期下去，必然产生高额的环境代价。因此，必须保持清醒的认识，高度注重内涵提升和集约发展，努力减少能源资源消耗强度，减少工业发展对资源环境的破坏，推动经济

社会健康可持续发展。

（二）"智能、绿色、低碳、循环"是转型升级和跨越发展的主攻方向

近年来，广西工业经济取得长足进步，工业对拉动经济增长的贡献程度较高。一方面，广西强力推动新一代信息技术与传统产业深度融合，促进传统支柱产业"老树新枝"，柳州上汽通用五菱汽车股份有限公司坚持走自主创新、自主品牌之路，与新技术拥抱、开拓新市场，让广西汽车业在"红海"中挖出一片"蓝海"；另一方面，加快发展高技术产业、战略性新兴产业和特色现代服务业，促进广西产业发展"破茧成蝶"。一批全球知名电子企业相继扎根，形成了电子信息产业集聚效应。以"智能、绿色、低碳、循环"为主要特征的"转型升级之路"已经步入关键阶段，将是新时代工业和信息化发展的主攻方向。

（三）"智能、绿色、低碳、循环"是转型升级和跨越发展的必由之路

广西大力推动实体经济产业的转型升级，一方面，全面实施创新驱动战略，推动质量强桂和商标品牌强桂建设，重点推进"4个100"产业转型升级项目，新技术、新产品、新业态、新模式等得到加快发展；另一方面，积极推动糖、铝、机械、冶金等传统产业"二次创业"，加快发展先进制造业。尤其是重点发展轨道交通装备、海洋工程装备、智能制造装备、新能源汽车等，先进制造业占全部工业总产值的比重达到30%。伴随着转型升级的系列有力措施，推进智能制造、绿色制造，实现低碳循环发展成为提升内生动力、核心能力的必经之路。

二、转型升级和跨越发展的基本原则

实现广西工业和信息化转型升级和跨越发展必须坚持创新驱动原则、改革引领原则、开放带动原则、融合先行原则、提质增效原则和绿色低碳原则，这些原则的形成是在充分遵循国家重大决策部署和各项专项规划，立足广西工业和信息化发展实际而综合提出的。在这些原则中创新驱动原则是转型升级和跨越发展的根本动力，改革引领是关键保障，开放带动是关键动力，融合先行是关键手段，提质增效是关键目标，绿色低碳是长效原则。

（一）创新驱动原则

实现工业和信息化发展的创新驱动首先是要集聚和整合各类创新要素，整合

引进发达地区先进生产要素，大幅提升协同创新能力，要打造一大批创新创业载体，只有创新要素和创新载体在广西的充分集聚，才能有效增强广西工业和信息化领域的创新能力，才能有效提升产品技术创新、组织管理创新和消费需求创新的能力，才能有效围绕价值链，延长产业链，形成创新链。

（二）改革引领原则

坚持改革引领是推进工业和信息化转型升级、跨越发展的关键保障，必须坚持市场主导和政府引导相结合，通过深化体制机制改革，进一步健全市场在资源配置中的决定性作用，同时要充分发挥宏观引导和政策激励作用，提高政府对产业的引导和把控能力，要通过进一步的简政放权，营造具有竞争力的产业发展环境和企业营商环境[①]，用改革的办法调动市场主体发展积极性，充分激活市场和各类主体的创新创业活力。

（三）开放带动原则

实现广西工业和信息化转型升级和跨越发展必须立足国际通道、战略支点和重要门户建设，按照"四维支撑、四沿联动"开放发展战略要求，着力完善沿边、沿江、沿海开放发展格局，全面深化开放合作，以国家战略全覆盖为契机，全面深化与粤港澳台、长三角和西南中南等地区的产业合作，推进与"一带一路"沿线国家的产能合作，对接欧美日韩等发达经济体先进生产力，强化资源开发和市场拓展，深度参与国际产能合作，在重点区域、重点领域、重点园区实施一批重大产业合作项目。

（四）融合先行原则

两化融合是信息化和工业化高层次的深度结合，是广西工业和信息化转型升级和跨越发展的有效途径，信息化进程和工业化进程不再相互独立进行，不再是单方的带动和促进关系，而是两者在技术、产品、管理等各个层面相互交融。实

---

① 党的十八大以来，中央和国务院高度重视营商环境，国务院总理李克强指出，"营商环境就是生产力"，2018年首次国务院常务会议的首个议题是部署进一步优化营商环境。编写组认为一个地区只有营造和形成具有竞争力的产业发展环境和企业营商环境，才能在新时代激烈的竞争中稳步前行甚至是赶超跨越，产业发展环境是产业发展的制度性、要素性支撑环境，包括了土地、金融、财税等产业政策和制度创新问题，也包括了科技、人才、教育、平台等要素支持，是产业发展的宏观环境；企业营商环境是产业发展环境的"落地"支撑，任何产业发展环境没有良好的企业营商环境支撑，则难以实现产业的可持续发展，具体而言，营商环境是指伴随企业活动整个过程（包括从开办、营运到结束的各环节）的各种周围境况和条件的总和。2017年10月，世界银行发布了《2017年全球营商环境报告》（Doing Business2017），对全球190个经济体的营商环境进行了分析，我国营商环境评价居全球第78位，世界银行认为中国在开办企业和企业纳税两方面能通过改革提高营商环境。

施"互联网+"行动计划,加快制定支持两化深度融合的技术标准规范,全面推进两化深度融合,推进互联网、云计算、大数据、物联网与现代制造业融合发展。加快推进制造业与生产性服务业融合发展,积极推进产城融合、军民融合、创业创新融合,以融合促创新,最大程度汇聚各类市场要素的融合发展力量。

(五)提质增效原则

广西工业和信息化转型升级和跨越发展要坚持新型工业化道路,坚持调整存量、做优增量,淘汰落后低效产能①,优化配置生产要素,加快由资源依赖型、能源消耗型产业发展模式向集约节约型、生态环保型转变,以提高工业增加值率和全员劳动生产率为出发点,提高企业发展质量和核心竞争力,合理安排区域开发强度,加强质量技术攻关,注重自主品牌培育,提高产品加工深度和附加值,促进工业提质增效,实现转型升级发展。

(六)绿色低碳原则

实现广西工业和信息化转型升级和跨越发展必须始终坚持可持续发展,按照"智能、绿色、低碳、循环"的转型升级要求,通过制定和实施绿色工业发展政策,依靠科技进步,加快节能环保技术、工艺、装备推广应用,强化节能减排和资源综合利用,推动工业循环经济发展壮大,减少资源消耗和降低污染物排放强度,加快淘汰落后低效产能,推动节能与新能源汽车、新材料、节能环保等战略性新兴产业发展壮大,构建工业和信息化绿色发展体系,走生产发展、生活富裕、生态良好的文明发展道路。

---

① 随着淘汰落后产能的不断深入和阶段性成果的取得,低效低端产能成为"去产能"工作的重要方向,2016年5月国务院总理李克强在考察武汉钢铁集团公司时,指出化解过剩产能是供给侧结构性改革的重要任务,要坚持减去低效无效落后产能。

第4讲 "十三五"时期广西工业和信息化发展的主要目标

设定规划发展目标是规划编制的重要内容,为广西工业和信息化发展提供目标考核依据,科学确定工业和信息化发展目标充分体现了《规划》的指导思想和任务安排,对实施规划具有重要意义,是未来五年的工作方向和努力重点。《规划》在目标设定上严格按照党中央和国务院战略部署和工作要求,依据《广西壮族自治区国民经济和社会发展第十三个五年规划纲要》(以下简称《纲要》)部署要求,立足全区实际,提出"到2020年,力争实现'一壮大、一优化、四提升'发展目标,即总体规模实现稳步壮大、产业结构实现明显优化、创新发展能力显著提升、质量效益水平显著提升、两化融合水平显著提升、绿色发展能力显著提升"的总体目标,全面概括和高度凝练了广西"十三五"时期工业和信息化发展的目标和方向。

一、发展目标的体系设定

科学合理的目标体系是指导工业和信息化发展的重要依据,工业和信息化发展目标设定要求充分结合广西发展实际,体现《纲要》的具体部署,既要全面反映广西工业和信息化发展的基础和实际,又要体现"十三五"广西工业和信息化发展的方向和要求。着眼贯彻落实新发展理念,加快推动经济发展新旧动能转换,适应和引领经济新常态,结合《纲要》对工业和信息化发展工作的相关部署,在对《规划》目标设定上体现以下基本要求。

(一)必须体现五大发展理念的要求

《规划》紧扣创新、协调、绿色、开放、共享五大发展理念要求,强调新旧动能转换，支持开展创业创新；强化区域协调发展，着力完善工业发展空间格局；加快生态工业发展，培育壮大生态工业园区，提升绿色发展水平；按照三大定位要求，深度参与"一带一路"沿线国家产能合作，深化开放合作；持续释放工业和信息化发展红利，增加群众的获得感和幸福感。

（二）必须体现提质增效的要求

坚持把建设循环经济作为工作的重要抓手，坚持把提质增效升级作为工作的主攻方向，坚持转型升级这一工业发展的主线，着力优化产业结构、培育特色产业，着力推进创新驱动、提升发展水平，增强内生动力，在注重工业总量扩张的同时，更应注重产业集群规模效益和集约节约水平的提高，因此在规划指标上要充分体现这些变化和要求。

（三）必须体现两化深度融合的要求

大力推进信息化和工业化深度融合，加快落实"互联网+"行动计划，加快新旧发展动能和生产体系转换，提高供给体系的质量效率层次，对于推动广西制造业转型升级、重塑竞争新优势具有重大战略意义。《规划》根据《纲要》确定"十三五"期间形成一批国家两化融合贯标试点企业，两化融合发展水平指数、工业企业关键工序数控率等业务的企业比例稳步提高，符合深度融合的内在要求。

（四）必须充分衔接相关规划目标

为避免规划之间目标相互脱节，更好地落实《规划》目标，在《规划》目标设定上，与相关规划目标进行了充分衔接。重点是做好与国家工信部"十三五"相关规划、《纲要》、各专项规划、全区各市工业和信息化规划等规划目标的上下衔接。做好《规划》目标自身各指标之间的衔接，使工业总量目标与各产业发展目标、各市工业发展目标，工业总产值目标与工业增加值目标之间有机衔接，使《规划》目标相互支撑。

二、发展目标的主要内容

《规划》发展目标主要包括总体规模、结构优化、创新驱动、质量效益、两化融合、绿色发展6大类指标，具体发展目标包括28小类，具体目标为38个。

总体上看，规划目标设定科学合理，对指导广西工业和信息化发展具有重要意义。

（一）总体规模明显壮大

总量规模不大是广西工业发展的关键特征，壮大规模依然是"十三五"期间工业和信息化发展的关键任务。《规划》提出，到 2020 年，广西工业总产值达到 33500 亿元，年均增长 7.5%；规模以上工业总产值达到 32300 亿元，年均增长在 7.5% 以上；工业增加值在 9100 亿元以上，年均增长在 7.5% 以上；规模以上工业增加值在 7.5% 以上；工业投资规模达到 11250 亿元，技改投资规模达到 9000 亿元。千亿元产业和园区规模稳步壮大，超 5000 亿元产业达到 1 个，超 3000 亿元产业达到 5 个，超千亿元产业达到 12 个；超 2000 亿元园区达到 2 个，超千亿元园区达到 5 个，超 500 亿元园区达到 12 个。形成一批具有国际竞争力的大企业大集团，超千亿元企业达到 2 家，超 500 亿元企业达到 5 家，超百亿元企业达到 40 家。

表6 "十三五"全区工业和信息化总体规模主要发展目标

指标名称	2015 年	2020 年	年均增长（%）
工业总产值：			
工业总产值（亿元）	23255	33500	7.5
规模以上工业总产值（亿元）	22479	32300	>7.5
工业增加值：			
工业增加值（亿元）	6338	>9100	>7.5
规模以上工业增加值（亿元）	6097	—	>7.5
当年工业投资（亿元）	6391	11250	12
当年技改投资（亿元）	5897	9000	12
产业：			
千亿元产业（个）	10	12	[2]
超 3000 亿元产业（个）	1	5	[4]
超 5000 亿元产业（个）	—	1	[1]
园区：			
超 500 亿元园区（个）	9	12	[3]
超千亿元园区（个）	2	5	[3]

续表

指标名称	2015 年	2020 年	年均增长（%）
超 2000 亿元园区（个）	—	2	[2]
企业：			
超百亿元企业（家）	27	40	[13]
超 500 亿元企业（家）	3	5	[2]
超千亿元企业（家）	—	2	[2]

注：[ ] 内为 5 年累计数。

（二）工业结构持续优化

实现转型升级的首要任务是推进工业结构的持续优化，只有工业结构得到优化调整，转型升级的基础才更加厚实。《规划》提出，"十三五"期间，广西要实现先进制造业、战略性新兴产业和现代生产性服务业的统筹发展，产业结构、空间结构、产品结构均得到进一步调整优化。到 2020 年，节能减排工作取得突出进展，高新技术产业得到较快发展，六大高耗能行业增加值占全区工业增加值比重下降到 32% 以下。先进制造业工业总产值占全区工业总产值比重提升到 35% 以上，战略性新兴产业增加值占全区工业增加值比重达到 18% 以上，高技术产业占全区工业增加值比重达到 15%，工业园区工业增加值占全区工业增加值比重提高到 88% 以上，园区对工业产业的集聚能力明显提升。

表 7　"十三五"全区工业和信息化结构优化主要发展目标

指标名称	2015 年	2020 年	年均增长（%）
六大高耗能行业增加值占全区工业增加值比重（%）	37.3	<32	>[-5.3]
先进制造业工业总产值占全区工业总产值比重（%）	27.3	>35	>[7.7]
战略性新兴产业增加值占全区工业增加值比重（%）	约 8	>18	[10]
高技术产业占全区工业增加值比重（%）	8	15	[7]
工业园区工业增加值占全区工业增加值比重（%）	83.4	>88	>[4.6]

注：[ ] 内为 5 年累计数。

（三）创新驱动加快实现

创新驱动是工业发展的核心动能，没有创新就没有高质量的工业发展。《规划》提出，"十三五"期间，高新技术企业、创新型团队和创新平台不断集聚提升，企业研发投入强度和制造业发明专利产出明显提高，产业创新体系基本形成。到2020年，国家级技术创新示范企业数量明显增加，国家级企业技术中心达到11家，自治区级企业技术中心达到400家；国家级技术创新示范企业10家，自治区级技术创新示范企业70家；大中型企业研发投入占主营业务收入比重达到1.8%，规模以上制造业每亿元主营业务收入有效发明专利超过0.2件。

表8　"十三五"全区工业和信息化创新驱动主要发展目标

指标名称	2015年	2020年
企业技术中心：		
国家级企业技术中心（家）	9	11
自治区级企业技术中心（家）	323*	400
创新示范企业：		
国家级技术创新示范企业（家）	6*	10
自治区级技术创新示范企业（家）	25*	70
大中型企业研发投入占主营业务收入比重（%）	约0.7	1.8
规模以上制造业每亿元主营业务收入有效发明专利（件）	约0.1	>0.2

（四）质量效益显著增强

质量效益是实现工业转型升级的重要保障。《规划》提出，"十三五"期间，培育一批品牌产业、品牌企业、品牌产品，工业产品质量和企业效益得到较快提升，产业集群规模效益和集约节约水平得到提高。到2020年，制造业增加值率超过1.5个百分点，制造业全员劳动生产率增速超过6%，规模以上工业企业主营业务收入利润率达到7%，中国驰名商标超过40件，工业发展效益得到明显提升。

把握新时代的转型之路

表9 "十三五"全区工业和信息化质量效益主要发展目标

指标名称	2015年	2020年
制造业增加值率提高（百分点）	—	>1.5
制造业全员劳动生产率增速（%）	—	>6
规模以上工业企业主营业务收入利润率（%）	5.85	7
中国驰名商标（件）	27	>40

（五）两化融合加快发展

两化融合是推进工业和信息化发展的重要引擎。《规划》提出，"十三五"期间，深入推进两化深度融合发展，将物联网、大数据、云计算等技术充分融入到产业链延伸、技术改造升级、设备更新换代，基本建成网络化、智能化、服务化、协同化的两化深度融合产业体系。到2020年，形成一批国家两化融合贯标试点企业，两化融合发展水平指数应用电子商务开展采购、销售等业务的企业、工业企业关键工序数控率、数字化研发设计工业普及率比例稳步提高，两化融合发展水平指数（包含基础、应用、效益数据）达到75，应用电子商务开展采购、销售等业务的企业比例达到80%，工业企业关键工序数控率达到52%，数字化研发设计工业普及率达到74%。

表10 "十三五"全区工业和信息化两化融合主要发展目标

指标名称	2015年	2020年	年均增长（%）
两化融合发展水平指数（包含基础、应用、效益数据）	约69	75	[6]
应用电子商务开展采购、销售等业务的企业比例（%）	—	80	—
工业企业关键工序数控率（%）		52	
数字化研发设计工业普及率（%）		74	—

注：[ ]内为5年累计数。

（六）绿色发展加快推进

绿色发展是建设现代化经济体系、打造现代工业体系的基本要求。《规划》提出，"十三五"期间，通过实施钢铁、建材、轻工、有色、印染、化工等传统制造业绿色改造，重点工业行业单位工业增加值能耗、物耗及污染物排放均控制在国家标准范围以内，绿色制造体系基本形成。到2020年，规模以上单位工业增加值能耗较 2015 年下降 18%，单位工业增加值二氧化碳排放量较 2015 年下降 20%，单位工业增加值用水量较 2015 年下降 23%，工业固体废弃物综合利用率达到 73%。

表 11 "十三五"全区工业和信息化绿色发展主要目标

指标名称	2015 年	2020 年	年均增长（%）
规模以上单位工业增加值能耗较 2015 年下降（%）	较 2014 年下降 10%	18	—
单位工业增加值二氧化碳排放量较 2015 年下降（%）	—	20	—
单位工业增加值用水量较 2015 年下降（%）	—	23	—
工业固体废弃物综合利用率（%）	62	73	[11]

注：[ ] 内为 5 年累计数。

第二篇　践行《中国制造2025》打造现代工业体系

"十三五"期间，广西要积极践行《中国制造2025》，按照"智能、绿色、低碳、循环"的转型升级要求，坚持创新驱动、提质增效、转型升级和绿色发展，不断夯实产业基础，不断提高综合集成水平，不断增强创新发展能力，健全完善多层次、多类型、复合型产业人才培育和引进体系，通过改造提升、产业转型、优化重组、载体升级等途径，改造提升传统产业，大力发展先进制造业，培育壮大战略性新兴产业，持续推动产业发展向中高端迈进，全面打造工业和信息化发展升级版，实现制造业跨越发展。

第5讲　全面实施《中国制造2025》

深入实施《中国制造2025》是推动广西制造业发展的重点任务和主攻方向，应加快推动制造业跨越发展，严格按照《中国制造2025》总体部署，发挥优势，主动作为，打响广西制造品牌，深度参与国际制造业竞争与合作，推动信息技术在制造业领域的应用，提高智能制造水平。

一、推动制造业跨越发展

深入贯彻落实《中国制造2025》的总体部署，加快推进制造强区建设的工作机制，要坚持分业施策，特别是新一代信息技术与制造业的深度融合，将促进制造模式、生产组织和产业形态的深刻变革。智能化制造是打造现代工业体系的战略规划，智能制造日益成为未来制造业发展的重大趋势和核心内容，因此，要着重体现信息技术与制造技术深度融合的数字化、智能化制造。通过两化融合的升级途径，持续推动广西工业发展向中高端迈进，提升形成创新驱动、产业优化、提质增效的现代工业体系。

（一）提升产业创新能力

积极推进《中国制造2025》的总体部署，主动适应和引领经济发展新常态，进一步提高智能制造水平，不断增强创新发展能力，以产业技术创新为核心动力，进一步加强技术创新、智能制造等核心能力的提升。加快工业转型升级，推动产业技术创新能力是贯彻落实中央关于加快转变经济发展方式、推进工业化和信息化深度融合的重要手段，也是推动产业结构迈向中高端，培育战略新兴产业的关键支撑。其中，到2020年，全区规模以上制造业研发经费内部支出占主营业务收入的0.89%，规模以上制造业每亿元主营业务收入有效发明专利为

0.24件。

1. 新一轮科技创新对产业创新能力提出颠覆性的挑战

当前，新一轮科技创新加速推进，已经颠覆性地改变了单一技术创新转向创新生态系统的建设。为创新产业体系和发展模式，各国以抢占竞争制高点为核心掀起了新一轮的技术创新浪潮，加大了对产业技术创新能力的投入与扶持，如德国提出"工业4.0"战略，旨在提升制造业的智能化水平。广西必须加快发展技术创新能力，抢占产业发展制高点，并积极打造创新生态系统，加强技术创新与商业模式的创新结合，掌握技术创新的主动权。

2. 创新驱动战略为产业技术创新能力提供有力支撑

深入实施创新驱动发展战略，发挥科技创新在全面创新中的引领作用。其中，技术创新是产业可持续发展的引擎，是转变产业发展方式的重要途径，更是工业转型升级的重要支撑。科技创新是提高社会生产力和综合国力的战略支撑，加快实施创新驱动发展战略，促进全区形成内外部竞争优势，为产业技术创新能力建设提供有力的支撑。广西在实施《中国制造2025》中要高度重视科技创新工作，着力深入实施创新驱动发展战略。

（二）提升企业质量效益

质量是新常态下经济社会发展的内生动力，随着产业转型升级发展速度加快，产品质量已成为企业重要的核心竞争力，提高质量已成为企业提升实力、转型升级的必经之路。广西深入贯彻落实《中国制造2025》总体部署中，必须把质量作为提升制造产品的基础，不断提升企业品牌效益，鼓励企业进行质量认证，通过规范的技术和方法促进企业改善质量，提升企业效益，实现产品质量最优，适应新的市场需求，最终实现质量创新。要把握制造业的主体战略地位，抓住机遇，大力发展装备制造、智能制造等，努力掌握核心技术，实施创新驱动发展战略，推动广西制造业转型升级，走出一条以质取胜的发展道路。到2020年，力争制造业增加值率提高1.5个百分点，制造业全员劳动生产率增速达到6%。

（三）积极推进两化融合

积极参与两化深度融合国家示范试点创建工作，以生产智能化、信息化"两化融合"为核心，深入推动制造业与互联网融合发展，培育一批两化融合转型升级示范企业及试点企业。推进制造业重点行业骨干企业互联网"双创"平台建设。推动新一代信息技术与制造技术融合发展，鼓励企业发展个性化定制、网络协同制造、云制造等新型制造模式。在服装、电子、家电等消费品行业开展个性化定制试点示范。积极参加全国互联网与工业融合创新试点工作，在食品、稀土、机械、汽车等行业建设智能生产线、智能车间和智能工厂，积极开展智慧化工园区试点，创建一批智能制造试点示范企业。到2020年，数字化研发设计工具普及率达到74%，工业企业关键工序数控化率达到52%。

（四）推动产业绿色发展

绿色发展是党的十八届五中全会提出的五大发展理念之一，审慎把握生态文明建设阶段性特征，对发展理念的时代性探索具有指导意义。从长远来看，一手抓生态保护利用，另一手抓绿色产业发展，将促使领导干部在政绩观上发生改变，形成"既要金山银山，又要绿水青山"的理念。严守生态红线，坚持在发展中保护，在保护中发展，对增强民生的新路径具有生态价值。到2020年，规模以上单位工业增加值能耗下降幅度累计达到18%，单位工业增加值二氧化碳排放量下降幅度累计达到20%，单位工业增加值用水量下降幅度累计达到23%，主要资源型工业行业固体废物综合利用率达到73%。

二、重点领域和主攻方向

按照《中国制造2025》的战略部署，广西工业和信息化围绕制造业创新发展的核心任务，立足现有产业基础，着眼产业未来发展，到2020年，广西工业和信息化重点领域产业技术创新能力凸显，抓住新一轮科技革命和产业变革的机遇，继续突破重点产业领域，继续发展壮大千亿元产业，推动产业转型升级。同时，紧紧围绕新一代信息技术、新材料、先进装备制造、节能与新能源汽车、节能环保、生物医药和医疗器械等战略性新兴产业。以企业为主，产学研用相结合，采用企业法人等形式，建设工业技术研究基地，进一步提升先进制造业和战略性新兴产业发展层次，提升广西制造业转型升级的创新能力。

（一）创新能力提升工程

建立以制造业为创新中心、以公共服务平台为重要支撑的制造业创新网络，建立市场化的创新方向选择机制，鼓励创新能力提升工程，实行风险共担、利益共享机制。围绕重点开展行业基础和共性关键技术及产业化应用示范，定期推出广西关键共性技术发展指南。充分整合发挥企业、科研院所、高校等多方力量，汇聚区域创新能力，培育一批拥有自主知识产权、具有引领带动作用的高层次技术创新服务平台，重点开展行业基础和共性关键技术研发、成果产业化、人才培训等工作。探索多种产学研合协同组建模式，重点围绕全区重大技术需求，探索实现多样化模式和市场化运作等，形成新型研发机构，推动全区制造业创新能力提升。到2020年，形成一批制造业创新中心（工业技术研究基地）。

（二）工业强基工程

大力推进工业强基战略是广西工业和信息化贯彻《中国制造2025》的重要举措。结合当前制造业发展"瓶颈"及新兴产业发展的需求，发挥行业龙头企业的主导作用和高校、科研院所支撑作用，组织开展跨行业、跨领域、跨区域的产学研用协同创新。为落实工业强基工程，开展重点领域实现突破，在新一代信息技术、轨道交通装备等领域，以提升制约制造业技术水平的核心基础部件（元器件）、先进基础工艺、关键基础材料、产业技术基础为重点，突出重点领域和共性关键环节，完善首台套奖励、风险补偿等财政激励政策，建立需求对接信息平台，实现关键基础技术的有效对接，推动产业向中高端迈进。到2020年，工业基础领域创新能力显著增强，突破一批影响产业发展的重大关键技术和产品，在工程机械、信息技术、新材料等部分关键基础领域实现突破，形成更加完善的产业技术基础支撑服务体系和整机系统、基础支撑协调发展的产业格局。

（三）实施智能制造工程

"十三五"期间，加快推动新一代信息技术与制造技术融合发展，把智能制造作为两化深度融合的主攻方向，支持政产学研用联合攻关，攻克和参与攻克机器人、增材制造装备、智能传感与控制装备、智能检测与分析装备、智能物流与仓储装备等核心技术，实现工程运用和产业化。在流程型制造业推广数字化装配车间全流程信息化生产模式，在汽车、机械等行业推广协同设计信息化平台模式，在食品行业推广网络化协同制造和产品溯源模式。夯实智能制造综合标准体系、工业网络基础设施、信息安全保障系统三大基础，形成智能工厂（车间）、网络协调制造、个性化定制、智能服务等新模式。到2020年，制造业重点领域智能化水平显著提升，试点示范项目运营成本降低20%，产品生产周期缩短20%，不良品率降低20%。

（四）绿色制造工程

围绕"创新、协调、绿色、开放、共享"五大发展理念，贯彻落实《中国制造2025》、《绿色制造工程实施指南（2016～2020年）》，加快推进绿色制造，构建广西绿色制造体系，制定实施《广西绿色制造体系建设工作实施方案》，为加快节能环保技术、工艺、装备推广应用，发展循环经济，基本形成绿色制造体系。在"十三五"期间,要统筹推进绿色制造体系建设工作,以冶金、有色金属、建材、火电、化工、造纸、食品、医药等行业绿色改造升级,加大先进节能环保技术、工艺和装备的研发应用力度,提升资源高效循环利用水平。推进产业绿色协同链接,实施产业园区生态化改造,促进绿色产品、绿色工厂、绿色园区和绿色供应链全面发展,努力构建高效、清洁、低碳、循环的绿色制造体系。到2020年,建成一批绿色示范工厂,培育一批生态设计(绿色)产品,国家级园区全部完成生态化改造,自治区级园区全部启动生态化改造,其中30%的自治区级园区完成改造,重点行业主要污染物排放强度下降20%。

(五)质量品牌建设工程

为落实中央"把推动发展的立足点转到提高质量和效益上来"的重大决策部署,"十三五"期间,广西将从以质量发展战略引领经济转型升级、以质量品牌[1]提升推动经济转型升级、以质量技术基础支撑经济转型升级、以质量社会共治促进经济转型升级四个方面入手,围绕质量提升、品牌建设、标准提升、质量技术支撑、质量治理和质量素质提升,建立制造业企业质量信用体系,健全企业质量信用信息采集和发布制度,将质量违法违规记录作为企业诚信评级的重要内容,加强严重失信企业的管理,加大对质量违法和假冒品牌行为的打击和惩处力度。加强检验检测体系建设,提升检验检测生产性服务业的技术支撑保障能力,建设一批高水平的制造业产品质量控制和技术评价实验室、产品质量监督检验中心,鼓励建立专业检测技术联盟。另外,支持鼓励有条件的企业采取收购、兼并、控股、联合以及委托加工等方式,创建国内国际知名品牌。到2020年,全区制造业产品质量合格率达到95%以上。

(六)服务型制造工程

国家工信部印发《发展服务型制造专项行动指南》,提出贯彻落实《中国制造2025》,要"促进制造业由生产型制造向服务型制造转变",国家引导发展服务型制造业是增强产业竞争、顺应科技革命产业变革、改善供给体系、适应消费结构升级的主动选择。对广西工业和信息化发展而言,实现服务型制造业的转型升级具有重大的现实意义。结合不同产业特点,要积极推进发展工业设计、总集成总承包、个性化定制、全生命周期管理、产品远程故障诊断、远程在线运行维

---

[1] 柳州市在广西工业质量品牌建设上具有典型意义,截至2016年,柳州市工业产品质量监督抽查合格率稳定在93%左右(国家要求90%以上),农产品质量安全抽查合格率稳定在99%左右(国家要求96%以上),农业标准化生产普及率达43%(国家要求超过30%),制造业质量竞争力指数达84.22(国家目标值83.5)。

护等新型业态，依托特色产业集聚区，加强与国内外高校院所、创新企业的全面深度合作，积极推进虚拟创新平台建设，在先进制造、汽车、工程机械、有色金属、食品等领域，布局建设一批产业技术研究机构，策划建设一批公共技术服务平台，共同建设产品研发平台、测试平台和产业孵化平台等一批生产性服务业公共服务平台。壮大第三方物流、检验检测认证、电子商务、服务外包、融资租赁、售后服务等生产性服务业，提高对制造业转型升级的支撑能力。到2020年，打造一批示范市和示范企业。

（七）制造业国际化工程

要着眼全球范围配置资源和要素，把实施"一带一路"倡议与带动广西优势产业产能"走出去"结合起来，制定完善支持企业"走出去"总体战略、协调机制、政策措施，鼓励和支持汽车、机械、电力、轻工、建材等行业有比较优势的企业走出去，拓展新的开放领域和空间，提升国际合作水平和层次，推动重点产业国际化布局，引导企业提高国际竞争力。加快以园区为开放平台的设计和建设，加强对央企、大型民企、世界500强企业和珠三角、长三角及港澳台等重点区域的招商引资工作，加快产业发展向东部地区和先进生产力靠拢，主动承接发达地区产业转移，创建一批承接产业转移示范园区。推动中马钦州产业园、马中关丹产业园、中国·印尼经贸合作区、中泰（崇左）产业园、中越跨境经济合作区等合作园区建设，新建一批境外制造业合作园区，主动承接高端装备、先进技术、优势产能向广西转移。到2020年，全区制造业投资领域进一步拓展，投资方式更为多元，企业国际化水平有较大提升。

专栏1　"走出去"重点任务

推进优势产业"走出去"。支持优势企业在能源（石油、天然气、煤炭等）、矿产（铁矿、有色金属）、天然橡胶、木材等方面，重点面向东盟、非洲、南美、大洋洲等资源富集地区，开展境外合作勘查、开发和加工等，实现互利共赢。鼓励优势企业到境外建立生产基地、研发基地、营销网点、商品展示中心和售后服务点等，带动设备、零部件、原材料和技术出口。

增强优势产能"走出去"。重点引导装备制造、轨道交通等具有优势的产业和骨干企业扩大对外投资和出口，推动汽车及零部件、工程机械、钢铁、有色金属、制糖、建材等产业优势产能加快"走出去"步伐，加大上汽通用五菱印度尼西亚制造基地国际产能合作，利用糖业、铝、机械"二次创业"产业转型升级,重点开拓南亚、中亚、西亚、非洲、东欧、拉美等国家和地区产能合作市场。结合境外矿产资源开发,延伸下游产业链,开展铝、镍、铜、铟等冶炼和深加工,带动成套设备出口。

加快优势产品"走出去"。重点拓展和强化工程机械、建筑机械核心产业板块管理和技术标准,全力打造"柳工机械""欧维姆""玉柴动力"国际知名品牌,推动柳工集团、玉柴集团在欧美高端市场和海外研发制造获得突破性进展。借助上汽通用五菱印度尼西亚制造基地,支持上汽通用五菱、东风柳汽等汽车采用全球高标准的顶尖设备。加速桂林三金西瓜霜以及玉林制药"壮药四宝"的正骨水、云香精、鸡骨草胶囊、蛤蚧肾胶囊等"走出去",壮大"中华老字号"制药品牌,加强"品牌+终端"营销模式转型。

助推创新驱动"走出去"。加强与德国菲德烈斯哈芬有限公司(MTU)合作,生产高端、高速、大马力S4000系列发动机产品,共同打造具有世界顶尖技术水平的高品质大马力非道路发动机。与欧美著名整车企业佩卡集团合作,联合开发面向欧洲市场的高端新一代中型动力,推动玉柴中机产品升级换代和型谱精简。建立柳工集团、柳钢集团、玉柴集团、上汽通用五菱、东风柳汽等欧洲研发中心,对接世界前沿技术,掌握最新行业发展动态和方向,突破关键领域的技术封锁。

资料来源:广西壮族自治区工业和信息化委员会,推进广西工业优势产业和产品"走出去"实施方案,2017年10月。

第6讲　改造提升传统优势产业的重点和方向

食品、石化、有色金属、冶金、建材、电力、造纸与木材加工、纺织服装与皮革加工等传统优势产业是广西工业发展的支柱性产业,在广西经济社会发展中做出了重大贡献。这些产业在广西有基础、有特色,加快改造提升和二次创业步伐,有助于巩固和提升广西工业发展新优势,更好地向产业价值链中高端转移,实现传统优势产业提质增效和转型升级。

一、食品工业

食品工业是广西第一大工业产业,食品工业主要是指以农业、渔业、畜牧业、林业或化学工业的产品或半成品以及自然界中符合要求的原料,制造、提取、加工成食品或半成品,具有连续而有组织的经济活动工业体系,有农副食品加工业、食品制造业、酒和饮料、精制茶制造业以及烟草制造业4大类,20000多个食品产品。

(一) 产业发展基础

"十二五"期间,广西食品工业实现稳步发展,进一步发挥了第一大工业产业的示范带动效应,实现饮料、乳制品、果蔬加工、肉禽加工、精制茶等食品制造业的稳步发展,大米加工及冷冻食品等农副食品加工业取得良好发展成效,制糖、烟草等产品品质得到提升,休闲食品、健康食品、养生食品等特色产品不断发展,对关联产业发展起到了重要推动作用。

产业规模。到2015年,规模以上食品工业总产值达到3526.92亿元(占全区工业总产值15.69%),较2010年增长124.60%,年均增长17.60%;实现销售收入 3029.66 亿元，较 2010 年增长 107.91%，年均增长 15.76%；利润总额 241.99 亿元，较 2010 年增长 94.10%，年均增长 14.18%；税金总额 235.33 亿元，较 2010 年增长 89.41%，年均增长 13.62%；完成工业投资 652.02 亿元，较 2010 年增长 163.92%，年均增长 21.42%。

表 12　食品工业主要经济指标完成情况　　　　　单位：亿元

主要指标	2010 年	2015 年	5 年增长（%）	年均增长（%）
规模以上工业总产值	1570.54	3526.92	124.60	17.60
规模以上工业增加值	518.67	—	—	—
主营业务收入	1457.17	3029.66	107.91	15.76
利润	124.67	241.99	94.10	14.18
税金	124.24	235.33	89.41	13.62
工业投资	247.05	652.02	163.92	21.42

产业结构。"十二五"时期，广西食品工业产业结构不断优化，农副食品加工进一步向食品制造深化，产业链向深加工方向延伸。从食品行业工业总产值占比结构来看，2015 年，农副食品加工业占 66.87%，下降 1.99 个百分点，其中食糖制造业占 18.69%，下降 1.91 个百分点，比 2010 年下降 7.41 个百分点；食品制造业占 11.46%，增长 1.06 个百分点；饮料制造业占 15.35%，增长 1.25 个百分点；烟草制品业占 6.31%，降低 0.31 个百分点。

（二）产业发展目标

《规划》提出，到 2020 年，食品工业实现工业总产值 5000 亿元。其中，农副食品加工业工业总产值 3000 亿元，食品制造业工业总产值 800 亿元，饮料制造业工业总产值 900 亿元，烟草制品业主营业务收入 300 亿元。

（三）重点发展领域

"十三五"期间，广西食品工业要坚持绿色、安全、生态的发展方向，加快推进智能检测，实现全产业链追溯，提升食品安全水平，实现食品生产和质量安全，推动食品工业互联网新经济发展。

制糖业。大力发展蔗糖、生物化工一体化循环经济，实现甘蔗和糖链产品多样化，提升蔗糖精深加工和综合效益。重点推进 500 万亩优质高产高糖糖料蔗

"双高"基地建设,加快推动经营规模化、种植良种化、生产机械化、水利现代化,保障制糖"第一车间"稳定。积极开展产学研合作,推动科研成果产业化步伐,积极开拓糖业综合利用新领域。加快推动甘蔗多样化利用,提高生物化工、食品、发酵等高附加值产品生产转化率,提高糖业产品附加值。"十三五"期间,广西甘蔗种植面积稳定在1200万～1500万亩,甘蔗产量稳定在6000万～9000万吨,食糖产量稳定在600万～900万吨,糖业销售收入(含综合利用)700亿～1000亿元,综合利用产品产值达到食糖产值的75%左右。

农副食品加工业。农副食品加工业是直接连接第一产业、牵动第三产业,具有延伸作用的加工产业,从国家政策看,农副食品加工业符合国家发展低能耗、低污染、高效益的产业发展政策。农副食品加工业重点发展粮油、肉禽、水产品、森林食品精深加工,大力开展主食和方便食品加工,推动坚果、果脯等休闲食品开发,着力建成一批畜牧、粮食、特色食用油、水产、林产品、胶原蛋白肠衣等加工基地和产业聚集区。发展一体化大型屠宰及冷链加工,打造大型肉类加工企业集团。加快实施精深加工工程,做大做强大米、豆油、花生、菜籽等深加工产品,推动特色山茶油资源开发。积极推动天然绿色果蔬产品开发,加强冷链物流设施建设,保障生鲜农产品和食品消费安全,推动冷藏食品发展。

食品制造业。"民以食为天",食品制造业始终是朝阳产业,发展空间广阔,产业业态翻新。食品制造业重点发展乳制品、休闲食品、烘焙食品、方便食品等。大力发展糖果、蜜饯等休闲食品和饼干、坚果、膨化食品等烘焙食品。建设水牛奶产业基地,打造水牛奶乳制品品牌。推动速冻食品、方便米粉、方便面、罐头、酱油等方便食品和调味品产品发展。重点开发生产食品添加剂、调味剂及食用色素等高附加值产品。

酒、饮料和精制茶制造业。饮料加工业发展总量和发展质量均得到有效提升,注重本土品牌培育,鼓励企业创名牌产品,推动消费升级换代、多元化、个性化。重点发展果蔬饮料、包装饮用水、蛋白饮料、精制茶等,促进产品上规模、上水平发展。立足丰富优良的水资源,打造高端饮用水品牌,做大做强高端饮用水产业。大力发展精制茶加工业,实现红茶、六堡茶、绿茶等茶叶产品规模壮大。着力加快白酒以及啤酒、葡萄酒、果露酒、养生酒等酒类产品开发。

烟草制品业。经济发展进入新常态,广西经济下行压力不断加大,财政收入增速趋缓,烟草税利对财政收入贡献的重要地位将更加突出。在烟草控制加强、健康意识提高的影响下,烟草公司都将新型烟草制品作为重点研发和推广方向,要瞄准重点规格产品,加快做精品牌,提升产品质量,将"真龙"品牌做大做强。实现烟草种植、加工生产、印刷包装、销售物流等全产业链联动配套和产业集群发展,打造形成烟草全产业链。

二、石化工业

石油和化学是以石油、天然气、煤炭、原盐、生物质等为基础原料,通过化学深加工生产石油和化工产品的产业,包括化学矿、油品、有机原料、合成材料、化学肥料、氯碱、纯碱、硫酸、农药、涂料、染料、橡胶轮胎等20多个子行业。

(一)产业发展基础

石油和化学工业是沿海工业布局的重要构成,也是广西的传统产业之一,"十二五"期间,广西深入推进冶炼一体化,加快推进炼化一体化发展,紧紧围绕原料优化、节能降耗等领域,推动生物化工、新型现代煤化工产业发展壮大。石油和化学工业实现平稳增长,但增幅不大,未来实现跨越式、大幅度发展的可能性相对较低。

产值规模。到2015年,广西规模以上石化工业企业达到631家,工业总产值达到2244.42亿元,较2010年增长145.87%,年均增长19.71%;主营业务收入达到1987.71亿元,较2010年增长139.48%,年均增长19.08%;实现利润83.72亿元,较2010年增长351.32%,年均增长35.17%;创造税金259.93亿元,较2010年增长412.07%,年均增长38.63%;完成工业投资478.28亿元,较2010年增长108.76%,年均增长16.39%。

表13 石油和化学工业主要指标完成情况　　　　单位:亿元

指标	2010年	2015年	5年增长(%)	年均增长(%)
规模以上工业总产值	912.84	2244.42	145.87	19.71
规模以上工业增加值	281.12	—	—	—
主营业务收入	830.01	1987.71	139.48	19.08
利润	18.55	83.72	351.32	35.17
税金	50.76	259.93	412.07	38.63
工业投资	223.89	478.28	108.76	16.39

重点产品及企业。目前，广西石油和化工工业产品大多为中上游产品，主要包括汽油、煤油、柴油、润滑油、化肥、硫酸、烧碱、精甲醇、橡胶轮胎、松香松节油等，重点企业有中石油广西石化公司、中国石化北海分公司、广西东油沥青有限公司、柳州化学工业集团有限公司、广西鹿寨化肥有限责任公司、广西田东锦盛化工有限公司、中国化工橡胶桂林有限公司、广西梧州松脂有限公司等。

（二）产业发展目标

《规划》提出，到2020年，石化工业实现工业总产值3200亿元，主营业务收入2970亿元，原油加工量1700万吨，化肥产量（折纯）130万吨，烧碱产量60万吨，盐酸产量45万吨。

（三）重点发展领域

石化产业是继食品、汽车、冶金行业之后第4个千亿元的产业，成为广西重要的支柱产业。"十三五"期间，广西石化工业将持续推进氯碱、化肥、橡胶、生物化工、林产化工、农药等传统化工产业技术改造，加快改善石化产品供给结构，着力延伸石化产品产业链，推动企业设备更新换代。加快移动互联网、云计算、大数据、物联网等与石化产业融合发展步伐，改造石化产品生产工艺和业务流程，提升企业管理水平和生产效率。积极推动城市危险化学品企业搬迁改造。

炼化一体化。炼化一体化技术进入了全新的发展时期，以乙烯为代表的化工生产技术，从引进到自主创新。广西重点建设钦州大型炼化一体化石化综合产业园区、铁山港石化综合产业园区、防城港大西南临港工业区和田东石化园区。加快推进石油裂解制烯烃、芳烃及其深加工装置的建设，加快推进炼油行业向炼化一体化转变。推进烯烃原料多元化，发展煤（甲醇）制烯烃和丙烷脱氢制丙烯。产品开发及升级重点：重点发展炼油以及乙烯、芳烃等炼油产品链，推进建设中石油广西石化公司100万吨/年芳烃、上海华谊煤基多联产、广西南部湾石化有限公司30万吨/年苯乙烯等项目。

氯碱。氯碱行业将加快摆脱单纯以追求规模扩张为目的的增长方式，进入以"产业结构调整、提升增长质量"为核心的发展阶段，氯碱及相关上下游行业企业间的资源重组、高附加值新产品制造技术的研发推广、环境友好型生产工艺的广泛应用等成为新的发展趋势。广西重点建设田东石化产业园区、鹿寨化工循环经济产业园，引进开发高附加值氯产品和烧碱下游产品。产品开发及升级重点：重点发展三氯乙烯、四氯乙烯、环氧氯丙烷、氯化苯、氯代异氰尿酸、有机硅、有机氟、氯化高聚物、甲苯二异氰酸酯（TDI）、MDI等高附加值氯产品和规模较大的水合肼、漂粉精、偏硅酸钠等烧碱下游产品。

化肥。国家明确提出大力发展生态友好型农业，实施化肥农药使用量零增长行动，全面推广测土配方施肥和农药高效精准使用，化肥使用零增长意味着行业必须解决产能过剩的矛盾，必须下大力气淘汰落后产能，研发高端、高效专用肥料，创造条件适应农业转变发展方式的要求。特别是当前农业土地规模化经营的推进将为新的化肥品种、新的施肥方法、新的服务方式创造出更大的发展空间。广西重点建设柳州化工产业园区、河池化工产业园区。积极推进氮肥去产能，引导化肥企业开展并购重组，鼓励由以生产单质肥料为主向以生产混配肥料为主转变。生产精深加工产品，形成合成氨—精细化工产业链。产品开发及升级重点：重点发展浓硝酸、多孔硝酸铵、硝酸钠/亚硝酸钠、高浓度尿基/硝基复合肥、双氧水、车用尿素等精深加工产品。

橡胶。由于橡胶零部件行业经济效益日趋明显，国家政策导向趋向扶优扶强，橡胶制品在设计、加工、质量管理、检测等方面与国际先进水平的差距正在逐步缩小，综合竞争优势进一步增强，总体上已经形成了能够为国内全面配套服务的格局，产品产量基本能够满足各行业的需求。广西重点建设以中国化工橡胶桂林有限公司、广西玲珑轮胎有限公司为核心的桂北橡胶加工基地，提高半钢子午线轮胎、全钢子午线轮胎的性能及生产能力。产品开发及升级重点：鼓励航空轮胎、军用特种轮胎、巨型工程轮胎的创新、研发及生产。

生物化工。生物化工的两个发展方向：一是化学学科和生物学科结合在医学上的开发，二是生物物种之间的无差异转换。广西重点建设河池化工产业基地，利用甘蔗、糖蜜、秸秆等生物质资源，打造生物质资源—酒精—乙烯—醋酸乙烯（VAC）、聚乙烯醇、醋酸乙烯—乙烯共聚乳液（VAE）及乙烯下游产品等生物基化学品循环经济产业链，促进生物燃料规模化商业应用。产品开发及升级重点：重点发展醋酸乙烯（VAC）、聚乙烯醇、醋酸乙烯—乙烯共聚乳液（VAE）及乙烯下游产品等。

林产化工。林产化工经济效益较好，且是出口创汇能力较强的产业。广西在梧州、玉林、防城港等有资源优势和产业基础的地区规划建设3个以上现代林化产业加工园区，提升电子交易水平，建设林化产品交易中心（市场）。产品开发及升级重点：引导松香产业向精深加工、高附加值方向发展，打造成为全国乃至世界最具影响力的松香资源储备、精细加工、创新研发及配套产业基地。

农药。农药工业形成了包括农药原药生产、制剂加工、原料中间体、科研开发在内的工业体系，已经成为重要的支农化学品行业。广西重点引进先进农药生产技术，加快发展低毒绿色农药新品种、新剂型。产品开发及升级重点：重点发展新型菊酯类农药、新型杂环农药等农药新产品。

三、有色金属工业

广西是全国有色金属重要产区之一，铝、锡、钨、铅、锌等有色金属储量和开采量在全国居于重要地位，有色金属工业在全区工业中占有突出地位，是广西传统的特色优势产业。

（一）产业发展基础

有色金属工业是典型的资源型工业，受市场价格等因素影响较大，"十二五"期间尤其是2013年以后，行业发展空间缩减和效益显著下滑。以河池、百色两市为主的有色金属企业集中区基本形成，工业园区、特色产业基地等不断发展，产业集聚水平得到了进一步提高，产业链条加快延伸，有色金属工业集约集群发展趋势明显，建立了具有一定基础和水平的产业体系。

产业规模。到2015年，广西有色金属工业规模以上工业总产值达到1598.35亿元，较2010年增长99.92%，年均增长14.86%；主营业务收入达到1251.14亿元，较2010年增长76.00%，年均增长11.97%；实现利润29.29亿元，较2010年下降20.96%，年均下降4.59%；创造税金38.82亿元，较2010年增长29.83%，年均增长5.36%；工业投资271.7亿元，较2010年增长2.36%，年均增长0.46%。

表14 氧化铝产量省（区、市）排序　　　　　　　　　单位：吨

序号	省（区、市）	产量
1	山东	18976000
2	河南	12950535
3	山西	12729073
4	广西	8460086
5	贵州	3734648
6	云南	1021325
7	重庆	582574
8	内蒙古	524114
	全国	58978355

资料来源：根据国家统计局和中国产业信息网整理。

重点企业及产品。到 2015 年，广西有色金属工业规模以上企业共有 208 家，主要产品包括铝、锌、锡、铅、氧化铝等，重点企业有中铝广西分公司、广西华银铝业有限公司、广西来宾银海铝业有限责任公司、广西百色银海铝业有限责任公司、广西信发铝电有限公司、广西有色金属集团公司、河池南方冶炼有限责任公司、金川集团等。

表 15 有色金属工业主要指标完成情况   单位：亿元

指标	2010 年	2015 年	5 年增长（%）	年均增长（%）
规模以上工业总产值	799.46	1598.35	99.92	14.86
规模以上工业增加值	260.05	—	—	—
主营业务收入	710.85	1251.14	76.00	11.97
利润	37.06	29.29	−20.96	−4.59
税金	29.90	38.82	29.83	5.36
工业投资	265.41	271.70	2.36	0.46

（二）产业发展目标

通过推进资源开发，强化资源保障能力，大力发展铝、铜、铅锌、锡、锑、镍合金、稀土等，加强有色金属冶炼技术集成创新，实现绿色低碳循环发展。产业结构转型升级和产品技术创新步伐加快，有色金属终端消费市场得到开拓，资源保障、结构优化、技术先进、绿色友好的有色金属产业体系得到构建。《规划》提出，到 2020 年，有色金属实现工业总产值 2100 亿元。

（三）重点开发领域

重点发展铝、铜、镍合金、铅锌工业、锡工业、稀贵金属及深加工、稀土等产业，以企业产品创新和技术创新为重点，着力延伸有色金属价值链、产品链，提升有色金属产品加工规模和水准，推动生态铝工业循环经济发展，提高资源综合利用水平。

铝工业。充分发挥资源优势和区位优势，积极承接国内外铝工业先进的产业转移，加快铝工业市场外部环境的培育，加快延伸产业链和产业集聚，加强铝土矿资源勘探与保护，开发铝冶炼重大节能前沿关键技术和赤泥综合利用技术。重点发展高性能铝合金及精深加工产品，发展各类新型铝合金终端部件，扩大铝结构在建筑领域的应用。加快建成一批煤电铝一体化、铝电子加工特色产业链等铝精深加工项目，支持重点铝业企业技术攻关。加快建成百色生态型铝示范基地煤电铝一体化项目，支持贺州打造铝电子加工特色产业链，支持来宾建设铝精深加工基地，支持桂中高铁三水铝开发利用及低品质铝土矿开发利用技术攻关，解决产品结构失调、就地转化率低等问题。产品开发及升级重点：以轻质、高强、大规格、耐高温、耐腐蚀、耐疲劳为产品发展方向，重点发展航空、交通运输、电子、包装用铝合金板带箔材、型材、铸件等高性能铝合金及精深加工产品，鼓励向飞机、汽车、轨道车辆、船舶、电器用各类新型铝合金终端部件制造方向发展，为下游制造业提供加工部件及服务。

铜工业。广西在国家政策的推动下，大力发展铜工业，但原有的铜矿资源远远不能满足现有铜工业的发展，应加快资源整合步伐，利用海外资源发展铜冶炼，提高资源保障能力。开展冶炼、综合利用技术和余热利用节能环保关键技术创新，发展铜精深加工产品，要加快推进企业技术装备水平的提升和产品结构的升级，实现广西铜工业新跨越。产品开发及升级重点：重点发展电子、电力、家电、建筑行业用铜精深加工产品和铜线、漆包线、高速列车导线、铜排、精密铜管、插接元件带材、高强高导新型铜合金接触导线、绿色无铅环保型铜合金等系列精深加工产品，高起点发展铜线杆、压延铜箔。

镍合金。镍合金是航空、电力、化学和石油化工等诸多行业稳定和发展的关键性材料，也是镍合金市场发展的关键。要发挥沿海港口优势，在防城港和玉林等地布局产业，大力发展镍基高温合金、镍基耐蚀合金、镍基耐磨合金及镍新材料，引进先进技术、装备、工艺，推动节镍型高性能不锈钢材料性能及制备技术升级。产品开发及升级重点：重点发展镍铬耐腐蚀新型合金、高镍合金钢、镍铁、镍钴锰酸锂三元材料等镍不锈钢及镍新材料高端产品，开发生产氢氧化亚镍等关键电池材料、镍氢动力电池及其管理系统，积极发展镍铬合金钨钼大型板材和制件，研发生产应用于交通基建、建筑、装备制造、新能源汽车等领域的产品。

铅锌工业。面对良好的国际国内环境，铅锌工业抢抓铅锌市场需求旺盛的机遇，且取得了较快发展，并形成多种循环发展模式。应强化资源勘探和保护，鼓励大企业集团开展资源整合，推动规范化矿山开发。强化中低品位氧化矿、高铁闪锌矿利用技术研发，提高共伴生元素回收利用水平，加快淘汰落后生产工艺。产品开发及升级重点：研发铅锌新合金材料，加快形成高性能铅、锌合金材料的规模化生产能力。加快无汞电池锌粉、纳米氧化锌粉等研制及产业化，开发生产压电晶体、氧化锌铝太阳能电磁系列靶、软磁铁氧体材料。

锡工业。广西锡资源储量位居全国首位，但由于资源的大量消耗，必须加快引进国内外先进的采、选、冶、深加工及信息技术，依托大专院校和科研院所，调整产业结构，进行技术改造，提高矿产品精深加工程度和综合利用水平。要强化地质勘查和找矿投入力度，强化矿权管理，整合有限资源，控制开发总量，提高资源利用水平，开发具有特色的高附加值的产品。推进企业兼并重组，提高资源、产业集中度。产品开发及升级重点：重点开发生产市场前景好、附加值高的锡基合金负极材料、球栅阵列（BGA）锡球等锡深加工产品。

稀贵金属及深加工。大力发展稀贵金属再生利用产业。强化锗、铂、钯、铟、金、银、镓等稀贵金属回收利用和精深加工步伐，积极组建锗提纯中心。推动新型贵金属功能材料、汽车尾气催化剂、微电子浆料的研发和产业化进程。产品开发及升级重点：推进光纤用高纯四氯化锗、锗锑硒玻璃和锗砷硒玻璃，电子、红外、太空用锗单晶和晶片的生产。镓深加工近期以粗镓生产为主，远期开展镓深加工，向砷化镓、氮化镓、磷化镓等深加工产品延伸。

稀土。稀土是生产高科技国防装备必不可少的稀有金属，已成为极其重要的国家战略资源。广西要重点发展稀土下游产业，支持企业参与新产品、新技术研发及产业化，建立稀土矿、冶炼分离及深加工产品信息库，构建面向高端需求的新型稀土功能材料产业链。产品开发及升级重点：重点发展高性能的稀土发光材料、稀土永磁材料、稀土合金材料，积极开发为汽车工业配套的新型储氢材料、催化材料、磁致冷材料，提高荧光粉、研磨抛光材料产品档次，加快中铝崇左、贺州、梧州稀土产业园建设。

四、冶金工业

冶金工业是黑色金属材料生产和服务的行业，涵盖了矿产勘探、采选、冶炼、轧制材等后续延伸产品生产。广西冶金工业主要包括钢铁、铁合金、电解锰等产业。

（一）产业发展基础

冶金工业是广西的传统优势产业，发挥了重要的历史性作用，同时也面临着产能过剩、中高端供给能力严重不足等发展困境。"十二五"期间，全区加快提升冶金工业效益，淘汰落后低效产能，着力打响特色品牌，提高中高端供给能力。

产值规模。到 2015 年，广西规模以上冶金工业产值达到 2677.27 亿元，较 2010 年增长 129.60%，年均增长 18.08%；主营业务收入达到 2483.74 亿元，较

把握新时代的转型之路

2010年增长119.14%,年均增长16.98%;实现利润76.80亿元,较2010年增长230.99%,年均增长27.04%;创造税金69.84亿元,较2010年增长155.63%,年均增长20.64%;工业投资194.64亿元,较2010年增长57.42%,年均增长9.50%。

表16 冶金工业主要指标完成情况　　　　　　　　　　　单位:亿元

指标	2010年	2015年	5年增长（%）	年均增长（%）
规模以上工业总产值	1166.05	2677.27	129.60	18.08
规模以上工业增加值	340.73	—	—	—
主营业务收入	1133.37	2483.74	119.14	16.98
利润	21.10	76.80	230.99	27.04
税金	27.32	69.84	155.63	20.64
工业投资	123.64	194.64	57.42	9.50

重点企业及产品。目前,广西冶金工业规模以上企业共有728家,主要产品包括锰矿石、铁矿石、生铁、粗钢、钢材、铁合金等,重点企业有广西柳州钢铁（集团）公司、广西盛隆冶金有限公司等。

（二）产业发展目标

《规划》提出,到2020年,冶金工业实现工业总产值3300亿元,重点钢铁企业产业集中度达到全区钢铁行业的85%以上。

（三）重点发展领域

"十三五"期间,广西冶金工业将以调整结构为主攻方向,通过严控产能无序扩张,加速淘汰落后装备和产能,促进产业结构优化升级,力争打造1~2家具有核心竞争力和较强区域影响力的大型企业集团。

钢铁。钢铁产业是国民经济的重要基础产业,是实现工业化的支撑产业,是技术、资金、资源、能源密集型产业,钢铁产业的发展需要综合平衡各种外部条件。广西应针对机械制造、建筑高强钢筋、汽车等行业对高强度、高性能钢材需求,支持建筑、轨道、船舶、电力、家电用各种高性能终端部件制造发展。鼓励新型特种钢发展,严格淘汰不符合环保、能耗、质量、安全、技术的法律法规和产业政策要求的钢铁产能,推动城市钢铁企业向外搬迁转移。产品开发及升级重点:巩固和提升高速线材、连轧棒材、冷轧板带、热轧宽带板、中厚板和全连轧型钢,开发镀锌板、镀锡板、热轧中厚宽钢带、无缝管和焊管。发展核电用钢、超超临界火电用钢、高品质不锈钢等特殊钢产品。开发镍基双相不锈钢、抗菌型、高硅耐酸型不锈钢深加工产品。

铁合金。铁合金行业品种结构不尽合理，部分品种产能过剩矛盾突出，造成各企业之间同质化竞争，因此加快调整品种结构也是当务之急。广西应持续优化生产工艺，稳定产品产量，改善先进环保处理技术，提高原材料预处理能力，实现精料入炉，加快推动铁合金产品结构优化调整，鼓励大型企业开展兼并重组，提升产业规模度和集中度。产品开发及升级重点：巩固锰系铁合金产品的质量和产量，开发镍系铁合金和铬系铁合金等产品。

电解锰。广西应推动电解金属锰、电解二氧化锰等发展，提高电解锰发展水平，持续优化电解锰产品结构，强化技术创新，推动产品升级，加快淘汰落后低效产能，壮大企业发展规模，提高产业发展水平。产品开发及升级重点：开发安全性能高的磷酸盐系、镍钴锰三元系、锰酸盐系、尖晶石锰酸锂正极材料、富锂锰基固溶体材料等高终端产品。

五、建材工业

建材工业是国民经济的重要基础产业，主要包括建筑材料及制品、非金属矿及加工制品、无机非金属新材料等相关产业。

（一）产业发展基础

建材工业是传统产业，也是新兴产业，"十二五"期间，广西建材工业由迅速扩张期转入稳步发展期，随着新型城镇化和各项基础设施建设的深入推进，建材工业仍有一定的发展空间，但必须加快转型升级步伐，向新型建材工业发展转变。

产值规模。目前，广西建材工业规模以上企业共有789家，主要产品包括硅酸盐水泥熟料、水泥、瓷质砖、天然大理石建筑板材等，重点企业有华润水泥、海螺水泥、台泥水泥、南方水泥、广西鱼峰水泥、广西新舵陶瓷、新中陶陶瓷、兴城石材等。到2015年，广西建材工业产值达到1954.46亿元，较2010年增长184.40%，年均增长23.24%；完成销售收入1732.97亿元，较2010年增长171.38%，年均增长22.10%；实现利润166.23亿元，较2010年增长215.24%；创造税金84.81亿元，较2010年增长194.68%；工业投资1101.65亿元，较2010年增长55.84%，年均增长15.08%。

把握新时代的转型之路

表17　建材工业主要指标完成情况　　　　　　　　　单位：亿元

指标	2010年	2015年	5年增长（%）	年均增长（%）
规模以上工业总产值	687.22	1954.46	184.40	23.24
规模以上工业增加值	250.52	—		
主营业务收入	638.57	1732.97	171.38	22.10
利润	52.73	166.23	215.24	25.81
税金	28.78	84.81	194.68	24.12
工业投资	440.80	1101.65	55.84	15.08

（二）产业发展目标

推动水泥工业完善在沿江、沿海、沿线的布局，加强对新型墙体材料、陶瓷、非金属矿等行业的整合力度，发挥中小企业贴近市场、机制灵活的优势，引导水泥产业各类企业强化分工协作。加快形成优势骨干企业为龙头、大中小企业协调发展的格局。到2020年，建材工业实现工业总产值2500亿元。

（三）重点发展领域

水泥。水泥是国民经济的基础原材料，由于新农村建设步伐加快、交通运输业快速发展等因素的影响，水泥的需求量呈现增长趋势，在国家产业政策的支持下，高度分散的水泥行业迎来重组和整合时代。广西应积极推动建材企业开展联合重组，重点支持地区龙头企业开展跨地区、跨所有制兼并重组，扶持南方、海螺、华润、台泥等龙头企业发展，兼并重组中小型水泥生产企业。充分利用互联网技术，按照市场化手段，搭建兼并重组平台，提高产业集中度，强化生产能力，增强企业竞争力。减压、淘汰落后、低效产能，推动水泥工业升级发展。支持企业开展新型干法水泥熟料生产线改造。提高水泥企业对尾矿、粉煤灰、煤矸石、电石渣、建筑垃圾等废弃物的资源化利用。支持绿色建材和精深加工制品发展，重点发展能满足海洋、港口、隧道等工程需要的特种水泥。积极开展脱硝、水泥窑垃圾焚烧等装备研发，鼓励企业安装脱硝和处理固体废弃物装置。鼓励企业开展环保型碳酸钙精深加工，提高产品附加值。

玻璃。从中长期看，玻璃市场将进入由以扩大数量、规模为主转向以追求品质和功能为主的转型期，从快速增长转为平稳缓长，市场增长点主要体现在传统市场需求结构的升级以及新兴市场潜力的不断释放。广西应支持企业发展节能环保玻璃、钢化玻璃、汽车玻璃、液晶玻璃、高性能泡沫玻璃、微晶玻璃、电子玻璃等新型产品。

装配式建筑材料。国家加大政策支持力度，力争用10年左右的时间，使装配式建筑占新建建筑的比例达到30%，积极稳妥推广结构建筑，通过标准化设计、工厂化生产、转配化施工、一体化专修、信息化管理、智能化应用，大力促进建筑产业转型升级。广西应大力发展钢结构和装配式建筑，逐步建立钢结构住宅系统产品体系。

产品开发及升级重点：重点发展具有安全、环保、节能、降噪、防渗漏等满足绿色建筑使用功能的新型建筑材料、装配式建筑材料及制品。大力发展新型干法水泥，积极发展高附加值的优质浮法玻璃和精深加工玻璃，开发陶瓷砖减薄新技术以及绿色建材、防水材料和建筑密封材料、建筑涂料、优质环保型摩擦与密封材料等新材料以及陶瓷砖减薄新技术等。

六、电力工业

电力工业是将煤炭、石油、天然气、核燃料、水能、海洋能、风能、太阳能、生物质能等一次能源经发电设施转换成电能，在通过输电、变电与配电系统供给用户作为能源的工业部门，包括发电、输电、变电、配电等环节。

（一）产业发展基础

电力工业属于战略性、基础性工业，"十二五"期间，广西加快推动电力工业升级发展，积极完善电力工业布局，实施一批光伏发电、风力发电、水电建设项目，广西电力工业基本形成了以水电、火电为主要构成，核电、光伏发电、风电等清洁能源共同发展的格局。

产业规模。到2015年，规模以上电力工业产值达到1089.18亿元，较2010年增长33.96%，年均增长6.02%；完成销售收入1049.75亿元，较2010年增长30.98%，年均增长5.54%，实现利润87.39亿元，较2010年增长87.73%，年均增长13.42%；创造税金74.70亿元，较2010年增长52.10%，年均增长8.75%；工业投资500.63亿元，较2010年增长68.30%，年均增长10.97%。

主要电力企业。广西与全国绝大多数省份不同，除广西电网公司经营主电网外，还有桂东电力股份有限公司等多个企业经营区域性电网以及水利电业集团有限公司（水利厅下属企业）管理42个县电网。主要电源公司有中国大唐集团公司（控股龙滩、平班、岩滩、大化、百龙滩、乐滩水电站和合山电厂）、中国华电集团公司（独资拥有贵港电厂）、中国国电集团公司（控股永福电厂）、中国电力投资集团公司（控股长洲水利枢纽）、国家开发投资公司（控股北海电厂、钦州电厂）、广西投资集团有限公司（独资拥有柳州电厂、来宾电厂、桥巩水电站）、香港中电亚洲有限公司（控股防城港电厂）等。

表18　电力产业主要指标完成情况　　　　　　　　单位：亿元

指标	2010年	2015年	5年增长（%）	年均增长（%）
规模以上工业总产值	813.06	1089.18	33.96	6.02
规模以上工业增加值	303.30	—		
主营业务收入	801.40	1049.75	30.98	5.54
利润	46.55	87.39	87.73	13.42
税金	49.11	74.70	52.10	8.75
工业投资	297.45	500.63	68.30	10.97

（二）产业发展目标

随着广西经济社会的发展，对电力的需求量不断扩大，电力销售市场的扩大刺激了整个电力生产的发展。《规划》提出，到2020年，电力工业实现销售收入1500亿元，增加值950亿元。

（三）重点发展领域

"十三五"期间，广西要优化电力资源配置，调整电源结构，优化电网结构和电源布局，推进电力工业与经济、社会、环境和资源协调发展。

电源建设。根据新形势下广西经济社会发展的需要，预测广西近中期的电力需求水平，研究电源建设空间，优化调整电源建设时序和供需平衡思路，提高火电机组运行效率，不断提升电力保障水平，才能满足广西经济社会的发展需求。广西应深度开发利用红水河、郁江和柳江等干流水电资源，抓好大藤峡电站建设，因地制宜发展中小型水电，合理布局抽水蓄能电站。安全发展核电，因地制宜地有序开发风电、生物质能源和太阳能等新能源。加快分布式电源布局。产品开发及升级重点：积极推进防城港红沙核电二期项目建设，推进防城港白龙、平南等核电项目前期工作。鼓励电力消纳、电网建设具备条件的地区开发建设风电，完善海上风电场规划，支持有开发潜力的地区开展风电项目前期工作。稳妥推进废弃物发电和综合利用。积极推动原料林基地建设，配套发展生物柴油加工项目。大力发展农光互补、渔光互补等分布式光伏发电，打造一批建筑光伏一体

第6讲 改造提升传统优势产业的重点和方向

化示范项目。到2020年，全区装机容量达到4900万千瓦。

电网建设。广西电网建设取得了显著成效，城乡电网覆盖面、供电能力和供电可靠性明显提高。广西依托现有的西电东送网架，规划建设沿海电源基地送出网络，实现上下级电网协调发展，建设适应负荷发展需要和区内外电力接入的主网架，由通道型电网逐步向交直流混合受端型电网转变，加强城乡配网建设，推动传统电网向智能配电网转型升级，构建智能、高效、可靠、绿色现代电网。产品开发及升级重点：广西要转变以西电东送的通道建设导向为适应广西负荷供电需要的主网架建设导向，建设500千伏主干网络。到2020年，各市至少拥有1座500千伏变电站，220千伏变电站基本覆盖到各县域，形成500千伏、220千伏为骨干网架，110千伏、35千伏和10千伏配电网架的输配电网络。

七、造纸与木材加工业

造纸与木材加工业是指以木材、非木纤维和废纸为主要原料，按照特定的工艺流程，专用的生产装配线，生产特类纸张、商品浆、实木板、人造板、家具、木制工艺等产品的行业。

（一）产业发展基础

"十二五"期间，广西造纸与木材加工业由迅速扩张期转入稳步发展期，是广西重要的特色优势产业，于2013年成为广西第9个千亿元产业。积极引进和投入使用了一批国外先进技术和装备，淘汰落后设备及产能，促进了企业技术装备水平的提高，尤其是在设备的大型化方面获得了突破性进展。木材加工制造业发展坚持走林板一体化道路，积极培植和扶持龙头企业，适应市场需要，努力开发新产品，广西木材加工业取得较快发展。

产值规模。2015年，广西造纸和木材加工业完成工业总产值1554.61亿元，较2010年增长195.23%，年均增长24.17%；实现销售收入1369.75亿元，较2010年增长182.48%，年均增长23.08%；利润总额53.23亿元，较2010年增长319.79%，年均增长33.23%；税金总额40.39亿元，较2010年增长185.03%，年均增长23.30%；完成工业投资787.17亿元，较2010年增长225.61%，年均增长26.63%。目前，广西造纸与木材加工业共有规模以上企业692家，其中造纸及纸品加工企业174家，木材加工及家具企业518家，全区造纸与木材加工产业从业劳动力达到30万人以上，这对劳动力就业带动效应非常显著。

表19　造纸与木材加工业主要指标完成情况　　　　　　　单位：亿元

指标	2010年	2015年	5年增长（%）	年均增长（%）
规模以上工业总产值	526.56	1554.61	195.23	24.17
规模以上工业增加值	169.51	—	—	—
主营业务收入	484.90	1369.75	182.48	23.08
利润	12.68	53.23	319.79	33.23
税金	14.17	40.39	185.03	23.30
工业投资	241.75	787.17	225.61	26.63

重点产品。"十二五"期间，广西人造板产量达到3400万立方米，约占全国总产量的11%，全国排名由"十二五"初期的第6位提升至第3位，以桉木为主的单板、胶合板、混凝土模板、异型胶合板和中密度纤维板、木衣架在全国具有举足轻重的地位，其中异型胶合板、木衣架产量居全国第一，细木工板在西南市场占据主导地位，并成为全国桉木旋切单板主要生产基地。

（二）产业发展目标

《规划》提出，到2020年，造纸与木材加工业实现工业总产值2000亿元，纸和纸板产量400万吨，人造板产量4000万立方米，木材精深加工率达到80%以上，木地板、木家具、木门等精深加工产品产值占木材加工业产值的40%以上。

（三）重点发展领域

"十三五"期间，要坚持生态、清洁、绿色发展模式，推动造纸和木材加工业规模化、清洁化、品牌化、现代化发展，合理布局、强化监管，推进林（竹）浆纸一体化，努力把造纸与木材加工业发展成为资源节约型、环境友好型、科技创新型的生态工业。

造纸。造纸工业是技术和资金密集型产业，需要有适当规模和较大投入，积极研发和采用节能、降耗、减污的高效新工艺新设备，实现资源的最充分循环利用，并使经济效益、生态效益和可持续发展融为一体。广西应规范种植速生丰产林，合理利用蔗渣、桑秆、废纸资源，加快推进糖纸结合、林（竹）浆纸一体化，提高蔗渣制浆造纸的生产集中度，扩大蔗渣制浆造纸中高档产品生产规模。产品开发及升级重点：重点发展印刷文化用纸、生活用纸、商务用纸、轻量涂布纸、食品和商品包装用纸等。

木材加工。木材加工业具有能源消耗低、污染少和资源可再生等特点，产品从原木的初加工品如电杆、坑木、枕木等各种锯材，发展到成材的再加工品。广西应重点发展高品质胶合板、ED 级及无醛中/高密度纤维板、定向刨花板、定向结构材、木质包装等木材产品，大力发展家具制造产业，延长木材加工产业链。产品开发及升级重点：重点发展木地板、木家具、木门等，积极发展木衣架、异型胶合板、红木家具、木制工艺品等特色产品。着力推进无醛板、防潮板、防火板、特种人造板及人造板二次加工。加强无污染、抗性强、稳定性高的功能人造板和定向结构板的开发利用。

八、纺织服装与皮革加工业

广西的纺织服装与皮革加工业以劳动密集型产业为主，主要是由棉纺织、茧丝绸、服装、剑麻、家纺、化纤等加工工业构成。

（一）产业发展基础

"十二五"期间，广西加快推动丝绸深加工，重点在拉长产业链、提高价值链上下功夫，做好国家茧丝绸发展专项资金项目申报工作，大力生产特种、高档纺织服装与皮革加工产品，加工制造型茧丝绸业发展壮大，纺织服装与皮革加工业实现平稳发展。

产值规模。2015 年，广西纺织服装与皮革加工业完成工业总产值 551.56 亿元，较 2010 年增长 138.12%，年均增长 18.94%；实现销售收入 506.18 亿元，较 2010 年增长 137.57%，年均增长 18.89%；利润总额 24.80 亿元，较 2010 年增长 684.81%，年均增长 50.99%；税金总额 19.73 亿元，较 2010 年增长 314.49%，年均增长 32.89%；完成工业投资 269.70 亿元，较 2010 年增长 196.69%，年均增长 24.29%。

表 20 纺织服装与皮革加工业主要指标完成情况　　单位：亿元

指标	2010 年	2015 年	5 年增长（%）	年均增长（%）
规模以上工业总产值	231.63	551.56	138.12	18.94
规模以上工业增加值	169.51	—	—	—
主营业务收入	213.06	506.18	137.57	18.89
利润	3.16	24.80	684.81	50.99
税金	4.76	19.73	314.49	32.89
工业投资	90.90	269.70	196.69	24.29

（二）产业发展目标

《规划》提出，到2020年，纺织服装与皮革加工业实现销售收入800亿元，销售桑蚕丝4万吨、蚕丝被200万床、纱线20万吨、丝织品2亿米、服装6亿件（套）、轻革4000万平方米。

（三）重点发展领域

"十三五"期间，广西积极承接东部地区产业转移，促进结构调整和优化升级，以茧丝绸行业做大做强为突破，通过行业技术升级提升产品核心竞争力，加快发展棉纺织、服装、皮革、家用和产业用纺织品、化学纤维等产业，积极发展精深加工产品和特色产品，着力提高产品附加值，培育一批特色鲜明、品牌知名度高、市场竞争力强的企业。

茧丝绸。从国际来看，经济全球化深入发展，包括丝绸在内的纺织品服装市场规模仍将继续增长，"一带一路"建设全面推进，并将提升丝绸作为中华传统文化符号的认知度和美誉度，拓展茧丝绸产业国际市场发展空间；从国内来看，我国进入全面建成小康社会的决胜阶段，中等收入群体不断扩大，中高端消费需求快速增长，丝绸消费市场前景看好。广西应巩固东桑西移成果，推进东绸西移。建设优质蚕茧基地，加强产业化技术研究，发展丝绸深加工和蚕桑资源多元化应用，提高产品附加值，加快推动茧丝绸业由资源型向加工制造型转变。产品开发及升级重点：稳步提升缫丝加工，推进捻线、绢纺、织绸、印染、服装、家纺等精深加工，重点发展丝绸面料、服装、丝制品和以蚕丝被为主的特色家纺产品等。

棉纺织。棉纺织行业在我国国民经济的发展历程中扮演着重要角色，横跨农业和工业两大生产领域，涉及棉花生产、轧花、纺纱、织布、印染、成衣和终端消费等多个环节。广西应重点发展特种、高档产品，发展适应市场需求的无棉卷、无接头、无梭、高支精梳"三无一精"新技术、新产品，开发新型竹节纱、色纺纱、新纤维混纺纱和高档家纺面料、高档纯棉服装面料等产品。产品开发及升级重点：重点发展高支高密无梭布、色织布、牛仔布等高档家纺和服装面料。

服装。服装产业呈现产品多样化、品牌多元化、市场信息化、产业集聚化四大特点，发展服装产业对促进就业、出口创汇起着重要作用。广西应通过代理贴牌加工、合资合作、外来投资办厂等方式，承接国内外产业转移。建设纺织服装加工区，整合量大面广的服装加工小企业，促进服装自主品牌建设和产业升级。培育一批销售网络广、综合实力强的优势企业。产品开发及升级重点：重点发展休闲装、牛仔裤、运动服、中高档西装、中高档羽绒服装和童装等。

皮革制品。皮革制品行业经过调整优化结构，在全国已初步形成了一批专业化分工明确、特色突出，并对拉动当地经济起着举足轻重作用的皮革生产特色区域和专业市场。要加快提升装备水平，增强自主设计和开发能力，降低污染物排放，打造自主品牌，通过技术改造提升产品档次及附加值，促进产品升级换代。产品开发及升级重点：重点发展环保型制革、皮鞋、箱包等皮革制品。

家用和产业用纺织品。纺织品具有技术含量高、产品附加值高、劳动生产率高、产业渗透面广等特点，已被广泛应用于医疗卫生、交通运输、航空航天、新能源等领域。广西应积极发展环保绿色、保健、多功能等中高档家用装饰产品，重点发展汽车配套用纺织品、过滤材料、传输带及卫生保健等产品。

第7讲 大力发展现代制造业的重点和方向

"十三五"期间,广西支持重点企业战略合作重组,延伸产业链条,加快汽车、机械、电子信息、医药制造和修造船及海洋工程装备等现代制造业集群发展,推动制造业向成套化、信息化方向发展,进一步强化制造业在新型工业化过程中的带动作用,以优势加工制造业为基础,以高端现代制造业为龙头,以高新技术产业为支持,大力发展并促进现代制造业转型与升级。

一、汽车工业

汽车工业是指生产各种汽车主机及部分零配件或进行装配的工业部门,主要包括生产发动机、底盘和车体等主要部件,并组装成车的主机厂和专门从事各种零、部件的配件厂。汽车工业是广西最具有优势和发展潜力的支柱产业,也是广西重点发展的千亿元产业之一,在整个工业体系中处于主导性地位,且对上下游产业链带动效应极为明显,在国民经济和社会发展中发挥着重要作用。

(一)产业发展基础

汽车工业是广西主导优势产业,在广西现代工业体系中占有重要地位,发展空间依然较大,发展潜力仍然强劲。

产值规模。到 2015 年,汽车工业共有规模以上企业 323 家,企业资产总额为 1450.3 亿元,平均用工人数为 12.44 万人。全区汽车工业完成总产值 2424.79 亿元,较 2010 年增长 94.56%,年均增长 14.23%;销售收入 2259.93 亿元,较 2010 年增长 78.99%,年均增长 12.34%;实现利润 100.79 亿元,较 2010 年增长 55.82%,年均增长 9.27%;创造税金 96.26 亿元,较 2010 年增长 123.97%,

年均增长17.5%；工业投资366.48亿元，较2010年增长160.74%，年均增长21.12%。汽车整车产量229.40万辆。其中上汽通用五菱全年汽车产销量分别为200.52万辆和204.00万辆，东风柳汽产销量分别为28.34万辆和28.23万辆。2015年，广西整车产量仅次于重庆、上海和广东，跃居全国第4位，车用内燃机产量居全国前列。

表21　汽车工业主要指标完成情况　　　　　　　　　　单位：亿元

指标	2010年	2015年	5年增长（%）	年均增长（%）
规模以上工业总产值	1246.29	2424.79	94.56	14.23
规模以上工业增加值	282.08	—	—	—
主营业务收入	1262.56	2259.93	78.99	12.34
利润	64.68	100.79	55.82	9.27
税金	45.00	96.26	123.97	17.5
工业投资	140.55	366.48	160.74	21.12

主要产品及发展情况。广西汽车工业具备较好的发展基础和条件，现已形成包含载货车、客车、乘用车、车用内燃机、汽车零部件工业等较为完整的产业格局；汽车整车及汽车零部件、配件制造企业超过400家；拥有五菱、宝骏、雪佛兰、乘龙、霸龙、风行、景逸、菱智、大宇客车等在国内较有影响力的汽车品牌和"玉柴机器"内燃机品牌。上汽通用五菱已连续10年稳居国内微车行业"老大"位置，广西玉柴车用柴油机连续10多年保持国内同行业产销量第一。在整车高速发展的带动下，重汽运力、柳州五菱、柳州延龙、柳州乘龙、玉柴专汽等一批较具实力的专用车生产企业迅速发展。目前，广西汽车工业已形成多品种、宽系列、较为完善的整车和零部件生产及配套体系，初步形成以柳州为中心，以玉林、桂林为基地并辐射南宁的汽车产业集群。

（二）产业发展目标

《规划》提出，到2020年，汽车工业实现销售收入3500亿元。

（三）重点发展领域

汽车工业是高度技术密集型的工业，也是新材料、新设备、新工艺和新技术的产业集中体现。广西应重点发展微型车、多功能乘用车等优势产品，稳步发展中重型载货汽车，着力开发中型越野车、大中型客车、城市公交车和专用车，紧抓低速货车升级并轨时机，发展轻型载货汽车。积极开展传统汽车节能降耗技术研发,加快推进内燃机、车身和底盘先进技术研发,努力推动汽车工业低碳化、轻量化、电动化、智能化和网络化发展。推动节能与新能源汽车开发,重点在东盟和"一带一路"沿线国家进行产品市场开拓、生产布局、营销网络布局等,提升广西汽车工业在海外的影响力。推动发展通用化、规模化汽车配套产业,推进零部件等汽车配套产业通用化、模块化发展。延伸汽车配套产业链,增强整车配套能力。

二、机械工业

机械工业素有"工业的心脏"之称,是其他经济部门的生产手段,可以说是一切经济部门发展的基础。机械工业的发展水平是衡量一个国家、一个地区工业化程度的重要标志。目前,广西机械工业已具相当规模,重点包括工程机械、电工电器、农业机械(甘蔗机械、林用机械等)、石化通用机械和专业物流装备等一级冶金机械、食品及包装机械和环保通用机械等。

(一)产业发展基础

机械工业是先进制造业和高端制造业的基础支撑,"十二五"期间,受宏观环境和关联产业发展的影响,广西机械工业发展相对缓慢,机械工业转型升级发展较为滞后。

产值规模。到2015年,规模以上机械工业总产值达到2401.78亿元,较2010年增长127.75%,年均增长17.89%;完成销售收入2168.23亿元,较2010年增长117.15%,年均增长16.77%;实现利润133.13亿元,较2010年增长171.19%,年均增长22.08%;创造税金59.92亿元,较2010年增长173.35%,年均增长22.27%;工业投资885.85亿元,较2010年增长230.89%,年均增长27.03%。

表22 机械工业主要指标完成情况　　　　单位:亿元

指标	2010年	2015年	5年增长(%)	年均增长(%)
规模以上工业总产值	1054.53	2401.78	127.75	17.89
规模以上工业增加值	315.65	—	—	—
主营业务收入	998.45	2168.23	117.15	16.77
利润	49.09	133.13	171.19	22.08
税金	21.92	59.92	173.35	22.27
工业投资	267.71	885.85	230.89	27.03

（二）产业发展目标

《规划》提出，到 2020 年，机械工业实现销售收入 3200 亿元。

（三）重点发展领域

机械制造工业的发达与否及机器装备的自给水平是衡量经济发展水平与科学技术水平的真正标志。广西应重点发展工程机械、电工电器、农业机械（甘蔗机械、林用机械等）、石化通用机械和专业物流装备等机械工业，大力发展冶金机械、食品及包装机械和环保通用机械等。工程机械重点提升轮式装载机的领先优势，大力发展装载机、履带液压挖掘机、预应力机具以及高精度高可靠性液压控制元件等，发展低排放、低噪声柴油机以及高强度、高寿命、低污染汽油机。电工电器重点发展高压和特高压输配电设备、电网自动化系统、电力电容器、互感器和电力电缆等。农业机械重点发展甘蔗种植、田间收集、转运及收获机械、拖拉机等。石化通用机械重点发展大型气体压缩机、大中型螺杆压缩机、硫化机、轮胎成型机以及压力容器等。专业物流装备重点发展食品冷链、医药、烟草、机械、汽车、干散货、危险化学品等行业物流装备，大力推升物流信息化水平。

三、电子信息

电子信息产业是研制和生产电子设备及各种电子元件、器件、仪器、仪表的工业，由广播电视设备、通信导航设备、雷达设备、电子计算机、电子元器件、电子仪器仪表和其他电子专用设备等生产行业组成。根据国家工信部电子信息产业公报统计，电子信息产业分为电子信息制造业、软件与信息技术服务业。

（一）产业发展基础

电子信息产业是重要的战略性新兴产业，"十二五"期间广西电子信息产业进入迅速发展阶段，主要集中布局在北海、南宁和桂林，并在梧州、钦州、贺州、玉林等市进行了项目布局。

产值规模。2015 年，广西电子信息产业继续保持平稳较快发展态势，经济运行情况良好。全年共完成工业总产值 1312.04 亿元，较 2010 年增长 467.78%，年均增长 41.52%；完成主营业务收入 1247.60 亿元，较 2010 年增长 536.40%，年均增长 15.76%；实现利润 94.52 亿元，较 2010 年增长 97.79%，年均增长 61.47%；税金 15.59 亿元，较 2010 年增长 53.14%，年均增长 49.75%；工业投资 174.67 亿元，较 2010 年增长 222.20%，年均增长 26.36%。

表 23　电子信息产业主要指标完成情况　　　　　单位：亿元

指标	2010 年	2015 年	5 年增长（%）	年均增长（%）
规模以上工业总产值	231.08	1312.04	467.78	41.52
规模以上工业增加值	69.90	—	—	—
主营业务收入	196.04	1247.60	536.40	15.76
利润	8.61	94.52	97.79	61.47
税金	2.07	15.59	53.14	49.75
工业投资	54.21	174.67	222.20	26.36

主要产品。包括以平板电脑、液晶显示器、计算机零部件等为代表的电子计算机产品；以移动终端、光通信、微波通信设备等为代表的通信设备产品；以数显量具、医疗分析仪、医疗超声仪器等为代表的医疗电子产品；以彩色电视机、显示器等为代表的家用视听产品；以激光头、电容器、电位器等为代表的电子元器件产品；以太阳能电池、太阳能组件、太阳能灯具等为代表的太阳能光伏产品；以及电线电缆、LED 产品、电机产品、汽车电子产品等。电子信息产业链及产品体系不断完善，为"十三五"实现转型升级跨越发展奠定了很好的基础。

（二）产业发展目标

《规划》提出，到 2020 年，电子信息产业总产值突破 4000 亿元，其中，电子信息制造业实现工业总产值 3800 亿元以上，软件与信息服务业实现主营业务收入 200 亿元以上。

（三）重点发展领域

电子信息制造业作为高新技术产业的重要组成部分，是当今全球创新最活跃、带动性最强、渗透性最广的产业领域。"十三五"期间，要坚持创新引领、应用驱动、融合发展，突破重点领域核心关键技术，夯实产业发展基础，深化电子信息技术应用，重点发展计算机、视听产品、可穿戴设备，通信、电子元器件、电子原材料产品等，开启以迭代创新、大众创新、微创新为突出特征的创新时代。

计算机、视听产品、可穿戴设备。计算机、视听产品尤其是穿戴式智能设备的市场规模不断扩大，产品附加值高，产品多元化趋势明显，是带动工业转型升级的重要产业。产品开发及升级重点：广西应重点发展台式计算机、笔记本电脑、平板电脑及配件产品等，加快发展液晶显示屏、发光二极管（LED）显示器、等离子显示器等，积极发展液晶电视、LED 电视、三维电视、可穿戴设备。

通信、电子元器件、电子原材料产品。电子元器件行业处于电子信息产业链的上游，并为电子信息产业提供一系列包括高性能材料和高性能零部件在内的中间产品，处于原材料工业和装配工业之间，起到承前启后的作用，属于高增值率环节，是仅次于计算机的第二大细分产业。发展速度的快慢、所达到的技术水平和生产规模直接影响整个电子信息产业的发展，也对发展信息技术、改造传统产业、提升装备水平、促进转型升级都具有重大影响。产品开发及升级重点：广西应重点发展光电、光通信、数字微波通信设备、移动通信设备、卫星机顶盒、高端路由器、智能手机等，加快发展铝电子、敏感器件、多层印刷电路板等产品。

电子节能、太阳能光伏产品。随着全球能源短缺和环境污染等问题的日益突出，太阳能光伏发电因其清洁、安全、便利、高效等特点，已成为世界各国普遍关注和重点发展的新兴产业，广西初步形成了具有特色的光伏产业体系，多晶硅、电池组件及控制器等制造水平不断提高。产品开发及升级重点：广西应重点发展高亮度 LED 发光器件、模组及成套应用产品，积极发展各种低耗节能新型显示器件和发光器件，加快发展能源管控及节能系统产品等。

北斗导航、遥感遥测产品。北斗和遥感卫星等新一代高科技数可应用领域非常广泛，涉及城市建设和产业升级等方面，北斗和遥感卫星的综合运用对智慧城市建设、提升可持续发展能力具有十分重要的意义。产品开发及升级重点：广西应重点发展北斗卫星及多模式兼容的移动导航信息系统应用产品、无人航空器。

集成电路及专用装备。集成电路是工业的"粮食"，其技术水平和发展规模已成为衡量一个国家产业竞争力和综合国力的重要标志之一，是实现中国制造的重要技术和产业支撑，发展集成电路产业是信息技术产业乃至工业转型升级的内部动力。产品开发及升级重点：广西应重点发展敏感器件、多层印刷电路板、三维（3D）产业和电子整机产业发展的核心通用芯片产品。

智能制造电子信息设备。智能制造装备是指具有感知、分析、推理、决策、控制功能的制造装备，是先进制造技术、信息技术和智能技术的集成和深度融合，智能专用装备的发展是实现生产过程自动化、智能化、精密化、绿色化的集中体现，有助于带动工业整体技术水平的提升。产品开发及升级重点：广西应重点发展工业控制、智能传感、仪器仪表、系统芯片等智能制造基础部件,以及工业机器人等相关设备。

工业软件、行业解决方案与信息安全服务。伴随信息通信技术的迅速发展和应用的不断深化,软件与网络深度耦合,软件与硬件、应用和服务紧密融合,软件和信息技术服务业加快向网络化、服务化、体系化和融合化方向演进。当前,产业技术创新加速,商业模式变革方兴未艾,新兴应用层出不穷,进一步加速工业软件、行业解决方案与信息安全服务产业融合发展和转型升级。产品开发及升级重点:广西应开发具有自主知识产权的工业软件产品,发展具有区域特色的行业解决方案、东盟语种应用软件、数字内容加工处理技术软件、嵌入式软件等产品,完善信息系统安全测评、信息系统安全风险评估、信息安全等级测评及技术支持、涉密信息系统安全保密测评服务等。

四、医药制造

医药制造是指原料经过物理变化或化学变化后成为新的医药类产品的过程,包含通常所说的中西药制造,主要有化学药、生物和生化制品、中成药、中药饮片、医疗器械、卫生材料等子行业。医药制造是支撑发展医疗卫生和健康服务的重要基础,对于提高人民群众健康水平,创造美好生活具有重要的保障作用。

(一)产业发展基础

医药制造是现代新兴制造业,也是生物医药产业的基础支撑。"十二五"期间,广西医药制造保持了快速发展态势,完成了医药制造"十二五"发展规划目标。

产业规模。2015年医药工业完成工业总产值442.25亿元,较2010年增长158.82%,年均增长20.94%;完成主营业务收入352.00亿元,较2010年增长131.91%,年均增长18.32%;实现利润总额37.64亿元,较2010年增长170.60%,年均增长22.02%;行业税金18.01亿元,较2010年增长109.90%,年均增长15.98%;工业投资139.57亿元,较2010年增长222.33%,年均增长26.37%。2015年,全区医药企业基本完成新版GMP改造,医药生产安全质量水平得到提高。

表24 医药工业主要指标完成情况　　　　　　　　　　单位：亿元

主要指标	2010年	2015年	5年增长（%）	年均增长（%）
规模以上工业总产值	170.87	442.25	158.82	20.94
规模以上工业增加值	68.34	—	—	—
主营业务收入	151.78	352.00	131.91	18.32
利润	13.91	37.64	170.60	22.02
税金	8.58	18.01	109.90	15.98
工业投资	43.30	139.57	222.33	26.37

主要企业。包括广西的博科药业有限公司、广西桂西制药有限公司、广西柳州医药股份有限公司、广西药用植物园制药厂、广西金嗓子集团有限公司等企业。

（二）产业发展目标

加快医药制造产业结构调整和转型升级，整合优势资源，打造医药制造企业品牌。推动形成以南宁、桂林、柳州、玉林等市为主的现代医药产业集群，鼓励梧州、贵港、贺州等市发展特色医药产业，在来宾、百色、河池等市开展民族医药产业布局。《规划》提出，到2020年，力争实现医药制造业总产值1000亿元，其中中药民族医药制造业总产值600亿元。

（三）重点发展领域

"十三五"时期，全国医药产品市场行情良好，重点医药产品市场需求量增加，医药企业发展环境向好，广西医药制造产业稳步回暖趋势明显，医药产品质量安全保障将得到进一步强化。

中医药民族医药。广西的中医药民族医药资源丰富，中药民族药材资源总量和生产总量位居全国前列，要利用好丰富而独特的健康资源，构建中医药民族医药产业发展大格局。广西应积极推进南方民族药基地、国家基本药物重大病原料药广西基地建设，落实中药材保护和发展规划。突破中药材有效成分提取、分离与纯化技术和大规模培养技术，研究中医药民族药制剂技术。开发疗效确切壮瑶药医院制剂，推动壮瑶药进入国家药典。支持中医药民族医药企业兼并重组，打造一批广西特色中药民族成药知名品牌。优化中医药民族医药产业体系、生产体系、经营体系，提高资源利用率、劳动生产率，促进中医药民族医药产业发展由过度依赖资源消耗、主要满足量的需求向追求健康可持续、更加注重满足质的需求转变，努力把中医药民族医药产业发展成为广西经济增长的新动力。产品开发及升级重点：重点培育发展中医药民族医药大品种、新品种，发展新工艺，开发新剂型，加强名优中药民族医药成药的二次开发。

化学药。化学制药业是化学原料的分解、合成技术与现代临床诊断医学相结合的制造工业，是衡量一个国家制药能力和水平的主要标志之一。化学制药行业能否长远可持续发展关系到整个医药行业的发展，随着国家医药管理体制的不断完善和制药企业自身实力的增强，化学制药业依然有着良好的发展前景。广西应引进化学原料药及制剂新产品和新技术，开展仿制药一致性评价工作，提高化学原料药及制剂仿制的起点和水平，推进安全、高效、创新的化学药产业化发展。开发疗效确切、市场需求大的化学药新产品，推进抗癌、病毒性肝炎和艾滋病创新药物产业化，支持抗肿瘤领域、心脑血管领域等相关药物研发和产业化。加快市场潜力大、临床价值高的国外专利到期药品仿制。产品开发及升级重点：按照仿制药、仿创药、原研药的路径，自主创制一批具有自主知识产权、疗效好、副作用小、市场前景大的化学药物创新品种。

生物技术药。生物技术药物是人类健康永恒的需求，也是永不衰落的朝阳产业，具有高增长、高回报的产业特征，发展生物技术药物产业要"与时俱进"，要依靠新思路，采用新手段。广西应依托优势企业，建设完善产学研紧密结合的新药研发平台。重点开发具有显著疗效的生物药物和生物技术新药。发展氨基酸、血液制品、生物酶制剂、治疗性基因工程药物及生物提取物，支持核酸药物、干细胞等前沿技术创新。加强疫苗、重组蛋白类药物和抗体药物等生物医药新兴领域产品的研发及产业化。支持利用基因工程、酶工程等现代生物技术改造传统制药工艺和流程。产品开发及升级重点：重点开发对预防、诊断和治疗恶性肿瘤、免疫系统疾病、心脑血管疾病、糖尿病、艾滋病等重大疾病具有显著疗效的生物药物以及具有自主知识产权的单抗药物、靶向药物、治疗性疫苗、多肽药物等生物技术新药。

医疗器械。医疗器械行业涉及医药、机械、电子等多个行业，是一个多学科交叉、知识密集、资金密集的高技术产业，随着国内企业研发力量的快速提高，以及市场重心从高科技向普及型转移，国内医疗器械产品的竞争力逐步增强，为国内厂商拓展市场提供了难得的机遇。发展高性能医疗系统工程技术和设备，开发在临床用量大、技术含量高的影像、体外诊断治疗等高端诊疗设备，促进先进性、低成本、高性能医疗系统工程技术和设备的发展。通过要素整合和技术集成，开展设备自主研发设计、专业化制造和配套服务。产品开发及升级重点：重点发展血细胞分析系统、免疫诊断与基因诊断系统、超声洁牙机、光固化机、医用光学显微镜等诊疗设备。

海洋生物医药。在海洋经济加快发展和广西推进向海经济发展背景下，海洋生物医药产业将进入一个新的阶段，并有望成为新的产业增长点。要积极推动海洋生物医药关键技术和优势药物的研发与突破，深化研究海洋生物活性物质的提取、结构和功能，解决产品高效制备、合成和质量控制等药源生产关键技术。建立符合国际规范的海洋药物创新体系和功能完备的海洋药物研发技术平台。广西将重点推动北海海洋生物科技园建设，引进国内海洋生物医药龙头企业和研发团队，打造海洋生物制药研发生产基地。

五、修造船及海洋工程装备

修造船及海洋工程装备工业是为水上交通、海洋开发和国防建设等行业提供技术装备的现代综合性产业，资金、技术、劳动力密集型，对机电、钢铁、化工、航运、海洋资源勘采等上游、中游、下游产业发展具有较强的带动作用。发展修造船及海洋工程装备对拉动内需、扩大出口、推动工业转型升级具有重要作用。

（一）产业发展基础

"十二五"期间，柳工机械股份有限公司相继推出950E/970E大型液压挖掘机以及CLG375A滑移隧道装载机等新产品。玉柴机器集团有限公司推出了12VC、12VT、8C三款船电专用发动机新产品。西江重工有限责任公司3000吨柴油-LNG双燃料动力标准船于2015年4月完成组装下水、试航，广西修造船产业发展和技术水平迈上新的台阶。

（二）产业发展目标

《规划》提出，到2020年，广西修造船工业实现销售收入200亿元，海洋工程装备工业实现销售收入100亿元。

（三）重点领域发展

按照《中国制造2025》战略部署，广西将加快推动高端海洋装备产业发展，加快建设梧州、贵港、钦州、北海、防城港等修造船及海洋工程装备基地，推动修造船及海洋工程装备标准化、大型化、节能化发展。重点发挥梧州、贵港两市修造船产业发展优势，支持其发展高端船舶制造，推动产品结构优化，扩大2000吨、3000吨柴油—LNG双燃料动力标准船型船体生产数量，支持内河运输船舶、远洋船舶等大型修造船及配套海洋工程装备发展。

修造船。未来几年，广西将利用沿海优势实行造修并举，扩大造船规模，提升高技术、高附加值船舶研发制造水平，增强船舶配套能力，争取造船能力和水平在全国达到领先水平，建成具有国际先进水平的船舶生产基地。广西应加快建设中船钦州大型海工装备及保障基地，推进防城港海工装备制造项目建设，加强与国内大型船舶企业集团和国际造船大企业的技术交流合作，开展关键共性技术联合攻关，重点开发符合西江水系和北部湾船舶标准化船型，提高船舶产品性能。优化产品结构，提升船舶行业创新水平。产品开发及升级重点：重点发展各类船舶、客滚船、大型运输船、豪华旅游船（游艇、游船）等高技术船舶。

海洋工程装备。海洋工程装备具有高技术、高投入、高产出、高附加值、高风险的特点，是先进制造、信息、新材料等高新技术的综合体，产业辐射能力强。广西应重点推动海洋工程设备、船用甲板机械、海洋油气钻井装备、海洋油气生产装备、海洋工程辅助工作船等关键技术研发，加快构建技术研发平台和产业创新联盟。加快发展海洋矿产资源开发装备、海洋风能工程装备、船舶海工配套产品、海水淡化和综合利用装备制造，打造海洋工程装备制造全产业链，形成造、修、拆、配套、服务协调发展的产业格局。针对南海油气资源及北部湾开发需要，深化与高等院校、科研机构合作，联合组建技术研发平台和产业创新联盟。产品开发及升级重点：加快发展船用钢材、船用铝材、船用柴油机、船用柴油天然气混合动力发动机、甲板机械、海洋平台及船舶起重机、船用主机及辅机、船用电气及仪表、船舶涂料等船舶海工配套产品。

第8讲　壮大提升战略性新兴产业的重点和方向

战略性新兴产业是以重大技术突破和重大发展需求为基础，对经济社会全局和长远发展具有重大引领带动作用，且技术密集、物质资源消耗少、成长潜力大、综合效益好的产业，这代表着未来科技和产业发展的新方向，是实现转型升级跨越发展和高质量发展的关键。"十三五"期间，广西立足区情和科技、产业基础，重点发展新材料、节能环保、生物医药、高端装备制造、新一代信息技术、节能与新能源汽车等战略性新兴产业。

一、新材料

新材料是材料供应发展的先导，也是战略性新兴产业的重要组成部分，能够为关联产业发展提供支撑和保障。加快培育和发展新材料对于提高产业创新能力、促进传统产业转型升级、加快工业结构调整具有重要的战略意义。

（一）产业发展基础

新材料产业市场前景巨大，是重要的战略性新兴产业，广西矿产资源、生物资源丰富，具有发展新材料产业的基础条件和优势，发展空间和潜力都较大。2015年，广西拥有新材料企业81家，实现销售收入约897亿元，新材料产业发展基础得到夯实，形成了以广西南南铝加工公司、中铝广西有色金源稀土公司、广西华锡集团公司、贺州市科隆粉体公司、桂林电器科学研究公司等为主的龙头企业和以高速列车用铝合金大规格铸锭、纳米粉体碳酸钙、航天用超大规格铝合金锻坯、高端不锈钢、稀土功能材料、聚酰亚胺薄膜等为代表的主导产品。

（二）重点发展领域

新材料是新出现的具有优异性能和特殊功能或是传统材料改进后性能明显提高和产生新功能的材料，新材料技术与纳米技术、生物技术、信息技术相互融合，结构功能一体化、功能材料智能化趋势明显，材料的低碳、绿色、可再生循环等环境友好特性备受关注。"十三五"期间，广西应充分发挥铝、锰、锡、锑、铟、钛、稀土和碳酸钙等矿产优势资源，立足现有园区及企业发展基础，鼓励发展特种金属功能材料、高端金属结构材料等新材料产业，加快发展与智能制造有关的功能材料、纳米材料、环保材料、增材制造材料、稀土材料等新材料产品，加快构建创新驱动、规模较大、配套齐全的新材料产业基地，打响新材料产品品牌，将新材料工业打造成为广西工业新的经济增长点。同时，加强新材料产业与原材料工业融合发展，在原材料工业改造提升中不断催生新材料，在新材料产业创新发展中带动原材料工业升级换代。研发生产与传统材料产业关联融合的新材料产品。加强材料技术协同创新和重点材料技术攻关，推动重大科技成果产业化。着力打造南宁市航空航天、轨道交通铝材，贺州、来宾、河池、百色市新型碳酸钙，梧州、贺州、崇左市稀土新材料，来宾市 MCM 新材料，百色市铝基锰基新材料，防城港市镍基新材料等新材料产业集群。

二、节能环保

节能环保产业是国民经济中基于有效利用能源资源、防治环境污染、改善生态环境，为经济社会可持续发展提供产品和服务支持的产业，发展节能环保产业能够促进节能减排和生态保护，也将推进工业整体转型升级与提质增效。

（一）产业发展基础

近年来，广西高度重视节能环保产业发展，将节能环保产业作为十大战略性新兴产业之一，着力加以推进，节能环保产业呈现快速发展态势，产业规模不断扩大，已有一批具有自主创新能力、自主知识产权和自主品牌的节能环保企业在激烈的市场竞争中站稳脚跟，产品市场占有率稳步提高，企业迅速发展壮大，已初步成长为各自领域里的骨干企业。

产值规模。2015 年，广西节能环保产业总产值超过 667 亿元，"十二五"期间年均增长约 13%，其中：高效节能产业总产值约 94 亿元，占节能环保产业的比重为 14.2%；先进环保产业总产值约 20 亿元，占节能环保产业的比重为 3%；资源循环利用产业总产值约 529 亿元，占节能环保产业的比重为 79.4%；节能环保综合管理服务业总产值为 21 亿元，占节能环保产业的比重为 3.2%。全区节能环保产业企业数突破 600 家，从业人员接近 70000 人。

高效节能领域。广西南宝特电气制造有限公司的新型高效节能、环保电力变压器的生产项目，通过改扩建总装车间、技术研发中心及检测中心等基础设施，新购各类生产、研发、试验及检测设备和软件 200 多台套，建设装配技术及工艺达到国内先进水平的新型高效节能、环保电力变压器装配生产线，年产值达 5 亿元；桂林君泰福电气有限公司年产 5000 台套智能型大型变压器、3000 台套智能型配电系统、5000 台套节能型变压器、800 台套新型动态无功补偿及谐波治理装置项目，年产值达 15 亿元；德昌电机（北海）有限公司，年生产节能型直流电动机、节能型小功率电动机、节能型微电机、稀土永磁电机共 17000 台，年产值达 6.2 亿元；冠德科技（北海）有限公司从事电工仪器仪表制造，年产值近 9 亿元。

先进环保领域。涌现了南宁市桂润环境工程有限公司、广西碧清源环保科技有限公司、广西均达环保科技有限公司等一批有代表性的环保装备产品制造和区域环境综合服务类企业。博世科环保的"上流式多级厌氧反应器 UMAR"技术和"纸浆漂白大型二氧化氯制备系统"技术打破国外技术垄断，并达到国际先进水平，"上流式多级厌氧反应器 UMAR"技术依靠高性价比和完备的自主知识产权占领了国内市场，"纸浆漂白大型二氧化氯制备系统"技术实现了我国首次海外输出。力源宝科技成功研发了中国首个"互联网+工农业有机废物循环利用+施肥智能化决策+肥料智能化生产"的创新科技产品和服务模式。

资源循环利用领域。制糖行业如广西东亚扶南精糖有限公司，建设 30MW 生物质（蔗渣）发电等循环经济重点项目，经济、环保效益显著；铝行业如中铝广西分公司，立足于低品位矿有效利用、尾矿库矿泥与矿砂综合利用、赤泥有价元素回收等，努力打造生态循环铝工业基地和赤泥综合利用示范性企业；有色金属行业如南方有色集团，已形成年综合利用锌浸出渣 25 万吨、锌冶炼净化渣 0.8 万吨、锌挥发窑渣 15.7 万吨、铅鼓风炉渣 9.5 万吨、烟化炉渣 3 万吨的生产规模。与此同时，广西培育形成了独特的跨产业（工、农、服务业）和跨领域（生产、生活）的复合型循环经济示范企业——北海市合浦东园家酒厂，该厂从酿酒副产品综合利用开始，建设热电肥联产沼气工程、生态养殖、奶酪乳品及肉品加工、种（养）植基地、合浦南珠复兴等重点项目，在园区内建起了保健酒生产等 10 个生产和经营实体，构建起国内同行业中最为完善的"生态种养+绿色制造+生态服务业"的循环经济产业园发展模式。

（二）重点发展领域

《规划》提出，以推广示范为先导，以重点工程为依托，重点发展高效节能、先进环保装备和产品，加快"城市矿产"示范基地建设，推进实施绿色再制造、农林废弃物综合利用、矿产资源综合利用、工业固废资源化利用、城镇生活垃圾等资源循环利用项目，推动传统装备智能化改造和升级。重点支持博世科"大型还原法二氧化氯制备系统开发及其在纸浆无元素氯漂白中的应用"和"二氧化氯制备及漂白技术的应用"，提高广西节能环保产业的领域垄断和竞争优势。

高效节能与先进环保装备。组织实施中高端制造专项，支持加快开发新型燃油、燃气工业锅炉、生物质燃料锅炉、大型流化床等高效节能锅炉及产业化。示范推广非晶合金铁芯和立体三角形卷铁芯等高效节能电力变压器、智能型变压器、节能型直流电动机、节能型小功率电动机、稀土永磁无铁芯电机等产品。加快半导体照明（LED、OLED）研发，示范应用半导体通用照明和推广低汞型高效照明产品。污水处理领域，重点攻克膜处理、新型生物脱氮、重金属废水污染防治、高浓度难降解有机工业废水深度处理技术。在垃圾处理领域，研发渗滤液处理技术与装备，示范推广大型焚烧发电及烟气净化系统、中小型焚烧炉高效处理技术、大型填埋场沼气回收及发电技术和装备。在大气污染控制领域，研发推广重点行业烟气脱硝、汽车尾气高效催化转化及工业有机废气治理等技术与装备。在危险废物与土壤污染治理领域，加快研发重金属、危险化学品、持久性有机污染物、放射源等污染土壤的治理技术与装备。在环保材料领域，重点研发和示范膜材料和膜组件、高性能防渗材料、布袋除尘器高端纤维滤料和配件等。

大宗工业固体废物综合利用。高效分离提取和利用有色金属尾矿中金、银、铟、铜、铅、锌、锑、锡等有价金属成分，推进赤泥、煤矸石、粉煤灰、脱硫石膏、磷石膏、化工废渣、冶炼废渣等大宗工业固体废物的综合利用，拓宽尾矿资源化利用途径。重点完善"先铁后铝综合回收钪等稀有金属"的工艺路线。瞄准高纯金属钪与高纯金属铝制备成铝钪合金靶材广泛用于铝钪合金材料、照明材料、新能源材料、半导体材料、高端陶瓷材料、催化剂、核工业材料等高端产品的生产领域。充分利用废弃陶瓷、陶瓷废渣和尾矿等固体废弃物，生产广泛用于建筑、石油化工、化学工程、冶金、电力、窑炉、造纸、制药领域的热力设施环保节能的发泡陶瓷板材、发泡陶瓷化学保温材料和防腐砖。加快钽铌尾矿资源化利用，从钽铌尾矿中精选云母、石英、长石，提高钽铌尾矿资源的综合利用率。

再生资源加工和再制造。推广废铅蓄电池铅膏脱硫、废杂铜直接制杆、失效钴镍材料循环利用等技术，提升从废旧机电、电线电缆等产品中回收重金属及稀有金属水平，促进废金属资源再生利用。示范推广废旧电器电子产品和电路板自动拆解、破碎、分选技术与装备，推广封闭式箱体机械破碎、电视电脑锥屏机械分离等技术。研发废电器电子稀有金属提纯还原技术，推动废旧电器电子产品资源化利用。完善报废汽车车身机械自动化粉碎分选技术及钢铁、塑料、橡胶等组分的分类富集回收技术，研发报废汽车主要零部件精细化无损拆解处理平台技术，提升报废汽车拆解回收利用的自动化、专业化水平。

三、生物医药

生物医药以生命科学理论和生物技术为基础，结合信息学、系统科学、工程控制等理论和技术手段，并通过对生物体及其细胞、亚细胞和分子的组分、结构、功能与作用机理开展研究以及制造产品，或改造动物、植物、微生物等并使其具有所期望的品质特性。生物医药是科技含量高、能源消耗低、环境压力小、带动效益强的新兴高技术产业，对工业转型升级具有显著的推动作用。

（一）产业发展基础

广西生物资源丰富，中医药、民族医药发展基础条件较好，生物医药产业发展的优势明显。

产值规模。"十二五"期间，广西生物医药产业增长速度始终位居各行业前列，医药工业总产值由2010年的169亿元增长到2015年的442亿元，完成"十二五"目标任务（工业产值360亿元）的122.90%，保持了年均22%以上的增幅，比广西全部工业总产值年均增幅高了5个百分点，规模以上工业利润年均增长17%以上。

重点企业及产品。"十二五"期间，广西医药企业实力不断增强，集聚态势显现，培育了广西梧州制药（集团）股份有限公司、桂林三金药业股份有限公司、广西万寿堂药业有限公司、广西源安堂药业有限公司、桂林优利特医疗电子集团有限公司、广西金嗓子有限责任公司、桂林南药股份有限公司等一批重点骨干企业及血栓通、金嗓子、三金片、鸡骨草胶囊、正骨水、骨通贴膏、青蒿素琥酯等一批在国内外具有良好声誉的名优产品。营业收入1亿元以上的生物医药企业由2010年的28家增加到40家以上，其中1亿~5亿元的有32家，5亿~10亿元的有6家，10亿元以上的有2家，主要分布在南宁、桂林、梧州、玉林、柳州、钦州和贵港7市，集聚发展格局在南宁和桂林开始显现。

产业创新体系。广西生物医药产业创新体系不断完善，创新强度大幅提升。

到 2015 年，广西生物医药产业拥有部委重点实验室 1 个、自治区重点实验室 7 个、自治区工程院 4 个、自治区工程技术研究中心 18 个、自治区认定的高新技术企业 28 家、医药科学专业研究机构 48 个，值得一提的是广西慧宝源医药科技有限公司与美国耶鲁大学等国际、国内著名大学、科研机构和制药公司合作，致力于抗肿瘤药物的研究、开发和应用，与美国耶鲁大学合作开发的抗癌新药曲沙他滨（主适应症为肝癌等实体瘤）是新世纪以来广西申报的第一个 1.1 类新药，公司抗肿瘤药物开发工程研究中心获得国家发改委批准；桂林南药成为全球抗疟疾领域龙头企业，在海外建立了 3 家分公司，其产品销往 38 个国家，生产的青蒿素琥酯单品销量突破 2 亿；南宁市净雪皇生物工程公司掌握了国内先进的广西金边蚂蟥（壮药材）养殖和水蛭素提取技术，开发对心脑血管疾病有特效的药物和品牌。广西仙草堂制药有限责任公司生产的青蒿素，产销量占全国的 1/4，成为中国最大的青蒿素生产厂家及国内外有影响力的青蒿素龙头企业，同时该公司利用掌握的灵芝种植和精深加工的核心技术及产业化优势，打造建设灵芝生态产业园。广西禅方药业建设了全球唯一全自动芦丁提取生产线，是全球最大芦丁生产企业，占全球总产量 40%。

（二）重点发展领域

重点支持研发、生产针对重大疾病的中医药民族医药、生物技术药物新产品，加快海洋生物药品研发生产。

中药民族药①。重点培育中药民族药大品种、新品种，发展新工艺，开发新剂型，加强名优中成药的二次开发，突破中药材有效成分提取、分离与纯化技术和大规模培养技术，加强组分中药民族药研究，加快研究中药民族药制剂技术，实现中药民族药产品剂型多样化。加大现有产品市场开拓力度，加强现有大品种的品牌和市场维护，延长产品的市场生命周期。支持重点中医药民族医药企业兼并重组，优化资源配置，加强技术改造，提升成产集中度、技术装备水平和创新水平，力争打造一批广西特色中药民族药成药知名品牌。聚焦支持梧州中恒、桂林三金、广西万寿堂、广西金嗓子、玉林制药、培力药业等一批产值在 5 亿元以上中药民族药龙头企业。

生物技术药。依托现有产业基础，重点发展氨基酸、血液制品、生物酶制剂、治疗性基因工程药物及生物提取物，积极推动疫苗、重组蛋白类药物和单克隆抗体等生物药新兴领域产品的研发及产业化，探索支持核酸药物、干细胞等前

---

① 加快实施《广西壮族自治区壮瑶医药振兴计划（2011～2020 年）》，积极开发疗效确切壮瑶药医院制剂，打造医院企业联合体模式，建立壮瑶药医院制剂在广西医院调剂使用机制，推动壮瑶药进入国家药典，着力推进壮瑶民族药产业化进程，将特色转化为优势。

沿技术创新；引导医药龙头企业发展生物制药，培育壮大桂林华诺威、广西冠峰、南宁庞博生物、南宁净雪皇生物等一批生物药骨干企业，积极引进国内外生物药龙头企业和新药品种，提升广西生物技术药产业规模化生产能力。

海洋生物医药。充分利用广西丰富的海洋生物资源优势，加快推动海洋生物医药关键技术和优势药物的研发与突破，深化研究海洋生物活性物质的提取、结构和功能，解决产品高效制备、合成和质量控制等药源生产关键技术，力争形成切实可行的中试和产业化规模的技术路线和生产工艺技术体系。积极联合区内外高端科研力量、优秀管理团队，建立完善符合国际规范的海洋药物创新体系和功能完备的海洋药物研发技术台。加快推动北海海洋生物科技园建设，培育壮大国发海洋生物药业、北海蓝海洋生物药业等本土企业，积极引进海洋生物医药龙头企业和研发团队入园，打造海洋生物制药、海洋功能性食品、海洋保健品、海洋水产品质量检测技术和海洋生物材料等高端产业研发生产基地。

化学药。按照仿制药、仿创药、原研药的路径，重点开发自主创制一批具有自主知识产权、疗效好、市场前景大的化学药物创新品种。依托广西医科大学、抗肿瘤药物开发国家地方联合工程研究中心等高校科研院所，拓展产学研一体化新路径，积极发展抗癌、病毒性肝炎和艾滋病创新药物的产业化，突破高附加值的化学药物剂型改造技术，提高通用名药物研发效率和质量，支持心血管领域、抗肿瘤领域、糖尿病领域通用名药物的研发和产业化。重视化学原料药及制剂新产品、新技术的引进，加强制剂技术以及新辅料的研究、引进和推广，提高化学原料药及制剂仿制的起点和水平，加快广西化学原料药及制剂产品更新的步伐。鼓励桂林南药、邦琪药业、慧宝源、百会药业、晖昂生化药业、澳林制药、仙草堂、万德药业、科伦制药、桂林华信制药等一批化学药骨干企业做大做强。

医疗器械及设备。充分依托广西现有的优势技术领域，挖掘产品潜力，完善配套环节，在临床诊疗设备、家用医疗器械、"互联网+"与高端医疗器械、高端耗材、植入、介入、诊断试剂等领域，提高研发创新能力，丰富产品功能，提升产品质量，形成品牌特色，提高市场占有率。鼓励优势企业开展兼并重组，通过要素整合和技术集成，开展设备自主研发设计、专业化制造和配套服务。培育壮大桂林优利特、桂林啄木鸟、广西巨星、南宁一举等一批综合实力较强的本土品牌和企业，积极引进发展高性能医疗系统工程技术和设备，提升医药器械产业整体规模和水平。

功能保健品。依托广西丰富的药用植物资源，积极研发系列化具有自主知识产权的医用功能保健品，构建具有广西民族特色的基于天然食用资源的新型临床营养制剂功能性组件及其产业化体系，建立医用食品原料深加工基地，打造国内外知名的保健产业品牌。重点发展以灵芝、铁皮石斛、蛤蚧、珍珠、田七、八角、肉桂等中药民族药材为主药食两用功能保健品，积极开发各种片剂、胶囊剂、颗粒剂、膏剂、洗剂、药酒、药茶等保健产品。鼓励中医药民族医药骨干企业利用产业化优势开发市场容量大、功能确切的保健食品、保健用品，支持广西仙草堂、梧州双钱、北海蓝海洋、南宁富莱欣、南宁海王等企业拓宽产品线，打造"龟苓膏""灵芝""鱼肝油""胶原蛋白""海王"等系列保健品名牌产品。

四、高端装备制造

高端装备制造是为国民经济和国防建设提供技术装备的基础性、战略性产业，是一个国家或地区综合实力和技术水平的集中体现。大力发展高端装备制造，实现广西装备制造业的转型，已成为加快广西工业转型升级发展的必由之路。

（一）产业发展基础

产业规模。高端装备是装备制造的代表行业，是广西工业经济转型升级的重要基石。"十二五"期间，广西大力推进高端装备业发展，重点在南宁、柳州、玉林、梧州等市布局一批高端装备制造产业集群，到2015年，广西高端装备制造业①现有企业57家，实现销售收入约650亿元，其中修造船及海洋工程装备产业现有年建造189万载重吨的造船能力，占全国的2.36%，新船造船量为711艘/50.8万总吨，占全国的1.8%，工业总产值约130亿元，产业总体规模小，占全区工业比重不足1%。

重点企业及产品。高端装备制造重点企业有桂林桂北机器公司、柳工机械股份公司、中船华南船舶机械公司、广西玉柴机器集团公司、桂林电力电容器有限公司等；主要产品有高速高精度双端面数控磨床、柔性钣金加工中心、大型船用及非道路用发动机、特高压输变电设备等。

（二）重点发展领域

"十三五"期间，广西高端装备制造应重点发展智能制造装备、轨道交通装备、航空装备、卫星及应用装备和海洋工程装备，使高端装备制造更好地服务于广西工业转型升级。

---

① 广西智能制造产业处于起步阶段，智能装备生产企业分布在南宁、柳州、桂林，机床生产企业、智能装备制造企业分别有4家、6家。

智能制造装备。国家全面实施《中国制造2025》行动计划，这对于发展智能制造产业的宏观政策利好。广西致力于以技术创新引领产业发展，陆续出台了云计算、"互联网+"、大众创业万众创新、信息消费等实施方案和行动计划，不断推动产业转型升级和战略性新兴产业发展，为智能制造产业持续快速健康发展营造了优越的产业发展环境。"十三五"期间，广西应大力发展数控机床及基础制造装备、自动化生产线、智能（自动化）传感器与仪器仪表、数显量具、柔性印刷机等，重点突破关键智能技术、核心智能测控装置与部件，开发智能基础制造装备和重大智能制造成套装备，大力推进示范应用，全面提升智能制造创新能力，推进制造过程智能化升级改造，形成智能制造的关键技术体系和核心部件系统创新能力。

轨道交通装备。充分利用区位优势及优势产业，借助国家高铁"走出去"战略契机，重点发展轨道交通运输装备制造和服务业，建设轨道交通车辆组装、维修服务基地，积极发展关键零部件配套产业，大力发展绿色、智能轨道交通装备技术，建立健全研发设计、生产制造和试验验证平台，提升关键系统及装备自主化能力，打造我国轨道交通装备业面向东南亚的生产基地。根据国内铝合金轨道交通车辆市场需求形势，推进建设轨道交通铝合金板、型材精密加工以及相关配件产业基地。加强开展轨道交通新型大功率内燃机、电力机车及其他车辆主要系统的大修服务业务，打造轨道车辆维修组装及配件产业基地。重点打造南宁、柳州市先进轨道交通装备产业集群。

航空装备。加强与国际知名通用航空公司合作，建设通用航空制造基地，大力引进通用飞机、直升机和无人机等通用航空装备总装项目，重点开发铝合金、复合材料、钛合金等核心材质零部件，积极发展飞机起落架、飞机操控系统、电子导航、无线电通信系统、空气调节系统。加强无人航空测绘系统、应用卫星系统及航天关键零部件的开发，促进无人机在国土测绘、减灾防灾、公众生活中的应用。积极开发各类无人机等航空装备，大力发展继电器、电连接器、特种开关、功能组件等航天装备零部件。利用铝资源优势以及铝加工技术优势，发展航空铝业。打造桂林、南宁市通用航空产业基地。

卫星及应用装备。卫星应用装备是卫星军事应用技术支持下开发的面向卫星资源的新型电子信息装备，也是实现卫星军事应用的主体。"十三五"期间，广西重点加强航天运输系统、应用卫星系统、地面与应用天地一体化系统建设，形成了航天器制造、发射服务、应用设备制造和卫星运营服务构成的完整产业链。实施遥感应用示范工程，提高空间数据的自给率，大力推进行业和区域应用，推进卫星通信在远程教育、远程医疗、应急通信等公共服务中的应用，支持直播卫星的应用服务，加强卫星导航应用技术研究、产品开发和标准体系建设。

海洋工程装备[①]。国家深入推进"一带一路"建设、实施新一轮西部大开发,中国—东盟自贸区升级版加快建设,中央赋予广西"构建面向东盟的国际大通道,打造西南中南地区开放发展新的战略支点,形成 21 世纪海上丝绸之路与丝绸之路经济带有机衔接的重要门户"的新定位和新使命,《中国制造 2025》战略全面推进,国家发展战略全覆盖等都为广西海洋工程装备和高技术船舶产业发展提供了新的发展机遇。"十三五"期间,广西着力发展海洋工程辅助船,重点发展起重船、铺管船、海底电缆铺设船、海底挖沟埋管船等产品。同时围绕海洋资源在勘探、开采、储存运输和服务四大环节的需求,加快培育发展相关重点装备及其关键系统,积极发展市场需求量较大的自升式钻井平台、半潜式钻井平台等海洋油气钻井装备,浮式生产储卸油装置、半潜式生产平台、浮式液化天然气生产储卸装置等海洋油气生产装备。加快发展船用钢材、船用铝材、船用柴油机、船用柴油天然气混合动力发动机、甲板机械、海洋平台及船舶起重机、船用主机及辅机、船用电气及仪表、船舶涂料等船舶海工配套产品。

五、新一代信息技术

新一代信息技术产业是我国战略性新兴产业重点发展的七大产业之一,也是引领科技创新、驱动经济社会转型发展的核心力量。电子信息产品制造、信息网络、信息服务和软件产业的融合发展,极大地推动了云计算、物联网、移动互联网、新一代移动通信等新兴产业和新兴业态的发展。大力发展壮大新一代信息技术产业是推进广西电子信息产业供给侧结构性改革,以及实现新常态下电子信息产业新发展的重要支撑。

（一）产业发展基础

近年来,广西创新发展思路,利用北部湾区位优势,实施开放带动战略,从长远战略出发布局发展电子信息产业,有效促进了广西电子信息产业快速发展,产业创新能力和综合实力进一步增强,成为稳增长、促改革、调结构、惠民生的

[①] 广西岸线资源丰富,拥有长达 1629 公里海岸线,具有建设大型修造船及海工装备基地的良好自然条件。根据《广西北部湾港总体规划》,确定广西北部湾经济区沿海规划利用港岸线 267 公里,其中深水岸线 200 公里。同时,港口建设不断加快也为海洋工程装备产业发展创造了有利条件,北部湾港建成生产性泊位 256 个,万吨级以上泊位 79 个,与世界 100 多个国家和地区、200 多个港口通航,2015 年吞吐量达到 1.28 亿吨。"十三五"期末,北部湾港货物年综合通过能力达到 5 亿吨,集装箱吞吐能力达到 1000 万标箱,成为面向东盟的区域性国际航运中心。

有力支撑。

产值规模。广西电子信息产业工业总产值从 2011 年的 450 亿元增长到 2014 年的 1600 亿元，年均增长 59%，提前一年完成"十二五"产业发展目标，成为广西第 10 个千亿元产业。2015 年，在经济下行压力持续加大的背景下，广西电子信息产业保持平稳快速增长态势，经济运行情况良好。全区电子信息产业产值突破 2000 亿元，成为广西新的 2000 亿元产业，有力支撑了经济发展转型升级。其中，电子信息制造业完成工业总产值 1954 亿元，同比增长 27.92%，是 2010 年的近 10 倍，年均增长 46% 以上；软件和信息技术服务业完成主营业务收入 120.01 亿元，同比增长 19.13%，是 2010 年的 2.1 倍，年均增长 16.5%；完成电信业务总量 603.3 亿元，同比增长 29.2%，其中，主营业务收入 292.5 亿元，同比增长 5.9%。

重点企业及产品。"十二五"期间，广西新一代信息技术产业集群发展格局基本形成，集聚发展成效显著，产品结构向高技术、高品质、高附加值方向发展。目前，已形成以北海至桂林的高速公路为主轴，以北海、南宁、桂林 3 个城市为区域中心的新一代信息技术产业聚集区。近年来，包括中国电子、冠捷科技、台湾光宝、惠科科技、朗科科技、三诺电子、香港德昌机电等一批全球知名电子企业相继扎根北海，形成了电子信息产业集聚的良好发展态势，产业集群效应逐步显现。南宁市构建以南宁高新技术开发区、南宁富士康科技产业园、南宁市经济技术开发区为主体的产业带，重点发展高端软件、中国—东盟信息港、大数据应用、智慧城市、通信、智能手机、高端路由器、智能穿戴设备、智能仪表、汽车电子仪器等。桂林市是广西首个被工业和信息化部认定的"国家新型工业化（电子信息）示范基地"，重点发展物联网、智慧旅游、光电光通信设备、微波通信设备、医疗电子器械、数字机床、太阳能光伏等。

"十三五"时期，新一代信息技术产业作为我国进入国际市场第一方阵产业，已经列入了我国未来发展的新兴产业发展战略的重要产业。我国围绕技术路线主导权、价值链分工、产业生态等日益激烈的竞争态势，加速在工业互联网、智能制造、人工智能、大数据等领域进行战略布局，抢占未来发展主导权，这给广西的新一代信息技术产业的跨越发展带来了深刻影响。如何紧紧围绕着《中国制造 2025》、"一带一路"、"互联网+"行动计划、大数据、军民融合发展等国家战略的推进实施，以及国家网络安全保障的战略需求，着力推进新一代信息技术产业供给侧结构性改革，深入推进大众创业万众创新，加快产业发展质量，是国家和新时代对广西壮大发展新一代信息技术产业提出的新任务和更高要求。

（二）重点发展领域

"十三五"期间，广西重点发展新一代移动通信、"三网融合"、物联网、大数据、云计算、云存储、移动互联网等新一代信息技术的研发和推广应用。加快布局工业互联网及相关基础设施建设项目,推动"宽带广西"、无线局域网、电子支付、网络视听、互动娱乐等项目建设。

新一代移动通信。新一代移动通信是融合多种技术的新型宽带移动通信网络,通过解决网络系统应用中的便易性、多媒体业务、个性化、综合服务等问题,使用户能够在任何地点、任何时间根据需求在不同无线网络系统间实现个人通信,并具有远高于第三代移动通信系统的高速数据传输能力。"十三五"期间,广西大力发展新一代宽带光通信、移动通信、数字集群、宽带无线接入、专用特种通信和物联网等通信系统设备及关键零部件,以及多功能、多模式的有线、无线智能信息终端产品。重点围绕物联网应用,研发相应的信息感知、采集、传输、处理、反馈控制系统设备。

三网融合。三网融合是电信网、广播电视网、互联网在向宽带通信网、数字电视网、下一代互联网演进过程中,三大网络通过技术改造,其技术功能趋于一致,业务范围趋于相同,网络互联互通、资源共享,能为用户提供语音、数据和广播电视等多种服务。

物联网。物联网是新一代信息技术的重要组成部分,通过智能感知、识别技术与普适计算等通信感知技术,广泛应用于网络的融合中,是继计算机、互联网之后世界信息产业发展的第三次浪潮。广西要提高传感器技术、RFID 标签、嵌入式系统技术等物联网应用关键技术。

大数据。积极引进富士康、创新科、中国电子、浪潮集团等知名企业,建立大数据中心,提供数据存储、备份容灾等服务。重点发展基于互联网的大数据公共服务,大力推动政府部门数据共享。建立面向不同行业、不同环节的工业大数据资源聚合和分析应用平台。探索形成协同发展的新业态、新模式,培育新的经济增长点。

云计算。鼓励云计算和云存储行业发展和应用,进一步优化信息资源,以电子政务云产业发展带动其他行业的云产业发展;鼓励云计算企业和信息技术企业发展云计算服务业,为企业、政府等客户提供基础设施云、平台云、应用云、综合云等服务,围绕电子政务、社会民生、中小企业应用等领域开发云计算应用。鼓励企业围绕核心技术,建立和完善云计算产业链。

移动互联网。重点推动互联网由消费领域向生产领域拓展,支持"互联网+"协同制造、"互联网+"现代农业、"互联网+"益民服务、"互联网+"高效物流、"互联网+"电子商务等领域的创新应用,加速提升产业发展水平。充分发挥互联网的创新驱动作用,以促进创业创新为重点,引导和推动全社会形成大众创业、万众创新的浓厚氛围,进而打造经济发展新引擎。

六、节能与新能源汽车

节能汽车是指以内燃机为主要动力系统,综合工况燃料消耗量优于下一阶段目标值的汽车。新能源汽车是指采用新型动力系统,完全或主要依靠新型能源驱动的汽车,主要包括纯电动汽车、插电式混合动力汽车及燃料电池汽车。发展节能与新能源汽车是降低汽车燃料消耗量,缓解燃油供求矛盾,减少尾气排放,改善大气环境,促进汽车产业技术进步和优化升级的重要举措。

(一)产业发展基础

产业规模。"十二五"期间,全国新能源汽车产业处于快速发展阶段,广西新能源汽车产业加快起步,并具有了一定的发展基础,但总体发展速度比较缓慢,突出原因在于新能源汽车技术不成熟、动力电池技术未有大的突破、价格高、续航里程短、使用寿命不长、商业化应用不成熟以及充电设施不完善等。2015年,全区拥有新能源汽车企业15家,实现销售收入约50亿元。

重点企业及产品。广西节能与新能源汽车重点企业有上汽通用五菱汽车公司、桂林客车工业集团公司、广西汽车集团有限公司、广西玉柴机器股份有限公司、广西卓能新能源科技有限公司等;主要产品有纯电动城市客车、混合动力城市客车、微型纯电动货车、纯电动自卸式垃圾车、纯电动厢式运输车、纯电动邮政车、锂离子动力电池等。

(二)重点发展领域

我国新能源汽车经过10多年的研究开发和示范运行,基本具备产业化发展基础,电池、电机、电子控制和系统集成等关键技术取得重大进步,纯电动汽车和插电式混合动力汽车开始小规模投放市场。但总体来看,我国新能源汽车整车和部分核心零部件关键技术尚未突破,产品成本高,社会配套体系不完善,产业化和市场化发展受到制约,汽车节能关键核心技术尚未完全掌握,燃料经济性与国际先进水平相比还有一定的差距,节能型小排量汽车市场占有率偏低。

"十三五"期间,广西应加快开展节能与新能源汽车核心技术攻关工程,提高示范应用程度,重点发展纯电动公交客车、小型纯电动汽车、新能源专用车、混合动力客车、插电式混合动力客车、增程式纯电动汽车关键总成与零部件等产品。积极推动驱动电机及核心材料、电控等关键零部件研发和产业化发展,加快推进纯电动汽车和插电式混合动力汽车等研发生产。布局完善配套充电设备，重点完善新能源汽车的充电设备，出台充电设施建设费用补贴标准，对其建设实施一定的财政补贴。加快制定充电设施设计、建设、运行管理规范及相关技术标准，研究开发充电设施接网、监控、计量、计费设备和技术，开展车网融合技术研究和应用，探索新能源汽车作为移动式储能单元与电网实现能量和信息双向互动的机制。坚持以项目带动产业发展，以重大项目为引领，加快推动上汽通用五菱汽车股份有限公司宝骏基地20万辆新能源车、东风柳汽新能源汽车、广西源正新能源汽车有限公司全铝车身新能源汽车生产基地、广西华奥汽车制造有限公司客车生产和梧州比亚迪电动大巴生产基地、贺州纯电动汽车生产基地等项目建设。

第9讲 培育发展新兴先导产业的重点和方向

加快培育发展新兴先导产业，对于抢占和掌握产业发展未来制高点具有重大和关键性作用。"十三五"期间，广西立足现有产业基础，整合内外先进要素，充分发挥国家级高新区、开发区等平台载体作用，重点实施机器人、增材制造、云计算、卫星导航、石墨烯、通用航空等新兴先导产业壮大工程，努力抢占未来产业发展制高点。

一、机器人

机器人是自动执行工作的机器装置，它既可以接受人类指挥，又可以运行预先编排的程序，更可以根据以人工智能技术制定的原则纲领行动，其任务是协助或取代人类工作。机器人是高级整合控制论、机械电子、计算机、材料和仿生学的产物。

（一）产业发展基础

"十二五"期间，广西大力支持先导产业发展，强化对机器人产业的战略布局，广西机器人产业处于起步阶段[①]，生产企业分布在南宁、柳州、桂林、玉

[①] 目前，广西从事机器人开发应用和技术服务的机构主要集中在广西大学、广西科技大学等区内重点高校以及汽车和机械产业的龙头企业中。但从绝对数量来看，广西机器人领域的研究机构和专业技术人员的缺口比较严重。工业机器人的研究机构主要包括广西大学、广西科技大学、桂林工业机器人研究所、柳州自动化科学研究所等。广西大学研发的"自主核心技术支持CAD导航的6自由度关节型机器人"，主要应用在焊接、喷涂、搬运、装配、上下料、码垛、点胶、打磨抛光、雕刻工业制造环节；广西科技大学从2007年起组建了机器人相关的研究团体，在小型机器人设计制造及控制系统开发方面积累了较多的经验，主要从事机器人机理、路径规划、电机驱动系统及控制算法、机器人控制系统开发等方面工作。桂林工业机器人研究所以桂林电子科技大学机器人研究中心为技术依托，主要从事工业机器人及以工业机器人技术为核心的自动化生产线相关产品的研发与产业化。柳州市自动化科学研究所开发出了具有自主知识产权的自动化生产线和焊接机器人，并与广西雄鹰控股集团有限公司和沈阳新松机器人自动化股份公司，开展三方合作共同建立国家机器人工程技术中心柳州分中心的筹备工作。

林，主要有广西力源宝科技有限公司、广西机械工业研究院、南宁宇立汽车安全技术研发有限公司、柳州振业焊接机电设备制造有限公司、柳州高华机械有限公司以及玉林正方机械有限公司6家企业，主要产品包括全自动双线码垛机、列管式加热器全自动清洗系统、多轴力传感汽车碰撞模拟人、汽车自动焊接系统、直角坐标系机器手以及BS（滚球）减速机等，总体规模较小，产品单一，应用领域有限。2015年广西机器人产业产值约为2.75亿元。

（二）产业发展目标

《规划》提出，到2020年，将南宁、柳州、桂林、梧州、钦州建设成为机器人产业研发创新和生产基地，建立工业机器人应用示范企业50家以上，在汽车与机械产业关键焊接工序上，机器人应用率达到100%，生产效率提高30%~40%。

（三）重点发展领域

以汽车、机械等产业大型骨干企业和优势企业为基础，策划引进国际国内主要机器人生产企业，共建中国—东盟机器人产业基地（联盟），创建机器人整机、关键零部件制造及集成应用产业集聚区及专业基地，研究出台工业企业应用机器人补贴资金管理办法。加快引进和开发机器人技术，开发移动机器人工作系统，立足汽车、机械、食品、医药、电子信息等产业，开发适宜性的焊接、装配、搬运、专用等工业机器人。培养一批工业机器人研发、应用和技术服务的专业人才和创新团队。研发生产农业机器人和服务机器人，并将南宁市建成广西机器人产业研发和创新中心，配套建设科研成果孵化、协同创新、智能制造展示、教学培训、性能鉴定及认证许可、金融租赁等公共服务平台。

工业机器人。工业机器人是面向工业领域的多关节机械手或多自由度的机器人，是自动执行工作的机器装置，靠自身动力和控制能力来实现各种功能的一种机器，更是最典型的机电一体化数字化装备，技术附加值很高，应用范围很广，作为先进制造业的支撑技术和信息化社会的新兴产业，将对未来生产和社会发展起着越来越重要的作用。"十三五"期间，广西在食品、汽车、冶金、机械、建材、电力、有色金属、建筑等行业，重点发展上下料、分拣、包装、焊接、喷涂和搬运等机器人；在有色金属、石化等行业，重点发展和应用挖掘、探测、监测、装配等专用工业机器人。

农业机器人。农业机器人是用于农业生产的特种机器人，是一种新型多功能农业机械。农业机器人是现代农业机械化发展的结果，是机器人技术和自动化技术发展的产物，但与发达国家相比，农用机器人在中国无论是研发还是应用仍处于起步阶段。"十三五"期间，广西围绕应用于水稻、木薯、水果、甘蔗等大宗农产品的植保需求、田间管理和农产品加工需要，研发耕作、收割、加工等农业生产环节应用机器人，重点发展适应广西地形特点的耕种与收割机器人、实施喷药的农业植保无人机、农产品设备智能化自动传送系统与加工系统。

服务机器人。随着物联网、大数据、人机交互等技术的突破，服务机器人的市场空间增大，尤其是年轻人群体消费观念的转变，对服务机器人的需求呈现出规模化、多元化趋势。人工智能的进步增强了服务机器人的交互能力，给服务机器人带来更多的更新换代需求，未来服务机器人市场规模可能超过工业机器人。"十三五"期间，广西重点以旅游业为突破口带动服务机器人快速发展，优先普及应用利用大数据技术、知识图谱技术、人机交互技术，重点发展面向旅游服务的智能咨询服务机器人，研制具有自主知识产权的服务机器人和开展示范应用。

二、增材制造

增材制造俗称 3D 打印，是融合了计算机辅助设计、材料加工与成形技术、以数字模型文件为基础，通过软件与数控系统将专用的金属材料、非金属材料以及医用生物材料，按照挤压、烧结、熔融、光固化、喷射等方式逐层堆积，制造出实体物品的制造技术及产业业态。

（一）产业发展基础

"十二五"期间，广西重点从技术研发、产品设计、生产制造、系统集成、应用推广、产业促进等多方面入手，加快增材制造产业发展。通过强化行业资源统筹，开展 3D 打印行业人才培训，优化 3D 打印行业信息咨询服务，个性化 3D 打印产品定制实现新的发展。

（二）重点发展领域

增材制造技术是采用材料逐渐累加的方法制造实体零件的技术，相对于传统的材料去除—切削加工技术，是一种"自下而上"的制造方法。在相关政策的推动下，我国增材制造产业发展迅速，关键技术获得突破性进展。"十三五"期间，广西重点围绕汽车及零部件、生物医疗、新材料、智能装备制造、家电、电子电器、文化创意等应用领域，围绕材料、装备、工艺、软件等关键环节，开展增材制造（3D 打印）产业布局。重点在南宁、柳州、桂林等地建设 3D 打印产业基地，积极开展3D打印技术研发，应用示范推广、产业人才培育、技术成果转化、新产品应用开发，科技企业孵化工作，加速产业化发展，提升广西智能制造产业的整体创新能力。加快推进国家工程研究中心柳州3D打印示范中心平台建设，加快建立3D打印快速制造技术应用研究中心。积极扶持发展一批3D打印企业，建成一批集人才培养、研发设计、加工及销售为一体的增材制造、3D打印技术产业园。重点完善3D打印基础设施，为企业提供3D打印员工培训。

三、云计算

云计算是一种基于互联网的计算方式，通过这种方式，共享的软硬件资源和信息可以按需求提供给计算机和其他设备。云计算是继20世纪80年代大型计算机到客户端—服务器的大转变之后的又一巨变。用户不再需要了解"云"中基础设施的细节，不必具有相应的专业知识，也无须直接进行控制。云计算描述了一种基于互联网的新的IT服务增加、使用和交付模式，通常涉及通过互联网来提供动态易扩展而且经常是虚拟化的资源，意味着计算能力可作为一种商品通过互联网进行流通。

（一）产业发展基础

广西在云计算领域的研究、开发与应用正在起步。"十二五"期间，广西三大通信运营商纷纷推进云计算平台的建设项目，广西联通公司于2011年起开始投入应用的云系统，中国联通广西分公司语音客服桌面云系统、移动办公接入云系统、行业展示厅云系统三大云平台系统，中国电信于2011年8月在南宁设立了广西国际区域性信息交流中心。广西电信大力推进以"物联网、移动互联网和云计算"三大信息化工程为载体的"智慧广西"建设，引进云计算产业链的硬件厂商、系统集成商。在广西建立中国电信云计算创新基地，围绕中国电信股份有限公司广西国际信息交换云计算中心的建设。

（二）重点发展领域

"十三五"期间，广西鼓励电信运营商、第三方数据中心与各行业合作，建设节能、环保、低碳的云计算基础设施，推动传统信息基础设施向云计算模式转型。加快推进南宁、柳州、桂林等云计算项目建设。争取国家级大型数据中心、灾备中心、区域性云计算中心等大型项目落户，主动承担国家云计算基础设施核心支撑节点的建设。引进云计算产业链的硬件厂商、系统集成商，鼓励有实力的大型企业兼并重组。同时，利用北海、南宁、桂林等电子信息产业发展基础，鼓励设备厂商和互联网厂商向云计算产业链上下游延伸拓展，加强云计算平台大规模资源管理与调度、运行监控与安全保障、艾字节级数据存储与处理、大数据挖掘分析等关键技术应用研究。推动机械、汽车及零部件、钢铁、建材等行业开展工业云平台应用试点示范，支持一批面向研发设计大数据分析技术和产品的研发应用，推动建设面向产业链的大数据资源整合和分析平台，挖掘和分析客户动态数据，帮助客户参与到产品的需求分析和产品设计等创新活动中，并为产品创新做出贡献。支持发展满足特定需求的计算存储资源、平台软件、应用软件共享和租用等工业云服务的中小企业云服务平台。支持工业园区整合优质公共服务资源，为企业和用户提供研发设计、检验检测、商贸物流、供应链金融等发展各具特色化、专业化的工业云和工业大数据公共服务平台。支持信息技术企业加快向云计算产品和服务提供商转型。

四、卫星导航

卫星导航应用与移动通信、互联网并称为三大信息技术产业，是信息时代的基础性和先导性产业。北斗卫星导航系统是我国自主研发的卫星导航系统，是国家重要的空间信息基础设施，是国家综合国力的重要体现。加快北斗导航技术应用及产业化发展，推动北斗导航产业集聚发展，有助于带动产业转型升级，培育发展新兴产业增长点，提升城乡生活品质和发展活力，有助于充分发挥海陆兼并的区位优势，加快形成对接东盟的新优势。

（一）产业发展基础

目前，广西南宁、柳州、桂林、北海等市拥有一批具备良好技术开发能力和市场开拓能力的北斗导航应用及服务企业，具有一定的制造业基础和卫星导航应用基础。南宁、柳州、桂林、钦州、贵港等城市在交通、物流、旅游、农业、糖业、林业、城市管理和海事管理等领域已开展卫星导航技术应用，也具备了一定的经验和推广优势。桂林电子科技大学、广西大学等高校和研究机构在北斗导航研究领域具有较好的科研实力和标准制定能力，可为广西北斗产业发展提供人才支持。广西积极和国内北斗导航龙头企业开展合作，促进北斗导航产业的发展。

（二）重点发展领域

以广西国家级北斗综合应用省级示范为契机，围绕北斗导航综合应用示范项目，积极引进国内具有北斗导航技术研发、产业化及应用服务综合实力的企业，以应用牵引产业发展，以产业发展促进应用水平提高。努力扶持和培育本土企业，开发北斗导航技术产品，提高应用和服务水平，培育一批市场开拓能力强且具有发展潜力的企业，促进北斗导航应用及产业化发展。鼓励引进拥有核心关键技术、具有较强创新能力的北斗导航龙头企业。引入具有高附加值的位置服务企业，为各个应用行业提供高质量的综合信息服务，实现广西旅游、糖业、矿业等传统行业转型升级发展。推动北斗导航应用软件和服务企业的发展壮大，借力做大广西北斗导航产业规模。培育创新能力强、拥有核心竞争力、经营状况良好、发展初具规模的北斗产业骨干企业，整合现有财政资金和手段，落实相关政策措施，发挥示范带动作用。培育扶持与北斗卫星导航产业发展相关的工程技术研究中心、实验室等研发创新平台建设，通过科技专项、工业专项等财政经费项目资助，支持开展产学研合作，加快促进北斗卫星导航研发创新。借助"产学研用"合作模式，鼓励企业积极开展北斗关键技术研发、前沿问题和专利技术研究。加大科研投入，在芯片研发、设备制造、软件和系统开发等环节掌握自主知识产权，并积极引进、消化和吸收国外先进技术。把握行业趋势，结合移动互联网、物联网、云计算等新兴技术，努力实现多种技术的融合。围绕北斗智能芯片、终端产品和智能应用服务系统、嵌入式导航电子地图和智慧城市嵌入式软件等，在技术创新中实施专利战略。大力支持北斗导航产业联盟组建工作，加快中电科东盟卫星导航运营服务有限公司牵头筹建广西北斗导航应用产业协会（联盟）的步伐，鼓励企业间以联盟为纽带，共同开展研究开发、市场推广、项目申报等横向联合，促进产业集聚发展。利用好中国—东盟博览会平台，举办北斗卫星导航系统应用技术展，进一步扩大北斗技术在东盟国家的影响力与知名度。

五、石墨烯

石墨烯是一种由碳原子以 sp2 杂化轨道①组成的六角形呈蜂巢晶格的平面薄膜，只有一个碳原子厚度的二维材料。石墨烯是世界上最薄却也是最坚硬的纳米材料，几乎是完全透明的，只吸收 2.3% 的光。石墨烯被誉为万能材料，在塑料、生物医药、能力储存与转换等领域具有非常大的应用前景，由于其卓越的物理结构和性能，在半导体产业、光伏产业、锂离子电池、航天、军工、新一代显

---

① sp2 杂化是由同一层的一个 s 轨道与 3 个 p 轨道中的两个形成组合，多用于形成两个单键与一个双键，即形成有机物中的烯烃、醛、酮、酰等。

示器等传统领域和新兴领域都将带来技术进步,一旦量产完毕,将成为下一个万亿级的产业,成为国民经济增长的重要组成部分。

(一) 产业发展基础

广西石墨烯产业仍处于产业萌芽阶段[①]。"十二五"期间,广西立足石墨烯产业资源、技术优势,加快建设全国重要的石墨烯制备基地,按照《广西石墨烯产业发展工作方案》部署,通过强化产业资金投入力度,支持石墨烯技术研发及产业化开发。通过强化石墨烯技术交流合作,着力构建广西石墨烯产业联盟。科研投入力量逐渐加大,广西大学、桂林理工大学、广西民族大学等大学均开展了石墨烯材料应用技术研究。重点突破在新能源电动汽车、汽车车身轻量化、海洋装备、民族医药等下游产业的技术应用,重点探索生物质基石墨烯材料的技术开发,形成具有广西特色的新兴产业发展态势。

(二) 重点发展领域

以广西石墨烯产业技术研究院为平台,加快石墨烯产业及技术研发,推动产业园区建设和公共服务平台建设。重点研发生产石墨烯制备、粉体、薄膜和储能材料、导热材料、复合材料等。重点引进石墨烯人才及团队,创建并推动广西石墨烯研究院发展,积极发展石墨烯宏量制备、石墨烯复合材料、石墨烯环保吸附材料等相关技术。支持石墨烯产业与传统产业的融合发展,提高传统产业产品的档次和质量,将石墨烯复合材料与广西新能源电力汽车、汽车制造、有色金属等传统优势产业对接,围绕石墨烯在复合纤维、复合涂料、复合塑料、复合土木工程材料等方面的示范应用,实现与下游产业的对接。重点开展石墨烯吸附性能以及对高浓度有机物、重金属等污染物的去除效果研究,开发吸附材料、过滤装置和污染去除系统,为水污染防治、工业生活废水处理提供新途径。重点培育广西大学可再生能源材料协同创新中心石墨烯研究团队。构建石墨烯创新"飞地",鼓励和支持区内石墨烯企业在国内外科技创新高地建立石墨烯产业科技创新中

---

① 石墨烯发展目前仍处于初级阶段,还没有形成完成的产业链,包含众多行业,如半导体、柔性电子、传感器、能量存储与转换,复合材料、生物医药、环保及热管理等的石墨烯下游产业链并未完全形成,但是石墨烯行业的上游和中游已经形成。上游一般是指石墨及烃类产品,而石墨烯中游产业链一般为各类石墨烯,包括石墨烯薄膜、石墨烯粉体以及石墨烯浆料等产品。由于石墨烯产业广阔的应用前景,在全国范围内呈现蓬勃发展的态势,江苏、浙江、山东、重庆、四川、福建、北京、深圳等地加快石墨烯的产业化布局,纷纷建立了产业技术创新战略联盟或合作,促进创新资源优化组合和创新产业化进程。广西在石墨烯技术研发领域具有一定的基础。广西大学可再生能源材料协同创新中心在国际知名电化学专家、国家自然科学奖二等奖获得者沈培康教授的石墨烯研究团队领导下,利用一步离子交换法制备新型三维多级孔石墨烯材料,合成方法简单、易构、可规模化,是目前全世界可以大批量制备三维石墨烯且性价比最高的一种方法。

把握新时代的转型之路

心，形成石墨烯科技创新及人才的异地集聚载体，开展跨区域协同创新。

六、通用航空

通用航空是指使用民用航空器从事公共航空运输以外的民用航空活动，包括从事工业、农业、林业、渔业和建筑业的作业飞行以及医疗卫生、抢险救灾、气象探测、海洋监测、科学实验、教育训练、文化体育等方面的飞行活动。

（一）产业发展基础

"十二五"期间，广西通过与国际知名通用航空公司开展合作，加快推进通用航空制造基地建设，加快航空铝业发展，推动各类航空装备更新换代。到2015年，已有广西展卓通用航空有限公司、桂林通航有限责任公司、广西广联通用航空有限公司等通用航空企业，建成南宁伶俐通用机场、广西吉航东盟通用机场、桂林兴安通用航空等通航机场，现有通用航空市场集中于南宁市、桂林市。

（二）重点发展领域

随着中国低空空域管理改革的深入进行，通用航空在中国将迎来爆发性增长。通用航空是国家战略性新兴产业，科技含量高，资源节约，经济带动能力强。发展通用航空是调结构、转方式、促发展、惠民生的需要。以通用机场和通用航空产业为抓手，大力发展通用航空，有利于培育形成新的产业增长极，能够增强公共服务保障能力，提高人民生活水平。"十三五"期间，广西设立通用航空发展专项资金，加大对通用航空器的研发制造、通用航空作业、基础设施建设、设备的投入，以及对开发通用航空新产品、兴建通用航空机场、固定运营基地、起降点和公益性通用航空作业等的补贴。大力培育和发展通用航空企业，促进产业集聚发展，形成规模效益。重点开发研制通用飞机、直升机和无人机等通用航空装备，积极开发铝合金、复合材料、钛合金等航空核心材质零部件，加快发展通用航空软件，积极发展飞机起落架、飞机操控系统、无线电通信系统、电子导航、空气调节系统。重点发展无人航空测绘系统、应用卫星系统及航天关键零部件。优先发展各类无人机、继电器、电连接器、特种开关、功能组件等航天产品。加快桂林、南宁通用航空产业基地建设。

第10讲 提升发展现代服务业的重点和方向

现代服务业分为生产性服务业和消费性服务业。消费性服务业主要是为流通领域或人民生活服务，其服务劳动属于非生产性劳动。生产性服务业是为生产服务的，依附于制造业企业而存在，是与制造业直接相关的配套服务业，是第二产业、第三产业加速融合的关键环节。从工业和信息化角度来讲，主要包括现代仓储物流、工业设计服务、信息技术服务业、节能环保服务、现代电子商务等。

一、现代仓储物流

仓储物流是利用自建或租赁库房、场地，储存、保管、装卸搬运、配送货物。传统的仓储定义是从物资储备的角度给出的。现代"仓储"不是传统意义上的"仓库"或"仓库管理"，而是在经济全球化与供应链一体化背景下的仓储，是现代物流系统中的仓储，是以满足供应链上游、下游的需求目的，在特定的场所，运用现代技术对物品的进出、库存、分拣、仓装、配送及其信息，进行存入的计划、执行控制的物流活动。

广西将加强对制造业物流分离外包的指导和促进，支持制造企业改造现有业务流程，促进物流业务分离外包，提高核心竞争力。培育一批适应现代制造业物流需求的第三方物流企业，提升物流业为制造业服务的能力和水平。依托中国—东盟信息港，建设中国—东盟物流信息平台，推进全社会物流信息资源的开发利用，鼓励发展物流大数据产业，鼓励物流信息商业化开发，支持物流服务平台创新运营服务模式，构建便捷、可靠的物流信息网络。围绕重点产业布局和产业集群特色，推动制造、商贸企业与物流企业信息互通、联动发展，提高企业物流信息化和供应链管理水平。推进物流相关信息服务业和信息技术创新与发展,以应用带动技术创新和产业发展,鼓励信息服务企业、电子商务企业、电信运营企业、软硬件厂商和系统集成企业积极参与物流信息化建设。加速普通监管场所场站管理信息化建设,发挥口岸物流联动系统最大应用效能,在"关区通关一体化"基础上,全面实施"区港联动"、"提前申报,运抵验放"、取消直属关区内转关等便利通关模式。支持仓储企业提供仓配一体化服务,鼓励大型物流企业等各类市场主体积极参与智能物流基础设施建设。围绕产品溯源、在线调度、智能配货等环节,开展货物全流程跟踪定位、无线射频识别、可视化、移动信息服务、导航集成系统等关键仓储配送技术研发应用。全面打通铁路、公路、水运、航空运输方式的相互衔接障碍,完善不同运输方式之间的连接和转运设施,推进各种运输方式进港口、进园区、进集群、进市场。着力推进港铁物流工程,加快沿海和西江港口的多式联运设施建设,构建能力匹配的港铁集疏运体系。

二、工业设计服务

工业设计是产业自主创新的重要组成部分。2010年7月,国家工信部联合11个部委印发的《关于促进工业投资发展的若干指导意见》是国家层面对工业设计内涵的最新规范,工业设计是以工业产品为主要对象,综合运用科技成果和工学、美学、心理学、经济学等知识,对产品的功能、结构、形态及包装等进行整合优化的创新活动。在我国,工业设计服务涵盖了产品设计、模型设计(规划模型、样板房等)、展厅的布置设计、单纯服装设计、装饰物品及流行物品的款式设计、工艺美术设计等多项专业技术活动。

加快发展工业设计对于提高企业自主创新能力,提高产品附加值,实现品牌国际化,推动制造业与服务业融合,全面实现制造业转型升级具有重要的意义。"十三五"期间,以"广西制造"向"广西创造"为出发点,围绕汽车、电子信息、装备制造、食品、工程机械、医药制造等产业,针对外观造型、功能创新、结构优化、包装展示以及节能、新材料使用等重点环节的工业设计,做到创新设计理念,提升设计手段,壮大设计队伍,大力发展以功能设计、结构设计、形态及包装设计等为主要内容的工业设计产业。重点在南宁、柳州、桂林等地创建工业设计产业园区,重点策划发展实体性研究院、国家级企业技术中心、工程技术研究中心等形式的工业设计公共服务平台,引进和培育一批工业设计师、工业设计企业和团队,建立专业化、开放型的工业设计①企业和工业设计服务中心,鼓励科研机构、设计单位、高等学校开展基础性、通用性、前瞻性的工业设计研究。整合现有资源、建立实用、高效的工业设计基础数据库、资源信息库等公共服务平台。鼓励企业联合有关高校、工业设计企业建立企业设计中心,促进工业设计创新成果产业化。支持工业企业和工业设计企业加强多种形式合作,通过设计创新,促进工业企业的产品升级换代、市场开拓和品牌建设,加快推进工业设计向高端综合设计服务转变升级。积极推动设计个性化定制、网络众包等新型设计模式,充分利用现代新型网络技术平台,积极推动电子商务发展,满足人们对物质文化的需求,大力发展以功能设计、结构设计、形态及包装设计等为主要内容的工业设计产业,推动工业设计产业聚集发展重点支持拥有自主知识产权的工业设计成果产业化。

三、信息技术服务业

信息服务业是利用计算机和通信网络等现代科学技术对信息进行生产、收集、处理、加工、存储、传输、检索和利用,并以信息产品为社会提供服务的专门行业的综合体,是服务者以独特的策略和内容帮助信息用户解决问题的社会经济行为。信息服务业包括系统集成、增值网络服务、数据库服务、咨询服务、维修培训、电子出版、展览等方面的业务。

"十三五"时期,是全球新一轮科技革命和产业变革从蓄势待发到群体迸发的关键时期,是国家战略性新兴产业大有可为的战略机遇期。加快发展广西信息技术服务业,对促进广西实施创新驱动战略,加快转变经济发展方式、打赢产业转型升级攻坚战,促进广西战略性新兴产业发展、自主创新能力提升、工业化和信息化深度融合具有重要战略支撑和高端引领作用。"十三五"期间,广西在工业软件及信息技术服务方面,建设南宁、柳州、桂林、北海、梧州、钦州软件产

---

① 以工业设计为核心的企业主要表现在:一是工业企业的产品竞争激烈,让工业设计和产品竞争的观念成为学习的动力,以工业设计为基础,让员工参与到生产经营中,从而保障工业设计各个环节得到有效把控;二是在工业设计组织中,产品的设计开发处于生产销售中,采集数据为企业创新体系中的工业设计环节成为企业的突破点,以市场为导向,以工业设计产品为龙头,为创业创造更大利益;三是随着现代产品的同质化,工业企业对产品的系统化设计,把重点放在整体设计搭配与组合上,让工业产品设计成为企业发展的一种手段,由工业设计关注的方向转变为精神上的功能满足,从产品设计到系统设计的转变,成为现代生活的一部分。

业基地和信息服务基地①。布局开发具有自主知识产权的工业软件产品，发展行业解决方案、东盟语种应用软件、数字内容加工处理技术软件、嵌入式软件、3D打印等产品。在云计算关键技术和服务方面，配合中国—东盟信息港建设，统筹广西云计算基础设施建设，加快推进南宁、柳州、桂林、钦州等地区云计算项目建设。支持网络编程模型、分布式数据存储技术、虚拟化技术、海量数据处理技术和大规模集群管理技术等云计算关键技术和重点产品的研发和产业化，培育新兴服务业态。在移动互联网和物联网方面，重点突破面向多业态的第三方支付平台研发及产业化、基于智能终端的信息内容产品开发及服务、基于ICT的动漫游戏、数字媒体（出版）、数字互动娱乐、移动支付、位置服务、数字影视等信息服务关键支撑技术开发与产业化。在大数据服务及产业方面，加快大数据企业发展面向汽车、装备制造、食品、糖业、有色金属等重点产业的应用服务，研发具有行业应用特点的大数据解决方案，开展面向重点领域的工业大数据试点。在电子商务和信息服务方面，加快建设中国—东盟信息交流中心，发展中国和东盟的数据内容、数据处理市场，扩展信息技术服务业的市场空间。发展数字出版、网络出版、手机出版、信息内容产品原创开发项目。在数字创意技术及服务方面，加快虚拟现实、增强现实、全息成像等核心技术创新发展，加快信息技术与文化产业、设计服务的深度融合，为动漫企业提供大型开发工具、开发软件、后期制作设备和具有民族、地域特色的动漫素材库，建立公共服务平台共享机制。

四、节能环保服务

节能环保服务是推动节能服务公司为用能单位提供节能诊断、设计、融资、

---

① 南宁市：依托东盟信息港南宁核心基地的建设，实现中国—东盟信息网络互联互通，搭建信息共享平台，打造东盟区域信息基础设施海外业务服务和运营基地。建设南宁大数据产业园，构建大数据产业生态系统。推进南宁国家跨境电子商务服务试点，建设面向东盟电子商务总部。

柳州市：推进柳州国家智慧城市建设，建设柳州先进制造业基地。以汽车、钢铁、机械等为重点，实施"互联网＋中小企业"专项行动，推动中小企业优化结构，增强创新能力、配套能力和协作水平，发展工业软件、数字内容加工处理技术软件、嵌入式软件、工业互联网等产品。

桂林市：在桂林国家两化融合试验区、桂林国家信息消费试点城市、智慧城市试点城市创建的带动下，依托信息生态产业园，积极引进国内外大企业，建设大数据中心、运营中心、创新中心、创业中心。依托桂林国际旅游胜地建设，重点建设旅游云、旅游大数据，打造基于信息技术的漓江精品旅游线路和示范工程。

北海市：建设北海软件和信息服务产业园区，承载软件培训、软件研发、运行维护、工业设计、动漫创意、电子商务以及其他现代服务业等产业，大力发展服务外包基地、数据中心、企业总部等项目。

改造、运行等"一条龙"服务,以节能效益分享方式回收投资的市场化节能服务模式。

"十三五"期间,广西要大力发展节能减排投融资、能源审计、清洁生产审核、工程咨询、节能环保产品认证、节能评估等第三方节能环保服务,培育多元化、规模化节能环保服务中介机构,推动节能环保设施建设和运营社会化、市场化、专业化服务体系建设。建立完善政府引导、社会参与的环保产业投融资机制。鼓励推行合同能源、合同环境服务方式,支持节能减排投融资、节能评估环境评价、节能环保工程设计及承建、污染治理、环境修复、节能和环境监测等。推广合同能源管理,建设"一站式"合同能源管理综合服务平台,积极探索节能量市场化交易。鼓励大型重点用能单位依托自身技术优势和管理经验,开展专业化节能环保服务。结合改善环境质量和治理污染的需要,开展环保服务活动,规范引导建材、冶金、能源企业协同开展城市及产业废弃物的资源化处理。推动环保关键技术、新材料、新产品及环境友好型产品的研发生产,提升技术水平和市场竞争力。鼓励制造业与相关产业协同处置工业"三废"(废气、废水、固体废弃物)及社会废弃物。通过推广高效锅炉、扩大高效电动机应用、开展新能源汽车技术攻关和示范推广、推动半导体照明产业化等途径,加快节能技术装备升级换代。积极发展再制造专业技术服务,建立再制造旧件回收、产品营销、溯源等信息化管理系统。

五、现代电子商务

现代电子商务[1]是具有商业活动能力和需求的实体为跨越时空限制,提高活动效率,采用电子方式实现商品交易和服务交易的一种贸易形式。党的十八大以来,国务院相继出台了一系列促进电子商务发展的政策文件,包括加快培育经济新动力、"互联网+"行动、促进跨境电子商务、推进线上线下互动、促进农村

---

[1] 近年来,广西积极鼓励各行业企业,利用电子商务平台优化采购、分销体系,提升企业经营效率。其中,柳工股份国际化运营平台、广西糖网食糖产业第三方电子商务信息化服务平台2个项目获得工信部两化深度融合专项资金支持。广西的"柳工机械股份工程机械产品销售和售后服务管理系统","桂林中国国际旅行社旅游电子商务服务平台"等6个项目获得工信部公布的电子商务集成创新试点工程项目。南宁跨境电商直购体验中心落地,桂林电商谷、北海高新技术产业园等获批国家级电子商务示范基地。广西涌现出以广西糖网为代表的较成熟的电商平台,广西糖网采取B2B模式,通过搭建起食糖购销、结算和信息服务的电商平台,整合社会仓储、运输、金融、质检等各种服务资源,开启"电子商务&现代物流配送"的食糖流通新模式。

把握新时代的转型之路

电子商务、深入实施"互联网＋流通"行动计划等,有力推动了行业发展,并对加强顶层设计、形成政策合力提出了更高要求。

在"一带一路"建设背景下,广西依托区位优势,中国—东盟信息港全面启动建设,跨境电商发展环境不断优化,东兴、凭祥、龙州等依托边境优势,实现跨境电子商务快速发展。"十三五"期间,广西围绕有色金属、汽车、制糖、桑蚕、红木等特色优势产业,鼓励电子、轻纺、食品、医药等行业企业积极利用电子商务平台优化采购、分销体系,培育一批有一定市场占有率,并对行业定价有重要影响的行业电子商务交易平台。围绕矿产资源、有色金属、生物医药、轻工纺织、特色农产品、旅游等优势行业为重点,推广普及电子商务应用,鼓励企业依托第三方平台开设网络旗舰店、专卖店等网络销售终端,鼓励有条件的企业自建网上销售平台,鼓励培育一批特色电商品牌企业。加快建设跨行业、跨区域的物流信息服务平台,提高物流供需信息对接和使用效率。加快推进货运车联网与物流园区、仓储设施、配送网点等信息互联,提高配送效率。鼓励和支持行业企业间(B2B)电子商务平台、综合物流服务平台发展。提高企业应用电子商务开展采购、销售等业务能力。推动各类专业市场线上转型,引导传统商贸流通企业与电子商务企业整合资源,积极向供应链协同平台转型,构建现代物流企业供应链管理体系及物流配送中心信息管理集成平台。支持应用电子商务对传统经营管理模式、商务流程的改造与优化,推进电商多向融合和线上线下协调互动。重点推广线上网店线下消费、社区电子商务、移动电子商务等电子商务新模式,鼓励企业应用物联网、云计算、大数据等新技术开展创新活动,提升经营效率。支持电子商务与制造业、商贸流通业、生活服务业互动创新,融合发展;推进跨境电商综试区建设和产业链完善,积极参与电子商务国际规则制定。鼓励生产制造企业面向个性化、定制化消费需求深化电子商务应用,支持设备制造企业利用电子商务平台开展融资租赁服务,鼓励中小微企业扩大电子商务应用。

六、现代服务外包

服务外包,简言之就是企业将自身做不了的业务或不愿意做的业务,尤其是非核心业务外包出去,并利用其他优秀的专业化团队来承接其业务,目的是加强本企业的核心业务,减小成本,增加绩效。从工业和信息化角度来讲,现代服务外包业主要包括信息技术服务、研发设计服务、制造业服务、咨询策划、物流信息化及电子商务等,具有信息技术承载度高、附加值大、资源消耗低、环境污染少、吸纳就业能力强、国际化水平高等特点。广西现代服务外包业产业规模小，自主创新不足，缺乏品牌产品和龙头企业，市场竞争力不强，人才体系亟待健全。

"十三五"期间，广西培育发展金融、工程设计、产品研发、医药技术等领域的知识流程外包，发展软件和信息技术、设计、研发、互联网、医疗、工业、能源等领域服务外包，促进汽车、制糖、有色金属、食品等重点行业的基础数据库、智能管理信息系统软件研发和相关业务服务外包。鼓励开展工程项目、工业设计、产品技术研发和检验检测、工艺诊断、流程优化再造、技能培训等服务外包。进一步推动专门培训机构的人才培训工作，鼓励各高校设立服务外包专业并在实训阶段与专业培训机构合作，积极探索学分认定方式，多渠道、多形式加快服务外包人才培养。积极发展行业应用软件、嵌入式软件、动漫游戏等软件业，引进和培育第三方信息服务提供商、系统集成商和方案解决商。加快完善咨询、培训、认证等配套支撑体系，提升服务外包产业层次。加快南宁、桂林、北海、柳州等服务外包集聚区建设，力争将南宁建设成为发展环境优良、人才聚集度较高、国际竞争力较强的服务外包示范城市。充分发挥广西服务外包产业协会团队作用，推动企业抱团发展，承接国际高端服务外包业务。积极开拓服务外包新业务和新营销网络，鼓励有条件的制造业企业实施主辅分离，通过制造服务化、专业化，推动服务外包交付模式、业务模式和盈利模式创新。

七、专业会展服务

专业会展服务是为保证会议、展览正常进行所提供的全过程（会前、会中、会后，或是展前、展中、展后）服务，包括发生在展会现场的租赁、广告、清洁、展品运输、仓储、展位搭建等专业服务。

"十三五"期间，广西坚持专业化、国际化、品牌化、信息化方向，围绕工业和信息化发展需求，扶持培育具有广西特色的汽车、工程机械、有色金属、食品等专业会展品牌，加快推进中国—东盟（柳州）汽车、工程机械及零部件博览会升级为中国—东盟（柳州）先进制造业博览会，并将广西工业和信息化博览会打造成为面向中国—东盟自贸区、具有全国影响、辐射西南中南的大型工业博览会。进一步提升中国（玉林）中医药博览会、中国（广西贺州）国际石材·碳酸钙工业展览会、中国（北流）国际陶瓷博览会、梧州国际宝石节等专业特色型博览会品牌知誉度和区域影响力，推进举办中国—东盟新一代信息技术博览会。引导民间资本和外资进入展览领域，投资、参股展览场馆或成立组展公司和展览服务公司。加快推动政府及部门通过购买展览服务的方式举办和参加各类展会，促进广西办展和参展工作向市场化和专业化方向发展。鼓励各种所有制企业、行业协会、社会团体根据市场需求举办展会。积极培育中小型展会和专业展会，坚持线上与线下相结合，促进电子商务与展览业融合发展，规范举办网络虚拟展会。

八、检验检测认证

检验检测认证[①]一方面是为制造业提供真正所需的检测认证服务，另一方面就是对消费者所关注的产品提供对应的信心保障。检验检测认证的品牌总是会与制造业品牌相生相长，优质产品与优质检测认证的联合将是一对"双赢"的关系。

"十三五"期间，广西大力构建检验检测认证服务体系建设，着力建设检验检测认证高技术服务集聚区，持续推进中国—东盟检验检测认证高技术服务集聚区和东盟中心项目，重点建设计量、特检、质检、标准、编码、认证6个东盟中心，集聚建设国家级、自治区级质检中心，调动区内外检验检测认证资源，推动与东盟各国技术、标准、检验检测、认证认可等互认与合作，形成优质资源聚集，积极服务东盟及广西产业发展，助力国家"一带一路"建设的检验检测认证现代服务集聚区。一是结合分类推进事业单位改革，推进自治区部门所属业务相同、相近机构进行整合，鼓励部门、地区之间通过协商，对业务相同、相近机构进行跨部门、跨行业、跨层级整合。二是推进市县综合性整合，以技术基础好、综合实力强的机构为核心，整合市、县各部门业务相同、相近机构，建立市县综合性检验检测认证机构。三是按照六大领域推进跨部门、跨行业、跨层级整

---

① 目前，广西检验检测认证服务业尚处于发展初期，服务品牌匮乏，市场竞争力差，影响力不高，部分服务机构面临生存发展问题，且不同程度地存在着检不出、检不快、检不准现象，不能满足保障质量安全，更难以适应产业发展、对外开放开发和完善现代市场体系的要求。2015年末广西共有产品检测实验室（广西获得省级实验室资质认定的检验检测实验室）963个，国家级质检中心10个，自治区级质检中心35个。广西现有产品质量、体系认证机构4个，累计完成产品认证企业（有效期内）1075个。近年来，为满足广西社会经济发展形势需要，广西围绕食糖、汽车、机械、冶矿、石化等14个千亿元产业和10个新兴产业，大力推进公共检测技术服务平台升级建设。目前，广西已建成食糖、石化、铝制品、茧丝绸、橡胶、松脂林化产品、量具、珍珠8个国家质检中心、30个自治区质检中心，在建汽车、内燃机2个国家质检中心、5个自治区质检中心。

合，包括产品质量安全检验检测领域，特种设备、船舶及安全检验检测领域，食品药品、农产品、粮食检验检测领域，卫生（公共卫生、动物卫生）、环境检验检测领域，工程质量安全检验检测领域，计量、标准、科技、认证领域。加强检验检测技术联盟和集聚区建设，强化"一带一路"核心区产业基地工业产品质量检验检测基地建设，加强共性检验检测技术和仪器装备开放发展，形成布局合理、实力雄厚、公正可信的检验检测服务体系，打造一批检验检测认证知名品牌。鼓励国有检验检测认证机构构建内部创业机制，激发国有检验检测认证机构活力。夯实检验检测技术基础，结合"第三方检验检测综合科技服务平台研发与示范应用"等项目建设，推进检验检测认证行业与"互联网+"的结合。

第三篇　加快转型升级实现共享发展

"十三五"是广西工业转型升级的关键时期,要深刻把握工业和信息化基本走势,坚持立足优势,以新型工业化为要求,培育竞争新优势,营造良好发展环境,以提质增效和转型升级为主线,继续推进两化深度融合和创新创业发展,进一步加强综合施策和精准发力,确保激发创新动力和市场活力,协调发展先进制造业和现代服务业,在全面提升工业创新发展和绿色发展能力的基础上,全面推进工业扶贫,更好地实现共享发展。

第11讲 推进工业产业转型升级

一、加强传统产业转型升级

"十三五"时期是广西全面深化改革、实现创新驱动发展的关键时期,必须按照"智能、循环、低碳、绿色"转型升级发展思路,以产品创新和结构优化为重点,以"互联网+工业"为抓手,加快推进传统产品技术改造,着力提升协同创新能力,加快产品向中高端化发展。鼓励运用高新技术和先进适用技术改造,加快提升传统产业生产、工艺、设备等环节,着力提高传统产业资源综合利用水平和绿色循环低碳发展能力,支持重点企业战略合作重组,加快向产业价值链中高端转移,实现传统优势产业提质增效和转型升级,促进优势传统产业走上创新型、效益型、集约型、生态型的道路,加快做优做强。以优势传统产业发展的关键问题和主要挑战为重点,充分考虑产业未来发展趋势,深入实施创新驱动发展战略,体现了优势传统产业创新驱动、内生增长的根本要求。

一是以企业为主体,以创新为动力,加速完成转型升级。鼓励科技成果产业化,突出市场化导向,最大限度地激发转化活力,提高成果转化效率,促进科技与产业紧密结合。支持企业尤其是大型骨干企业加大研发投入和创新成果产业化投入,实施大中型工业企业研发机构全覆盖行动。鼓励龙头骨干企业开展智能制造试点示范,建设数字化车间和智能工厂。发挥大型骨干企业创新引领作用,引导产业链协同创新,带动一批专、精、特、新的中小企业发展。

二是以调结构、促转型为根本要求,推动各类工业园区、产业集群的转型升级。加速产业转移园区扩能增效,提升产业转移承接力,引导产业链集群式梯度转移,形成区内产业链跨区域对接延伸。提升产业转移园区发展水平,加速产业集聚,推动县域产业园区依托资源优势打造专业园区。着力扶持产业转移重点园

把握新时代的转型之路

区成为优势传统产业转型升级示范基地,逐步优化优势传统产业总部经济与生产基地合理配置的区域布局。

三是大力推进技术创新,强化供给侧结构性改革,强化优势传统产业两化融合和低碳发展。加快推进"互联网+"行动,促进优势传统产业与互联网的深度融合。加快传统产业构建新型研发、生产、管理和服务模式,促进技术产品创新和经营管理优化,进而提升企业整体创新能力和水平。推动优势传统产业的中小企业制造资源与互联网平台全面对接,发展面向制造环节的分享经济,打破企业界限,共享技术、设备和服务,提升中小企业快速响应和柔性高效的供给能力。加强节能技术装备的推广应用,加大对重点耗能设备节能改造的支持。鼓励优势传统产业应用资源节约和替代技术、能量梯级利用技术、环保与资源再利用等共性技术,积极开展废水、废气、固体废弃物等资源综合利用。

二、推动重点领域突破发展

推动重点领域突破发展,全面提升工业基础能力既是促进广西制造业提质增效升级的关键支撑,也是推动重点领域突破发展的重要举措,更是广西制造业突破的必然选择,对于推进广西制造业转型升级、推动制造业强区建设具有十分重要的意义。"十三五"期间,广西将在机器人、石墨烯、生态经济、新一代信息技术、海洋工程装备、中国—东盟信息港、新能源汽车、电动车、生物医药、军民融合、新兴技术产业化等重点产业和领域予以重点突破,加快构建结构优化、附加值高、竞争力强的现代产业体系。同时,根据《推动广西工业产业转型升级专项行动方案》,推进重点领域突破发展,形成重点突破的10个专项行动计划,进一步明确发展目标和发展方向,结合区位优势、资源禀赋、产业基础和新兴产业发展趋势,以此为导向找准着力点和突破口,选择一批代表未来发展方向、有较大市场前景、基本处于同一起跑线的新兴产业,采用非常措施和专项政策,进一步研究制定各产业、各领域发展专项行动计划和精准引入工作方案,明确发展布局、重大项目、产业技术路线图等,为供给侧结构性改革提供基础支撑。

重点领域:一是推进重点领域突破发展,实施10个专项行动计划;二是开展重点产品示范应用,实施重点产品和工艺应用计划;三是完善产业技术基础体系,建设一批试验检测和信息服务类公共服务平台;四是推进军民融合发展,切实发挥军地两个优势,实施军民融合发展联合行动。

在重点领域突破和实施强基工程的基础上，必须坚持以下三个结合：一是必须坚持自主创新与对外开放相结合，明确自主创新的基础和主体地位，发挥开放合作的加速器和放大器作用，加快实现广西工业基础的全面补课、局部反超。二是必须坚持市场主导与政府引导相结合，强化发挥市场配置资源的决定性作用，突出企业主体地位，充分发挥政府的引导作用，动员优势资源集中攻克难题。三是必须坚持重点突破与全面发展相结合，针对关键领域和薄弱环节进行重点突破，引导全社会加大投入，推动工业基础水平整体提升。

专栏2 重点突破十个专项行动计划及发展导向

机器人产业。推动机器人产业发展对广西传统行业转型升级有重要的支撑作用，要做好产学研结合，把科技成果转化为产业效益。力争到2025年将广西建成国际区域性机器人和智能装备产业基地。

石墨烯产业。落实《广西石墨烯产业发展工作方案》，组建石墨烯产业联盟，培育骨干企业，引进石墨烯领域高层次人才，打造广西石墨烯研究院和石墨烯产业园，努力形成具有广西特色，集产品研发、推广应用、技术服务于一体的石墨烯产业体系。

智能制造产业。推进智能制造是转型升级的必由之路，以推进智能制造和"互联网+"为导向，改造提升传统产业，大力发展先进制造业，培育壮大战略性新兴产业，加快构建现代产业体系。到2025年，广西制造业全面进入智能化制造阶段，其中智能装备制造产业产值达200亿元。

节能环保产业。推动节能环保产业快速发展是进行产业结构调整和转型升级的良好机遇。大力推进产品向高端发展转变、企业由以产品经营为主向总承包一体化经营转变、园区由企业集中向创新集群转变、产业由以传统制造业为主向先进制造业与节能和环保服务业互动并进转变，不断提高节能环保产业竞争力。到2020年，节能环保产业产值争取达到2000亿元。

新能源汽车。加快新能源汽车产业重点布局，积极探索汽车产业结构转型升级。到2020年，全区形成新能源整车年生产能力40万辆，以及形成集新能源汽车整车及零部件的开发、生产、销售、检测、服务为一体的新能源汽车产业发展体系。

生物医药产业。打造生物医药产业是"十三五"期间的重要举措之一，必须以产业招商、项目建设、园区规划为抓手，促进生物医药产业快速发展。到2020年，全区生物医药产业实现工业总产值1000亿元。

把握新时代的转型之路

传统产业转型升级。以促进工业投资规模增长和结构调整为主要目的，推动制造业向中高端产业迈进，实现传统产业转型升级取得重大突破，培育新型产业项目、改造传统产业项目、加强产品升级与工业强基项目、推进智能制造与智能工厂项目，大力发展先进装备制造业，着力提升资源型产业。

新一代信息技术产业。以中国—东盟信息港建设为契机，以增强自主创新能力、打造具有核心竞争力的产业生态体系为主线，加强新一代信息技术产业核心基础软件研发和产业化，确定高端软件与信息服务产业、新型显示产业、集成电路产业、下一代互联网产业四大重点发展领域，到2020年，新一代信息技术产业实现工业总产值超过1200亿元。

海洋工程装备产业。广西将加快修造船业、海洋工程装备、船舶配套产业、船舶及海洋工程装备公共技术服务平台发展。尤其是在船舶配套产业方面，将针对性地重点发展船用钢材、船用主机及辅机、甲板机械、舾装附件、通讯导航设备、船用电气及仪表、船舶涂料与涂装设备、船用铝材、消防救生设备、防污染设备等产品，到2020年，海洋工程装备及高技术船舶产业规模持续扩大，制造能力达到国内先进水平，实现工业总产值达300亿元。

军民融合产业。推进军民融合向广度、深度发展，突出地域特色，结合自身地理位置、经济结构、发展重点等，找准深入推进军民融合发展的突破口，到2020年，军民融合产业主营业务收入突破200亿元。

三、加快推进产业集聚发展

在广西进入工业化中期阶段的新常态下，要进一步优化产业布局和明确产业定位，加快推进产业集聚发展。必须加快推进产业发展向中高端水平迈进，依托产业发展基础和比较优势，加快创建一批高端企业集聚、产业链条健全、服务功能完善的专业产业集群和发展平台，促进产业集聚化、链条式发展。加快推进北部湾经济区升级发展、珠江—西江经济带开放发展、左右江革命老区振兴发展，促进各类工业园区、产业集聚区优势互补、协调发展。按照这一要求，着力推动工业空间布局优化和产业规模壮大提升，组织各市实施一批重点项目建设，着力推动工业园区建设，切实推进区域统筹布局和协同发展，进一步增强工业对区域经济发展的支撑力和引导力。鼓励招商引资项目和承接产业转移企业入驻园区，推动产业间实现产业链对接延伸，提升产业纵向延伸和横向拓展能力。引导人才、创新、资金等先进要素向产业园区、生产基地等平台和载体转移,推动产业集聚区制造业向研发设计、仓储物流、营销推广、品牌建设和系统集成等方面延伸,推进产业从分散布局转向融合集群,提高园区推动产业转型升级的配套服务能力。加强与先进地区工业技术合作,坚定不移地走产业转移之路,使工业发展规模化、生产配套系列化、产销衔接最大化,是实体经济转型扩大发展成果,实现工业经济转型的有效途径。

加快推进广西产业集聚发展,必须坚持以下原则:

第一,集中资源,夯实载体。工业园区是工业经济发展的载体,也是推进工业经济转型和城乡统筹发展的结合点,要全力扶持、打造好现有 11 个国家级工业园区,重点在战略性新兴产业方面取得突破。同时,继续加快创建有地方特色的国家级高技术产业基地,以强化国家级园区建设为龙头,集聚各种生产要素,发挥企业群体优势,提高工业集聚水平。

第二,利用优势,完善功能。充分利用广西的区位优势,完善现有产业集聚区(带)功能,努力打造临海的石化、钢铁、电子信息、装备制造、新能源、新材料等产业集群,沿江的汽车、装备制造、食品、电子信息、建材等现代产业体系,沿边的有色金属、建材、农林产品加工、生物医药和新材料、新能源等生态型特色产业,形成产业链比较完整、高加工度、资金和技术密集型的现代产业园区高技术产业和特色产业基地。

第三,承接产业,特色发展。积极承接东部地区特别是粤港澳大湾区的产业转移,推动粤桂合作特别试验区、高铁经济带合作试验区扩能增效,支持具有跨省、跨境元素的园区加大招商引资力度,促进优质项目加快落地和投产,提高招商引资实效,建设有特色的专业化园区。

第四,加强合作,增加效应。进一步发挥广西面向东盟的开放合作作用,以北部湾经济区为依托打造具有国际竞争力的创新创业园区,加快推进珠江—西江经济带内部及经济带之间的工业经济发展,提升北部湾经济区和珠江—西江经济带的聚集效应和扩散效应,进而促进和带动周边地区的工业经济转型升级发展。

第12讲 加强综合施策精准发力

按照"十三五"期间广西工业和信息化发展的总体要求,进一步加强综合施策精准发力,全力培育竞争新优势和营造良好发展环境,以提质增效和转型升级为中心,以两化深度融合和创新创业发展为抓手,采取有效措施,精准施力,综合施策,确保创新动力和市场活力得到突破。

一、加强技改升级投资力度

"十三五"期间,进一步把技术改造升级作为扩大工业有效投资的"牛鼻子",尤其是通过增量投入带动存量调整,加快先进装备制造业发展,推动新一轮工业的技术改造。在实施应用新技术、新工艺、新装备、新材料中提升竞争力的全方位技术改造,以研发、设计、制造、营销、服务等领域的全过程技术改造为重点,以上下游产业协同联动、配套、集聚的全产业链技术改造为根本要求,采用先进适用技术及高新技术改造提升传统产业。加强核心基础零部件、先进基础工艺、关键基础材料和产业技术基础等工业基础能力。加快装备升级改造,确保推广应用自动化、数字化、网络化、智能化等先进制造系统,进一步提高先进产能比重。在推动战略性新兴产业规模化发展的基础上,强化技术改造与技术引进、技术创新的结合,突破共性关键技术及其产业化应用,推动工业持续发展。

一是制订企业技改推进计划。充分发挥技术改造促进企业由小到大、由弱到强、由低端到高端、由传统产业到新兴产业的关键作用,鼓励制造业企业采用新技术、新工艺、新设备、新材料对生产设施、工艺条件及生产服务等进行改造提升。制订技术改造推进计划路线图,加大技改资金扶持力度,明确工作目标、方向、路径和举措,开展两化深度融合诊断服务,推动企业建立和改进两化融合实施路线。

二是促进产业高端化改造。积极推进电子信息产业向新一代信息技术产业转型，促进生物医药向中药、壮瑶民族为核心的生物医药转型，新材料向以铝基、锑基为核心的新型复合材料转型，汽车产业向节能和新能源汽车产业转型，装备制造产业向中重型装备制造和智能装备转型。引导高技术企业、创新创业企业拓展北斗导航、石墨烯、智能机器人、3D打印、通用航空、先进轨道交通等前沿领域。每年发布重点产业链产业高端化技术改造指导目录，鼓励龙头企业、科研院所、高等院校牵头创建行业联盟和产学研联盟建设，推动制造业向产业链高端领域和价值链高端领域攀升。

三是推广应用智能制造技术。聚焦制造关键环节，在基础条件好、需求迫切的企业启动智能制造试点及示范推广，以此带动广西制造业迈进智能制造。如实施南南铝业股份有限公司汽车电子新材料项目、富士康南宁科技园"烽火台计划"项目、上海明匠工业4.0智能制造研发和服务基地项目开展智能制造试点，指导项目申请工信部智能制造试点示范，建立企业智能制造体系，显著提升产品、生产、管理、服务等智能化水平，降低运营成本、提高生产效率。

二、调整优化工业投资结构

随着工业化发展的全面推进、城市化进程的不断加快，新的投资和消费需求有望持续释放，重大项目的带动作用不断增强，成为经济增长的新动力。在这样的形势下，加快推进一批大项目、大企业的建成投产是重中之重。这就要求广西除加快推进在建项目外，还要加强对重点项目的跟踪和调度，在招商引资过程中更加重视提高首位产业、新兴产业、现代服务业的引进力度，以投资结构优化带动产业结构升级，为广西打造经济升级版积攒足够后劲。抓好规划实施必须抓好重点领域的关键投资环节，积极拓展工业和信息化发展空间，实现优势提升和产业升级。"十三五"期间，广西加快推进企业技术改造，以提高工业投资占比和技术改造投资占比为出发点，以投资结构调整带动产业结构优化升级，加快实施重大投资工程包，加强政策、规划及要素引导，鼓励资金投向战略性新兴产业、先进制造业及现代服务业。一方面，要集中力量推进重大项目建设，做到加快新开工一批、谋划储备一批，完善重大项目协调推进机制；另一方面，因地制宜谋划、建立长效推进机制，围绕产业配套、链条延伸、集群建设、升级再造、承接转移、产城融合等领域策划储备并建设一批中小项目，做大工业投资总量。要加大招商引资力度，实施精准招商和以商招商，增强服务意识，抓好项目落地。严格控制产能过剩及高耗能、高排放行业固定资产投入,重点加强高耗能资源型产业精深加工投入。对重点产业链实施技术改造,主要发展石化后续产品、有色金属、钢材及锰精深加工、丝织印染、碳酸钙粉体、糖果及朗姆酒等上下游产品,进一步加快完善汽车、工程机械、发动机等整机零部件产业配套体系,在全面优化投资的结构中,更好地优化工业和信息化发展环境。

同时,工业投资结构是在一定时期的投资总量中,各要素的构成及其数量比例关系,其变化影响着整个工业体系发展的质量和效益。工业投资结构包括多种结构和比例关系,如产业结构、主体结构、区域结构、技术结构等。工业投资结构的整体优化对于产业结构的优化乃至生产方式的转变有着重要的先导作用。当前,广西处于工业化发展的中期阶段,在进一步扩大工业投资规模的同时,着力优化工业投资结构是促进广西产业转型升级的有效抓手。

以构建现代产业体系为重点,优化产业投资结构是实现产业结构优化升级的最基本动因和最有效手段,应着力解决好以下几个问题:一是坚持正确的投资方向,以增量投资优化和存量投资调整为手段,进一步调整三次产业的投资结构,努力提高资本使用效率。二是以促进绿色发展为重点,优化工业投资结构。重点投向首位产业①和战略性新兴产业,加大对循环型产业的投资支持力度,加大技改投资力度,加快传统优势产业升级改造。三是优化生产性服务业和现代服务业投资结构,促进现代服务业向高端化、高附加值、高带动性方向发展,提升服务业整体发展水平。四是进一步研究落实促进民间投资的政策措施,积极引导民间投资增长。通过调整优化投资结构,努力拓展新的工业增长空间和消费热点。

三、加快实施重大工业项目

在加快实施重大工业项目建设方面,《规划》明确了实施重大产业升级、产品结构优化、装备水平提升、产业链延伸、创新能力提高、工业绿色发展和两化深度融合等重大建设工程。加快推进工业重大项目建设是稳增长、调结构、增后劲的重要抓手,要构建自治区、市、县三级领导联系推进重大工业项目责任体

---

① 所谓首位产业是指在一个相对独立的地域范围内(如全国、省、市层面)或相对完整的城市体系中,处于首位的、产值规模最大、辐射带动最强的产业。首位产业的概念最早由安徽省使用,其目的在于通过帮扶重点、龙头产业,带动地区工业的整体发展,即所谓"首位产业,首要任务,首位扶持",从安徽的经验来看,扶持首位产业发展,对于进一步做强主导产业,提升产业竞争力起到了较为明显的推动作用。

系，进一步推进全程跟踪和协调服务。各地各部门要加大力度，积极创造有利条件，加快项目建设进度，以重大项目推动经济稳定增长。要加大招商选资力度，着力引进一批关联度高、带动力强、辐射力大的重大项目，切实抓好重大项目的跟踪洽谈、签约落户、开工建设和投产达标，促进产业转型升级、集聚发展；要切实搞好服务，千方百计协调解决项目建设中遇到的困难和问题；要强化项目管理，高标准抓质量，高效率抓进度，实行重大工业项目部门协调机制，加强项目对接和专题协调，切实保障重大项目建设的土地、资金等要素需求，建立企业投资项目管理权力清单、责任清单制度、并联核准制度和重大项目动态监测机制、督察机制，建立月报、季报制度，实现项目动态跟踪，加强项目推进工作的督促检查。

一是强力推进项目方面，对已经审批核准尚未开工的重大项目，要抓紧落实建设条件，确保及时开工；对已经开工建设的重大项目，要加强跟踪服务，及时解决实施中的问题，大力推进、确保实施进度。

二是强化保障支撑方面，要求加强建设用地保障。加强重大项目建设土地调度，通过开通绿色审批通道、简化用地审查环节等措施，加快用地审批进度，提高供地效率。

三是统筹财政支出方面，多渠道统筹安排重大工程项目所需财政支出，充分发挥政府投资的引导带动作用，积极搭建政银企对接平台，引导金融机构优先支持重大项目建设，积极发挥各类专项建设基金作用。

四是加强监督评估方面，要强化质量管理，坚持质量效益优先原则，加强重大项目质量安全管理，建立重大项目质量安全自我声明公开和监督制度，完善在建项目质量抽检制度，抽检结果及时向社会公开，积极试点推进项目承诺制改革。

四、加快推进企业做强做优

企业是国民经济的主力军，激发企业内生活力，实现企业做强做优，对新常态下实现广西经济可持续健康发展具有极其重要的意义。推进企业做优做强，就是加快转型升级，增强企业活力，提升发展效率，提高核心竞争力。2016年，广西规模以上工业企业有5524家，大型企业有100家左右，其中中小企业占了98%以上。一方面，与发达地区相比，广西企业发展相对滞后，存在发展层次低，企业规模小，创新能力弱，资源消耗大，集约化程度低等问题，缺乏一批在全国具有较强竞争力和影响力的大型企业和龙头企业。另一方面，中小企业数量及经济规模仍然不大，技术水平和管理水平偏低，科技创新能力较弱，企业的市场综合竞争力不强，各层次的人才比较缺乏，尤其缺乏高端技术人才和管理人才。同时，中小企业服务体系还不够完善，服务项目较少、服务程度较低，制约了中小企业做优做强。

"十三五"期间，广西在汽车、机械、石化、钢铁、有色金属、制糖、建材等产业打造一批拥有自主知识产权和知名品牌的大企业大集团，培育一批本地大型工业企业，推进大型企业集团和企业联合体组建工作，开展跨地区、跨行业、跨所有制兼并重组，鼓励优势企业强强联合，积极推进上下游企业联合重组，建立一批产业技术联盟，提高大企业大集团的国际化水平。通过整体上市、资产注入、主体多元、并购重组、股权激励、员工持股等方式，加快推进国有企业改革，着力消除制约企业改革的体制机制障碍，进一步推动国有资本向优势产业集中，向核心竞争力强的企业集中，努力实现大市场、大资源、大协同、大配置，把国有企业打造成具有国际竞争力、影响力的大集团。

（一）培育大型企业集团

大企业、大集团是一个国家和地区经济发展的重要支柱与中坚力量，是推动工业经济加快发展的"领头羊"和主力军。当前，广西全力培育发展强优工业企业，在"十二五"期间实施了"千亿元企业工程""百亿元企业工程""十亿元企业工程"，并取得了一定的成效，但仍存在"大而不强，强而不优"等问题。广西培育大型企业集团需要从以下几方面入手：一是推进重点项目建设，推动企业进行技术改造和扩大规模再生产；二是突出创新驱动，鼓励企业加大研发创新投入，完善企业技术中心、工程技术研究中心等创新载体，引导企业加强与高校、科研机构合作，推进"产、学、研、用"紧密融合；三是强化引资引智；四是加快强优企业兼并重组，强强联合；五是加强企业家队伍建设。

（二）加快中小企业发展

中小企业是中国数量最大、最具创新活力的企业群体，在促进经济增长、推动创新、增加税收、吸纳就业、改善民生等方面具有不可替代的作用。中小企业提供了50%以上的税收，创造了60%以上的国内生产总值，完成了70%以上的发明专利，提供了80%以上的城镇就业岗位，占企业总数的99%以上。

广西加快中小企业发展需要从以下几方面入手：一是着力促进中小企业加快转型升级，围绕产业配套、产业链延伸、产业升级、产业转移等领域策划储备并建设一批中小企业技术改造项目，建立和完善年度自治区中小企业项目库，力争实现储备一批、开工一批、建设一批、竣工一批的中小企业项目。二是促进中小企业与大企业集团融通发展。鼓励小企业与大型企业建立配套协作关系,形成产业链的有机合作;鼓励大型企业为中小企业提供技术、人才、设备、资金等方面支持,推动互惠互利。三是拓展中小企业融资渠道,缓解中小企业融资难、融资贵问题。四是完善中小企业服务体系建设,提供优质服务。五是抓好政策宣贯落实,增强中小企业政策的获得感。

第13讲 全面增强创新驱动能力

党的十九大提出坚持实施创新驱动发展战略,强调创新是引领发展的第一动力,是建设现代化经济体系的战略支撑。着力振兴实体经济,深入实施质量战略,推动创新驱动发展,加快形成新的增长动力源。全面增强广西工业创新驱动发展①的能力,是落实国家创新驱动发展战略的基本要求,是经济发展新常态下的必然选择,这对推动广西工业实现转型升级具有十分重要的意义。

一、加强协同创新能力

增强产业协同创新能力是提升产业创新能力、加快工业转型升级的关键保障和重大举措。"十三五"期间,广西围绕智能制造、新能源汽车、石墨烯新材料应用、有色金属新材料、糖料蔗高效生产、非粮生物质能源、重金属污染防治、新一代信息技术、碳酸钙全产业链等领域开展协同创新活动,搭建产业技术创新联盟平台,进一步提升协同创新能力,积极推进与国内外相关高等院校、科研院所、领军企业等开展产业项目、科技成果转化、科技交流、人才培养、决策咨询等多领域合作,支持高等院校和科研机构组建跨学科、综合交叉的科研团队,加

---

① 广西把创新驱动摆在"十三五"时期的四大战略之首,把创新摆在经济社会发展全局的核心位置,工业创新作为广西创新驱动的主体力量,将承担着更多更为重要的任务。经过多年的努力,广西工业创新驱动发展已具备发力加速的基础,其创新体系日益完备,人才队伍不断壮大,创新能力不断提升,工业科技创新发展正在进入由量的增长向质的提升的跃升期。同时,广西必须清醒地认识到,与国内发达地区相比,广西工业创新的基础仍然十分薄弱,科技创新面临着巨大的挑战。2015年,广西工业企业R&D经费投入强度(R&D经费内部支出/主营业务收入)仅为0.38%,低于全国的0.9%,战略性新兴产业总产值占规模以上工业总产值的比重为5.5%,远低于全国16.8%的水平。广西工业企业科技创新投入较低、创新意识不强、创新内生动力不足、产业结构调整较慢,缺乏工业创新的领军人才和高技能人才,创新型企业家群体亟须发展壮大,激励创新的市场环境和社会氛围仍需进一步培育和优化,上述问题都亟待"十三五"期间的努力和解决。

快发展先进制造业和战略性新兴产业等领域合作,打造一批产学研用协同创新中心和服务平台。围绕智能制造、新能源汽车、石墨烯新材料应用、有色金属新材料、糖料蔗高效生产、非粮生物质能源、重金属污染防治、新一代信息技术、碳酸钙全产业链等领域开展协同创新活动,搭建产业技术创新联盟平台,进一步提升协同创新能力。

一是加快制造业创新体系建设。引导创新资源向企业集聚,提升企业集成创新和引进消化吸收再创新能力,培育发展技术创新示范企业。依托科研院所和骨干企业,建设重点实验室、企业技术中心、研发中心等,打造跨领域、协同化、网络化创新平台。完善技术转移和产业化服务体系,提升创新成果转化能力,在智能装备、铝、铟、锡、稀土有色金属深加工、汽车、医药、电子信息等领域,组建产业技术协同创新联盟。

二是促进关键技术突破和产品化发展。引导企业加强核心技术开发,加快研究开发一批具有自主知识产权、自有知名品牌、较高附加值和市场竞争力的工业新产品,加快由产业链低端向产业链高端提升。重点突破汽车整车可靠性、数控加工装备及控制系统、高性能金属材料以及铝镁合金材料、有色金属精深加工、稀土功能材料、石墨烯材料、高可靠性智能控制、数模同传、工业通信网络安全等一批关键技术。实施新产品产业化计划,定期组织编制《广西新产品推介目录》,完善广西新产品推介和交易平台,强化对创新产品的宣传和推广。

三是推动发展模式创新。推进生产模式创新,以智能制造、网络制造、绿色制造、服务型制造等为核心,推进流程制造关键工序智能化,加快实现工业机器人、增材制造等先进制造技术在生产过程中的应用。推进商业模式创新,理清企业资源开发、研发模式、制造方式、营销体系、流通体系等各个环节,整合企业各项要素,形成高效率的具有独特核心竞争力的运行系统,通过"制造+服务"等新商业模式,加快企业从生产型制造向服务型制造转变。推进投融资模式创新,采取中小企业担保、融资租赁、政策性担保、供应链融资等方式,拓宽企业融资渠道。推进组织模式创新,通过项目策划、精准招商、兼并重组、上市融资等方式,创新工业发展模式,在资源集聚、产业结构、发展方式、开发模式等方面实现突破。

二、实施专利倍增计划

"十三五"期间,为大力加强以发明创造为重点的自主创新,有效促进专利成果,广西组织实施专利倍增计划,大力实施创新驱动发展战略,推动"大众创业、万众创新"。同时以专利创造、运用、管理、保护和服务能力为主线,以增量提质、提升发明创造水平为导向,实现发明专利拥有量的大幅度增长,激发创新主体创造活力,促进发明专利倍增。加快创业创新平台建设,提升众创空间基础配套和承载能力。建立和完善园区、高校院所发明专利倍增工程管理体系,加强专利成果转化和产业化步伐。以产业、企业技术创新需求为导向,推动校企、院企深度合作,从源头上提升专利技术含量和市场价值,努力形成一批高价值核心技术专利和专利组合。

实施企业发明专利倍增工程。一是做好工业园区与知识产权优势企业发明专利倍增工作,强化企业发明创造主体地位,推动高新技术企业、知识产权试点企业、优势企业建立健全发明专利工作管理体系,提升工业园区和企业发明创造原动力。二是做好创新平台发明专利倍增工作。推动研发中心、工程技术研究中心、企业技术中心等创新平台的发明创造为重点,围绕产业共性关键技术攻关,着力追求研发成果,大量申请发明专利。三是开展专利"消零"工程。有针对性地开展和选择暂无专利、符合国家产业政策的企业,帮助企业建立相关制度,培训人员,开展发明专利申报工作,推进企业发明专利"消零"。四是挖掘企业发明专利申请潜力,针对企业参与市场竞争的需求,通过提供平台、专业指导,推进专利服务机构与企业的联系服务机制,推进企业发明专利申请。到 2020 年,力争培育专利拥有量超 1000 件的企业 3~5 家,专利拥有量超 500 件的企业 5~10 家,专利拥有量超 100 件的企业 50 家,支持 2000 家规模以上企业实现发明专利"消零",支持 2000 家小微企业申请发明专利。

实施院所发明专利倍增工程。以增量提质、提升发明创造水平为导向,支持高等院校、科研院所建立知识产权转移转化机构,发挥高等院校、科研院所的研发优势,大力开展高校院所发明专利倍增工程、社会团体及个人专利优质增长工程,实现技术突破,为科研项目的专利转化及产业化提供支持,促进知识产权与产业深度融合。

开展发明专利质量提升行动。优化发明专利结构,加大支持职务发明,提高职务发明所占比重,促进发明专利提质增量。支持企业建立专利库,促进企业专利申请量、授权量大幅提升。抓好发明专利创新源头,深化企业专利挖掘,强化专利代理机构服务指导,对专利申请进行新颖性和创造性分析,从源头上提升专利技术含量和区场价值,努力形成一批高价值的核心技术专利。

开展服务能力提升行动。加强专利代理机构服务平台建设,引进专利代理服务机构,为企业提供信息支撑、技术服务、技术咨询,以及人才培训服务,促进企业与企业之间、企业与高校之间产学研的合作与研究合作,为企业提供创新平台软环境。

三、打造科技创新型企业

打造科技创新型企业是一项系统工程，企业科技创新体系对企业创新、持续发展起着重要的支撑作用，能够有效地提升创新能力和创新效率。"十三五"期间，广西要加大各类专项资金对企业创业创新基地（微型企业孵化园、科技企业孵化器、商贸企业集聚区等）建设的支持力度。支持建立一批新兴产业"双创"示范基地，加快组织实施制造企业互联网"双创"平台建设工程和"双创"服务平台支撑能力提升工程。鼓励大中型企业带动产业链上的小型微型企业，实现产业集聚和"抱团"发展。引导创业投资基金积极支持科技创新型、创业创新型企业。形成一批专业化生产协作能力强、在细分行业市场占有率高的配套型企业，培育一批管理基础扎实、信息化应用水平高的成长型企业，打造一批人才素质高、技术研发能力强的创新型企业，发展一批商业模式新、服务能力强的新业态企业，不断提高广西中小企业的数量比重、整体素质和运行质量。

一是提升企业技术创新能力。引导和支持中小企业发挥创业创新主体作用，加大研发投入和技术改造投资力度。鼓励企业并购国内外研发机构，与高校、科研院所共建研发机构、联合开发项目、共同培养人才。引导高校、科研院所的科技资源为企业提供产品研发、成果转化、人才培养等支持和服务。支持企业利用互联网技术，建立开放式、互动式开发平台，让用户和合作伙伴参与产品设计创新。

二是全力创建企业品牌。鼓励广西中小企业应用先进的管理模式，加强质量管理和生产过程控制，优化生产经营流程，提高产品质量和附加值。引导企业专注核心业务，做强细分市场，重视品牌培育。鼓励各类服务机构为企业提供质量法律法规、检验检测、管理与控制、计量标准、品牌创建等方面支持。

三是推动实施"互联网+"。引导广西中小企业树立互联网思维和理念，制定企业"互联网+"发展规划，把互联网的创新成果与企业发展深度融合，推动企业技术进步、管理创新、效率提升和组织变革，提升企业的核心竞争力。推动产品服务互联网化，调动用户的积极性，并以用户为核心设计并生产产品；推动市场营销互联网化，创造条件实施以移动、社交、大数据为依托的精准营销，用互联网技术发现需求，降低营销成本；利用信息化手段优化企业管理流程，打造企业一体化信息应用平台，夯实管理基础，提升企业经营管理水平。

把握新时代的转型之路

四是加强企业家和企业职工队伍建设。实施民营经济组织人才创新培训计划,健全完善培训体系,拓展企业负责人视野,更新知识、提升能力。鼓励企业制定人才激励政策,多渠道、多方式引进各类人才。支持企业与专业培训机构、重点院校合作,开展职业技能综合培训,打造高素质的职工队伍。

第14讲 加强工业绿色发展

全面贯彻党的十九大精神，深入落实《中国制造2025》和《工业绿色发展规划（2016～2020年)》《绿色制造工程实施指南（2016～2020年)》，大力发展绿色循环工业、加强落后产能整治淘汰、强化节能减排硬约束、加强节能环保综合控制和推进制造业绿色改造，发展绿色制造产业，促进工业绿色转型升级。

一、大力发展绿色循环工业

绿色循环工业是推动资源利用方式的根本转变，是节约利用能源资源发展循环经济的有效手段，是落实绿色循环发展的坚实保障，也是解决工业领域资源不当处置与堆存所带来的环境污染和安全隐患的治本之策。"十三五"时期，广西在钢铁、石化、有色金属、电力、建材、制糖、造纸等传统资源型产业领域，加快推进"源头减量、过程控制、末端再生"循环型生产方式，进一步促进企业上游、下游原料与产品的生态连接，积极引导上下端资源利用企业对资源的共同利用开发。深入开展重点产业园区能源资源循环化改造，加快建设热电联产循环经济生态产业园区，创建规模布局合理功能互补、废弃物循环利用的循环经济产业园区。严格资源节约和环境准入门槛，提高能源资源利用效率，减少污染物排放，防控环境风险。鼓励钢铁、纺织印染、造纸、石油石化、化工、制革等高耗水企业废水深度处理回用，在沿海发展的电力、化工、石化等行业，推行直接利用海水作为循环冷却等工业用水。鼓励再生资源回收利用企业与互联网企业合作，利用物联网技术，创新再生资源回收模式。依托河池大宗固体废弃物综合利用示范基地建设，利用先进适用技术，推动实施尾矿、冶炼渣、赤泥、煤矸石、粉煤灰等固体废物资源综合利用工程，加快推动资源综合利用产业化。

一是加快传统的产业改造提升，降低资源的漏损率。以节能减排和环境保护为抓手,加强"高污染、高耗能、高耗水、高碳排放"企业的绿色升级改造,特别是淘汰钢铁、水泥、电解铝等行业的低端和过剩产能,有效控制电力、钢铁、建材等重点行业碳排放,推进企业的关停并转,鼓励工艺技术装备更新改造,提升资源能源的集约化管理和利用。

二是强化绿色、循环、低碳发展,减少单位产出的物质消耗,提高经济发展的绿色含量。强化约束性指标管理,实行能源和水资源消耗、建设用地等总量和强度双控行动,提高节能、节水、节地、节材、节矿标准;推行企业循环式生产、产业循环式组合、园区循环式改造,推动传统的"资源—产品—废弃物"线性增长模式转变为物质闭环流动的可持续发展系统;提高非化石能源比重,推动煤炭等化石能源清洁高效利用,加强储能和智能电网建设,提高建筑节能标准,实施近零碳排放区示范工程,实现碳排放的主动有效控制。

三是大力发展节能环保产业,培育成为新的增长点和新兴支柱产业,为广西绿色经济发展提供支持和动力。节能环保产业是国家加快培育和发展的战略性新兴产业之一,为节约能源资源、发展循环经济、保护生态环境提供物质基础和技术保障,是我国经济绿色转型的关键主动力和产业生力军。广西以绿色可再生能源、节能低碳环保等战略性新兴产业为突破口,将低碳化、绿色化作为经济发展新的增长点,培育绿色新兴产业,加快建立以低碳工业、服务业为核心的新型经济体系。

二、加强落后产能整治淘汰

以供给侧结构性改革为导向,以绿色、循环、低碳发展为切入点,深入推进节能减排工作,坚持培育新增产能与淘汰落后产能相结合,加强质量整治淘汰落后产能和化解过剩产能,严格环评、能评、土地和安全生产审批,防止新增落后产能。加大"僵尸企业"的处置力度,建立完善企业退出机制。加快淘汰钢铁、铁合金、电解铝、水泥、皮革加工、造纸、酒精等高能耗、高污染行业严格执行生产许可及其他行业准入制度,按标准淘汰落后产能和化解过剩产能。发挥差别电价、资源性产品价格机制、税收等政策引导作用,强化质量标准、能耗限额标准、排放标准的刚性约束作用,采用综合性调控措施,抑制高消耗、高排放产品的产能无序增长。进一步推进全区落后产能淘汰工作深入开展,提高能源利用效率和淘汰落后产能。

一是加快推进工业建设对落后产能整治淘汰提出新要求。加快提升工业发展质量和效益，构建现代产业体系，按照节能降耗、淘汰落后产能的工作部署，以淘汰钢铁、铁合金、电解铝、铅冶炼、钒冶炼、水泥、煤炭、皮革加工、平板玻璃、造纸、酒精等高耗能重污染的行业，为广西加快推进产业转型升级提供有力支持。

二是深化经济体制改革和加快转变经济发展方式对落后产能整治淘汰提出新要求。充分发挥市场机制在资源配置中的基础性作用，加快建立完善落后产能的标准体系，探索完善长效工作机制，逐步健全差别化机制，切实促进节能与淘汰落后产能。

三是加强市场机制建设对落后产能整治淘汰提出新要求。充分发挥市场机制作用，综合运用法律、经济及必要的行政手段，加快形成有利于落后产能退出的市场环境和长效机制，有序实施重污染企业的搬迁改造或依法关闭。强化安全、环保、能耗、质量、土地等指标约束作用，完善落后产能的界定标准，严格市场准入条件，防止新增落后产能。加快资源性产品价格的形成机制改革，实施差别电价等政策，促进落后产能加快淘汰。

三、强化节能减排硬约束

当前，我国经济发展进入新常态，产业结构优化明显加快，能源消费增速放缓，资源性、高耗能、高排放产业发展逐渐衰减。随着工业化、城镇化进程的加快和消费结构的持续升级，能源需求刚性增长，资源环境问题仍是制约经济社会发展的主要瓶颈，节能减排依然形势严峻、任务艰巨。"十三五"期间，广西要打好节能减排攻坚战，就要更好地推进绿色发展，依托广泛先进适用的节能新技术、新材料、新产品、新设备，实现高耗能产品的单位能耗优于国家平均水平，进一步提高产业用能效率和水平。严格控制"两高"和产能过剩行业新上项目，进一步遏制高耗能产业无序发展和低水平扩张。在实施污染物总量控制过程中，确保实施工业领域的工程治理，提高减排效率。科学制定节能降耗目标任务，健全目标考核机制，实行节能工作问责制。实施电机、内燃机、锅炉等重点用能设备能效提升计划，要加快推进工业企业余热余压利用。深入推进工业领域需求侧管理，积极发展高效锅炉和高效电机，加快推进终端用能产品能效提升和重点用能行业能效水平对标达标。在重点耗能行业全面推行能效对标的基础上，推动工业企业能源管控中心建设，制定重点行业企业温室气体排放核算与报告指南，加快推动建立企事业单位碳排放报告制度。

一是加大先进适用技术的应用。以提高质量和效益为目的，围绕智能工厂、

把握新时代的转型之路

节能降耗、服务化转型等发展重点，不断采用和推广新技术、新工艺、新流程、新装备、新材料，对企业生产设施、装备、生产工艺进行改造。鼓励企业应用工业互联网、物联网、大数据、云计算等数字化技术手段。滚动实施企业技改工程，推动先进制造业和优势传统产业新一轮技术改造。在冶金、化工等重点行业，引导企业加强研发设计、试验验证、检验检测等环节的技术产品应用。

二是要建立标准制度。研究确定高耗能产品和终端用能产品的能效先进水平，制定能效标准，明确实施时限，将能效标准与新上项目能评审查、节能产品推广应用相结合，推动企业技术进步，加快标准的更新换代，促进能效水平快速提升。

三是加强节能发电调度和电力需求侧管理。改革发电调度方式，电网企业要按照节能、经济的原则，优先调度水电、风电、太阳能发电、核电和垃圾等发电上网，优先安排节能、环保发电上网。研究推行发电权交易。电网企业要及时、真实、准确、完整地公布节能发电调度信息，电力监管部门要加强对节能发电调度工作的监督。落实电力需求侧管理办法，制定配套政策，规范有序用电。

四是加快推行合同能源管理。落实财政、税收和金融等扶持政策，引导专业化节能服务公司采用合同能源管理方式为用能单位实施节能改造，扶持壮大节能服务产业。研究建立合同能源管理项目节能量审核和交易制度，培育第三方审核评估机构。鼓励大型重点用能单位利用自身技术优势和管理经验，组建专业化节能服务公司。

四、加强节能环保综合控制

加强节能环保综合控制要注重源头控制与末端治理并重，强化抓好源头控制；发展方式与技术进步并重，强化发展方式转变，抓好重大低碳节能技术革命；要措施与效果并重，强化抓好实际效果；要激励与约束并重，强化资源环境和碳排放约束，改变对节能低碳的激励方式。"十三五"期间，广西紧抓重大节能减排项目和示范工程建设，关键是做好节能环保综合控制，推广能耗数据实时采集和分析、能源利用综合平衡和调度、高炉自动控制、变频调速、信息集成等技术和系统的应用，建立完善生产过程中自动化控制和信息化监测系统等。针对石油化工、有色金属、建材、造纸等高耗能行业，加快推动能耗在线、实时监测及能效对标。推进重点行业特征污染物防治技术应用和实施治理工程。进一步加强造纸、氮肥、有色金属、印染、农副食品加工、原料药制造、制革、农药、电镀等行业专项治理，实施清洁化改造，新建、改建、扩建项目实行主要污染物排放等量或减量置换。要严格控制石油加工、化学原料和化学制品制造、医药制造、化学纤维制造、有色金属冶炼、纺织印染等项目环境风险。加快钢铁、石化、有色金属行业脱硫，进一步推广工业锅炉低氮燃烧技术，积极开展氮氧化物污染防治。加强对火电、水泥、冶炼等重点行业以及20吨/时及以上燃煤锅炉的烟粉尘治理，采用高效除尘技术，要加强重点行业除尘设施升级改造。加快推动工业系统节能改造、企业能源管理中心建设和工业能效检测与管理平台建设，在节能环保综合控制上建设园区新能源、分布式能源和智能微电网。

一是要加强工业节能。实施工业能效赶超行动，加强高能耗行业能耗管控，在重点耗能行业全面推行能效对标，推进工业企业能源管控中心建设，推广工业智能化用能监测和诊断技术。推进新一代信息技术与制造技术融合发展，提升工业生产效率和能耗效率。开展工业领域电力需求侧管理专项行动，推动可再生能源在工业园区的应用，并将可再生能源占比指标纳入工业园区考核体系。

二是强化重点用能单位节能管理。开展重点用能单位进行目标责任评价考核，重点用能单位要围绕能耗总量控制和能效目标，对用能实行年度预算管理。推动重点用能单位建设能源管理体系并开展效果评价，健全能源消费台账。依法开展能源审计，组织实施能源绩效评价，开展达标对标和节能自愿活动，采取企业节能自愿承诺和政府适当引导相结合的方式，大力提升重点用能单位能效水平。严格执行能源统计、能源利用状况报告、能源管理岗位和能源管理负责人等制度。

三是强化重点用能设备节能管理。加强高耗能特种设备节能审查和监管，构建安全、节能、环保三位一体的监管体系。组织开展燃煤锅炉节能减排攻坚战，推进锅炉生产、经营、使用等全过程节能环保监督标准化管理。开展锅炉节能环保普查整治，建设覆盖安全、节能、环保信息的数据平台，开展节能环保在线监测试点并实现信息共享。推广高效换热器，提升热交换系统能效水平。加快高效电机、配电变压器等用能设备开发和推广应用，淘汰低效电机、变压器、风机、水泵、压缩机等用能设备，全面提升重点用能设备能效水平。

五、推进制造业绿色改造

"十三五"期间，广西坚持把推进工业绿色发展作为落实生态文明建设和《中国制造2025》要求的硬任务，把工业节能减排作为转方式调结构的重要抓手，以全面推行绿色制造为主线，认真贯彻落实《工业绿色发展规划（2016~2020年）》和《绿色制造工程实施指南（2016~2020年）》。为确保完成广西"十三五"工业绿色发展目标打下良好基础，在绿色发展契机中开拓新的竞争优势，促进制造业绿色改造升级。广西将全面推进钢铁、有色、化工、建材、轻工、印染等传统制造业绿色改造，研发推广余热余压回收、水循环利用、重金属污染减量化、有毒有害原料替代、废渣资源化、脱硫脱硝除尘等绿色工艺技术装备，推广应用清洁高效铸造、锻压、焊接、表面处理、切削等加工工艺，实现绿色生产。进一步推广轻量化、低功耗、易回收等技术工艺，持续提升电机、锅炉、内燃机及电器等终端用能产品能效水平，加快推进淘汰落后机电产品和技术。推进资源再生利用产业规范化、规模化发展，确保提高大宗工业固体废弃物、废旧金属、废弃电器电子产品等综合利用水平。重点推广高效、环保、绿色、先进的铸造、锻压、焊接、切削、热处理、表面处理基础制造工艺技术与装备。支持企业开发绿色产品，推行生态设计，推进产品全生命周期绿色管理，提升产品节能环保水平。建设绿色工厂，实现厂房集约化、原料无害化、生产洁净化、废物资源化、能源低碳化。在建立绿色产品、工厂、工业园区评价机制的基础上，充分制定分行业、分领域绿色评价指标和评估方法。

一是加快提升制造业资源能源利用效率和清洁生产水平提升。实施重点区域领域生产过程清洁化改造、重点行业能源利用高效低碳化改造、高耗水行业水资源利用高效化改造等行动计划，推进落实挥发性有机物削减行动计划、水污染防治重点行业清洁生产技术推行方案等实施方案，大力推进节能、节水、清洁生产技术改造。

二是加强天然气代替高能耗、高污染的煤炭作为生产用燃料，保证清洁能源安全使用。将低碳环保理念贯穿在生产和运营的每个环节中，并将循环生产和再利用的理念引入生产经营中，实现废弃物吸收转化、污染物减量排放的目标，使能源实现最大限度的综合利用，形成了一条循环、绿色、低碳、环保等相结合的发展道路，有助于推进制造业绿色改造。

专栏3　工业绿色发展示范工程

重点行业系统改造。为适应国家宏观调控新形势，进一步加快重点行业的技术改造，促进产业结构优化升级，聚焦重点行业高端化、智能化、绿色化、服务化。"十三五"期间，广西要加强重点行业系统改造，钢铁行业实施高温高压干熄焦、烧结烟气循环等技术改造；有色金属行业实施新型阴极结构铝等技术改造；石化行业实施丙烷脱氢装置、炼化能量系统优化等技术改造；化工行业实施悬浮床加氢裂化、硝酸综合处理等技术改造；水泥行业实施高固气比熟料煅烧、无球化粉磨、大推力多通道燃烧等技术改造；造纸行业实施纸机高效成型、高效双盘磨浆机等技术改造；纺织行业实施高温高压气流染色等技术改造。

余热余压高效回收利用。余热余压是指企业生产过程中释放出来多余的副产热能、压差能，这些副产热能、压差能在一定的经济技术条件下可以回收利用。"十三五"期间，广西在自备电厂实施烟气系统余热深度回收利用、超临界混合工质高参数一体化循环发电等技术改造。推广余热余压能量回收透平装置、大型高炉鼓风与汽轮发电同轴机组等。

园区系统节能改造。加强园区能源梯级利用，将能源管理体系贯穿于园区企业生产全过程，定期开展能源计量审查、能源审计、能效诊断和对标，构建园区能效提升长效机制。"十三五"期间，广西积极开展风能、太阳能等分布式能源和园区智能微电网建设，提高园区可再生能源使用比例，建设园区能源管理中心，加强余热余压梯级利用，推广集中供热和制冷。

能效"领跑者"行动。实施能效"领跑者"制度对增强全社会节能减排动力、推动节能环保产业发展、节约能源资源、保护环境具有重要意义。"十三五"期间，广西在重点用能行业实施能效"领跑者"行动，开展企业能效对标达标，定期发布领跑企业名单及其指标，引导企业实施节能技术改造。

第15讲　全面推进工业扶贫

"十三五"期间，广西大力推进工业扶贫工作，明确产业扶贫方向和工作重点，推动工业扶贫精准化，大力推动农业龙头企业和贫困村农民合作社发展，提升产业市场适应能力和可持续发展能力。以工业园区为依托，大力发展特色加工重点产业。改造提升传统优势产业，加强重点产品品牌塑造，增强产业"造血"功能，确保贫困县与广西同步全面建成小康社会。

一、加强产业扶贫引导

"十三五"时期是广西全面建成小康社会的关键时期，加快指导贫困县制定特色加工业发展规划，对于广西经济可持续健康发展具有战略性意义。广西扶持10个贫困县建设特色产业园区，指导和协助贫困县引进培育10~20家龙头企业发展农产品加工等特色产业。加快实施贫困县发展农产品加工业培育行动，加大对贫困地区农产品品牌培育、推介和营销的支持力度。制定优惠政策支持国有企业、民营企业到贫困地区参与脱贫攻坚，与贫困村开展"村企共建"的活动，深入推进民营企业"千企扶千村"的活动。鼓励贫困地区挖掘特色资源发展富硒产业、生态农业等新业态，积极引导贫困地区因地制宜发展农产品、林产品、民族工艺品等加工产业，让贫困户更多地分享农业全产业链和价值链增值收益，促进贫困群众脱贫增收致富。

一是积极开展项目扶贫。继续协调扶贫资金，重点支持贫困地区建档立卡贫困村的人畜饮水、村道路、教育设施等民生工程和特色产业培育项目，集中力量解决贫困地区和群众最迫切的民生需求。扶持贫困县建设特色产业园区，指导和协助贫困县引进培育10~20家龙头企业发展农产品加工等特色产业。

二是大力开展脱贫攻坚工作。积极开展结对帮扶活动，制定《自治区工业和信息化委员会精准扶贫总体工作方案》,组织实施《广西贫困县特色加工业发展"十三五"规划》,指导扶贫开发重点县(市、区)编制"十三五"特色加工业规划编制工作。认真做好"十三五"广东广西扶贫协作相关工作。

三是持续推进网络通信扶贫。推进扶贫点光纤入户工作,加快推进宽带网络覆盖贫困村,利用电信普遍服务试点和"宽带中国"示范城市等试点示范,优先考虑支持定点县宽带网络建设,促进城乡基本公共服务均等化。在通信基础设施不断完善的基础上,深入推进贫困村信息化工作,支持开展电商扶贫工作,着力培育当地电商企业,发展电商平台,解决当地特色农产品销售等突出问题,带动贫困群众实现脱贫增收。

二、推进工业扶贫协作

深入贯彻党中央、国务院关于开展东西部扶贫协作的决策部署,按照"优势互补、互惠互利、长期合作、共同发展"的原则,积极建立广东广西共同推进广西贫困县工业园区建设和产业发展协作机制,鼓励和支持广东企业采用多种方式参与广西贫困县特色产业园区的建设和经营管理相关工作,加快实施一批重大项目、重大平台、重大工程,实现资源共享、优势互补、共赢发展,进一步推动两省交流合作,力争每年形成若干有亮点的合作样板,实现共赢发展。在百色、河池、崇左等市共建若干个工业园区,进一步形成工业扶贫和产业合作发展平台,主要推进33个国家扶贫开发工作重点县和滇桂黔石漠化片区县工业集中区建设,通过资金扶持、金融信贷支持以及帮助引进民间资本等方式,加强水、电、路及环保等园区基础设施和标准厂房建设的合作,提升33个贫困县果蔬、甘蔗、桑葚、中药材、畜禽、粮油等特色农林产品和有色金属精深加工能力为突破口,加快推进食品、有色、轻纺、生物医药、电子信息、建材、机械等产业合作,培育扶持一批特色资源加工企业、扶贫龙头企业和一大批农林产品加工中小企业。

第四篇　推进两化深度融合 提速信息化建设

"十三五"时期是广西全面建成小康社会的决胜阶段，是适应把握引领经济发展新常态的关键时期，是抢占新一轮产业竞争制高点的战略机遇期。加快推进信息化和工业化深度融合，深入实施"宽带广西"战略和"互联网+"行动，以信息资源整合共享为突破口，统筹推进信息基础建设和信息化应用，加快新旧发展动能和生产体系转换，推动信息化与经济社会深度融合发展。

第16讲　全面推进两化深度融合

"十三五"期间,在推进实施《中国制造2025》的过程中,要深化制造业与互联网融合发展,积极参与两化深度融合国家示范试点创建工作,培育一批两化融合转型升级示范企业及试点企业,加快移动互联网、云计算、大数据、物联网等信息技术与制造业深度融合。到2020年,两化融合发展水平指数达75,制造业信息化水平显著提高。

一、深化制造业与互联网融合发展

制造业是国民经济的主体,也是实施"互联网+"行动的主战场,未来的制造业将建立在以互联网和信息技术为基础的互动平台之上。"十三五"期间,广西全面实施"互联网+工业"行动,加快新一代信息技术与传统工业的深度融合,不断促进生产型制造向服务型制造转变,构建绿色制造体系。支持各类园区建设两化融合公共服务平台,培育一批两化融合转型升级示范企业及试点企业,积极开展工业云和工业大数据试点示范建设,推进重点行业两化深度融合。支持南宁、柳州、桂林、梧州、钦州等市与阿里巴巴、华为、中兴、浪潮等知名企业合作,开展工业大数据、云计算等新一代信息技术应用示范项目建设,推动制造业革新,引导制造企业不断增强自动化、数字化、智能化应用能力,参与构筑自动控制与感知、工业云与智能服务平台、工业互联网等新技术实践。推进制造业重点行业骨干企业互联网"双创"平台普及,推广工业云应用,提升新产品研发周期、库存周转率、能源利用率等。

一是深化制造业与互联网融合发展是加快制造强国建设的现实选择。深化制造业与互联网融合发展,是贯彻落实并统筹推进《中国制造2025》和《国务院关于积极推进"互联网+"行动的指导意见》的重要举措,也是加快制造强国建设的现实选择。《国务院关于深化制造业与互联网融合发展的指导意见》是党中央、国务院总揽全球新一轮科技革命和产业变革新趋势作出的重大战略部署，其核心是加快推动制造业转型升级，不断提升"中国制造"竞争新优势，加快制造强国建设。广西要抓住机遇，大力推进新一代信息技术与传统工业深度融合，进一步深化制造业与互联网融合发展，协同推进融合，加快制造业提质增效，努力实现转型升级发展。

二是工业经济总量不断扩大是推动两化深度融合的有效保障。广西处于工业化中期阶段，这是工业加速增长和转型升级的关键阶段及重要机遇期，区位、交通、资源、政策、劳动力等优势日益凸显，为促进要素聚集和产业承接提供了有利条件。广西工业连续多年来保持高速发展，投资大幅增长，质量效益不断提升，工业发展基础和后劲持续增强，特别是出现了新兴产业发展提速、生态经济崭露头角、高耗能产业比重下降、创新能力逐步增强等积极变化，为"十三五"工业和信息化提质增效和转型发展打下了坚实基础，同时也为推动两化深度融合提供了有效保障。

二、大力发展新型生产模式

工业化是现代化的前提和基础，信息化是现代化的引领和支撑。"十三五"期间，广西积极推进信息化和工业化深度融合，运用信息技术特别是新一代信息通信技术改造传统产业、发展新兴产业，加快产业转型升级，深化互联网在制造领域的应用。协同推进《中国制造2025》和"互联网＋"行动，进一步推动新一代信息技术与制造技术融合发展，推动企业发展个性化定制、网络协同制造、云制造等新型制造模式。在消费品领域，重点推动汽车、家电、家具、食品、服装纺织等行业企业开展个性化定制、产品溯源、社交营销、虚拟体验等新模式，组织开展"互联网＋"制造业试点示范，支持发展面向中小企业的工业设计、模具开发和产品定制等在线服务。在原材料领域，着重推进销售、工艺以及生产环节的融合应用，重点发展智能化制造、协同化组织、平台化运营等制造模式，推动互联网应用从销售环节向生产制造全过程拓展。鼓励企业在线实时发布研发设计资源，提升生产制造和物流配送能力，形成基于网络、数据驱动的线下资源线上配置的新型生产模式。

一是打造制造企业互联网"双创"平台。广西组织实施制造企业互联网"双创"平台建设工程，深化工业云、大数据等技术的集成应用，加快构建新型研发、生产、管理和服务模式，促进技术产品创新和经营管理优化。鼓励大型制造企业开放"双创"平台聚集各类资源，加强与各类创业创新基地、众创空间合作，为全社会提供专业化服务，建立资源富集、创新活跃、高效协同的"双创"新生态。深化国有企业改革和科技体制改革，推动产学研"双创"资源的深度整合和开放共享，支持制造企业联合科研院所、高等院校以及各类创新平台，探索构建支持协同研发和技术扩散的"双创"新模式。

二是推动互联网企业构建制造业"双创"服务体系。广西组织实施"双创"服务平台支撑能力提升工程，支持大型互联网企业、基础电信企业建设面向制造企业特别是中小企业的"双创"服务平台，鼓励基础电信企业加大对"双创"基地宽带网络基础设施建设的支持力度，进一步提速降费，完善制造业"双创"服务体系，营造大中小企业合作共赢的"双创"新环境，开创大中小企业联合创新创业的新局面。加快完善人才、资本等政策环境，充分运用互联网，积极发展创客空间、创新工场、开源社区等新型众创空间，结合"双创"示范基地建设，培育一批支持制造业发展的"双创"示范基地。

三是支持制造企业与互联网企业跨界融合。广西鼓励制造企业与互联网企业合作培育新的经营主体，建立适应融合发展的技术体系、标准规范、商业模式和竞争规则。推动中小企业制造资源与互联网平台全面对接，实现制造能力的在线发布、协同和交易，打破企业界限，共享技术、设备和服务，提升中小企业快速响应和柔性高效的供给能力。支持制造企业与电子商务企业开展战略投资、品牌培育、网上销售、物流配送等领域合作，整合线上线下交易资源，拓展销售渠道，打造制造、营销、物流等高效协同的生产流通一体化新生态。

四是培育制造业与互联网融合新模式。面向生产制造全过程、全产业链、产品全生命周期，实施智能制造等重大工程，支持企业深化质量管理与互联网的融合，大力发展网络化协同制造等新生产模式。支持企业利用互联网采集并对接用户个性化需求，开展基于个性化产品的研发、生产、服务和商业模式创新，促进供给与需求的精准匹配。推动企业运用互联网开展在线增值服务，鼓励发展面向智能产品和智能装备的产品全生命周期管理和服务，拓展产品价值空间，实现从制造向"制造＋服务"转型升级。积极培育工业电子商务等新业态，支持重点行业骨干企业建立行业在线采购、销售、服务平台，推动建设一批第三方电子商务服务平台。

把握新时代的转型之路

三、着力提升重点领域智能化水平

加快重点领域智能化水平是产业转型升级发展的关键问题。"十三五"期间,要加快推动制造业产品、装备、工艺、管理、服务的智能化进程。加快推进自动识别、信息物理融合系统(CPS)、人机智能交互、分布式控制、智能物流管理等先进制造技术的普及,探索建立跨领域、协同化、网络化创新平台。在稀土、机械、汽车、钢铁、石化、有色、建材、轻工、纺织、电子等行业建设智能生产线、智能车间和智能工厂,积极开展智能工厂应用示范建设,支持广西千亿元产业全面推进智能工厂(车间)建设,重点推进流程制造关键工序智能化,打造整车智能工厂、工程机械智能制造、发动机缸体数字化铸造车间、数字化锻造车间以及电子产品生产智能模式、制药制糖生产智能模式、智能管理服务模式等。加快推进实施产品装备智能化工程,在南宁、柳州、桂林发展高档数控机床、工业机器人、智能生产线、无人机、检测仪器等智能装备。到2020年,广西力争培育智能工厂(车间)100个,创建自治区制造业创新中心5家,认定自治区级企业技术中心和技术创新示范企业400家。

一是强化融合发展基础支撑。加快推动实施国家重点研发计划,加强制造业自动化、数字化、智能化基础技术和产业支撑能力,加快构筑自动控制与感知、工业云与智能服务平台、工业互联网等制造新基础。积极构建信息物理系统参考模型和综合技术标准体系,建设测试验证平台和综合验证试验床,支持开展兼容适配、互联互通和互操作测试验证。

二是提升融合发展系统能力。实施两化融合发展系统解决方案能力提升工程,加快推动工业产品互联互通的标识解析、数据交换、通信协议等技术攻关和标准研制,主要面向重点行业智能制造单元、智能生产线、智能车间、智能工厂建设,大力培育一批系统解决方案供应商,组织开展行业系统解决方案应用试点示范,为中小企业提供标准化、专业化的系统解决方案。

四、积极推进企业新型能力建设

"十三五"期间,广西积极推进企业新型能力建设,以两化融合管理体系引领企业战略转型、组织变革、管理创新，引导企业加快"互联网+"格局下的业务创新和跨界融合，培育数据驱动、网络协同、精细管理等新型能力。推进重点行业大中型企业两化融合水平的逐级提升，加快提升重点行业装备数控化率并达到全国平均水平。以推广应用标准体系为抓手，促进企业实施全生命周期（PLM）管理，提高企业研发、生产、管理和服务的智能化水平。加强对规模以上企业持续开展"两化"融合对标评估工作，着重选择100家骨干企业开展"两化"融合管理体系贯标工作，通过对标准、找差距、补"短板"，为提升企业"两化"融合能力找到精准施策路径，为机构服务提供精准依据，推动业务流程再造和组织方式变革，培育数据驱动、网络协同、精细管理等新型能力，建立组织管理新模式，力争50家企业通过工业和信息化部评定。到2020年，广西力争组织3000家规模以上企业参加对标评估。

第17讲 打造"一带一路"信息交流 有机衔接重要门户

"一带一路"建设的关键是加强"五通",即政策沟通、设施联通、贸易畅通、资金融通和民心相通。"一带一路"重在互联互通,而互联互通重在网络先行。随着互联网大数据时代的来临,信息资源成为最宝贵的资源和财富,信息技术成为经济发展的强大推动力。建设中国—东盟信息港,有利于东盟各国利用信息技术发展本国经济,增强信息普遍服务能力,提升民生服务水平,进而促进各国间政策沟通、贸易畅通、资金融通和民心相通。中国—东盟信息港建设已远远超出了纯粹的信息技术合作范畴,是落实"一带一路"建设部署和打造中国—东盟命运共同体的重要举措。

一、加快推进中国—东盟信息港建设

建设中国—东盟信息港是在"一带一路"的框架下,搭建一条连接中国与东盟[①]的"信息丝绸之路",是加强中国与东盟新型互联互通、共建共享、提升经贸合作层次的重要载体,有利于东盟各国形成紧密连接的网络体系,并为区域内的生产者、物流供应商和消费者提供统一便捷的网络贸易平台,加速货物自由流通,最大限度提高贸易效率,加快形成网络经济共同体。"十三五"期间,广西推动跨境电子商务、网络文化、远程医疗、互联网金融、智慧城市、智能电网应用合作,打造以小语种为代表的特色信息服务业集聚区,加快建设中国—东盟信息港南宁核心基地,搭建中国与东盟互联网领域交流合作新平台,积极打造东

---

① 目前,中国—东盟战略伙伴关系经历了"黄金十年",正步入起点更高、内涵更广、合作更深的"钻石十年"。2015年广西与东盟贸易额达到290亿美元,占广西外贸进出口总额的57%,东盟已连续15年成为广西第一大贸易伙伴、重要的外资来源地和投资目的地。

盟区域信息基础设施海外业务服务和运营基地,加快推进中国—东盟海陆光缆等国际通信设施,提升国际出入口通信能力,将对中国—东盟信息通信领域合作发挥重要作用,有助于中国和东盟企业实现合作共赢。

(一) 全方位加快中国—东盟信息港建设,扩大对外信息交流

中国—东盟信息港是按照"一带一路"总体建设要求,建设更为紧密的中国—东盟命运共同体的重要平台,是落实中央赋予广西"三大战略"新使命的重要举措。由中国和东盟共同建设,形成以广西为支点的中国—东盟信息通信枢纽,建设连接中国与东盟的"信息丝绸之路"。根据中国与东盟国家达成的共建中国—东盟信息港共识,未来各国将围绕把中国—东盟信息港建设成为21世纪"海上丝绸之路"的典范,更好地向中国—东盟各国提供技术合作、投资经贸往来、信息共享、人文交流等全方位服务,全面开展务实合作,重点打造五大平台。

一是打造基础设施平台。我国将与东盟加强合作,加快区域网络设施、通信设施建设步伐,构建通信光缆网,提升带宽水平,优化网络基础资源配置,大力推动4G、公共WiFi等普及,共享网络普及最佳实践经验。

二是打造技术合作平台。顺应全球新一轮技术变革趋势,在技术研发应用上统筹资源、协同攻关,全面深化网络通信、网络安全、网络搜索、云计算、物联网等领域的技术交流,加强在智慧城市、智能电网等领域的全面合作。联合开展技术创新和应用推广,共同参与国际重要技术标准制定,共同培养新型技术人才,努力抢占未来技术发展的制高点。

三是打造经贸服务平台。在跨境电子商务信用、通关和检验检疫等领域建立信息共享和互信互认机制,加强物流通关、检验检疫、金融支付、旅游、会展等方面的合作,打造合作共赢的电子商务生态圈。运用大数据等信息技术,联合分析、共同应对金融风险、经贸风险,推动区域经济合作向纵深发展,把中国—东盟信息港打造成为集聚财富的"钻石港"。

四是打造信息共享平台。建设中国—东盟信息港产业园,搭建信息共享和经验交流平台,汇聚中国—东盟投资、贸易、应急、公共管理等方面信息,开展商贸服务、应急联动等方面的信息共享和交流合作。健全应急联动、网络安全事件共同响应等机制,共同应对疫情、突发事件和自然灾害等各类挑战,加强网络安全协作。

五是打造人文交流平台。鼓励和支持中国—东盟各国网站相互展示彼此的优秀文化,推介优秀的影视、文学和知识资源等数字内容,开辟中国—东盟文化交流新渠道、新空间。推进数字图书馆、数字文化馆、网络教育平台的内容互换。

加强远程教育和远程医疗的合作。

（二）扎实推进信息港建设，助推产业转型升级

认真贯彻落实党中央、国务院的决策部署，将中国—东盟信息港作为广西经济社会发展的重大事项，科学谋划实现路径，坚持由易到难、由近到远的工作原则，努力开拓、大胆创新，打造成为以广西为中心、辐射西南中南、面向东盟国家的核心通信枢纽和信息产业基地，为推动广西经济结构转型升级和经济社会发展注入强大动力。

第一，建立完善中国—东盟信息港建设统筹协调推进机制。在国家层面，推动建立中国—东盟信息港建设国家地方联合工作机制，明确国家相关部委及地方政府工作责任，促进中央地方联动，形成高效的协调推进机制。在自治区层面，成立中国—东盟信息港建设工作领导小组，负责统筹协调对内对外两方面工作，审议重大规划、重大政策、重大项目和重大问题，强化战略谋划，研判区内外形势，指导部门、各市开展工作。

第二，抓紧做好中国—东盟信息港规划编制和相关专题研究。中国—东盟信息港建设涉及区域范围广、行业领域多、建设周期长，要树立全区一盘棋的思想，坚持高标准、高规格、高质量要求，围绕中国—东盟信息港建设目标和任务，组织编制中国—东盟信息港建设规划，开展基础信息网络、技术交流、电子商务、风险控制、信息共享、人文交流、金融交流、网络安全等重大专题研究，进一步明晰中国—东盟信息港的具体轮廓和深刻内涵，形成具体工作方案，明确时间节点，有组织、有计划、有重点地实质推进。

第三，积极争取国家给予相关政策支持。一是推进设立中国—东盟信息港产业投资基金，由政府投资引导基金作为发起人，募集国家新兴产业创投基金、亚洲基础设施银行、丝路基金、中国—东盟投资合作基金、中国—东盟海上合作基金等国家级专项基金，以及中央企业、区内外大型国有企业、国内上市公司、大型民营企业、银行保险等金融投资机构，为中国—东盟信息港建设提供有效资金保障。二是积极争取国家出台有利于广西推进信息港建设的先试先行政策包，加快行政审批、人事、口岸通关、边境管控、外资审批、对外投资政策和体制改革等。三是依托面向东盟的国家级互联网骨干互联节点建设，增强广西与东盟、广西与各省市的通信基础设施互联互通和数据交换能力。

第四，加快推进一批重大项目建设。围绕经济社会和信息化建设发展需求，推动一批具有基础性、全局性的关键重大项目建设。加快中国—东盟信息港南宁核心基地的规划工作，在跨境网络陆海网络基础设施、跨境电子商务、区域性国际金融信息中心、"互联网＋"、云计算、物联网、智慧城市、智能电网等领域，

加快推动一批国家级和自治区级的重大应用示范项目布局落地和开工建设。

二、积极扩大对外信息交流

扩大对外信息交流是中国—东盟信息港建设的主要途径之一。"十三五"期间，要积极搭建与东盟在互联网空间的合作平台，加快推动国内企业的互联网海外业务在东盟的快速普及和推广。进一步增强与东盟国家和国内各省的通信基础设施互联互通和数据交换能力。加强与"一带一路"沿线国家和城市的数据中心联建联营，以及政府、社会数据共享和互联网业务协同工作，形成以广西为支点、辐射西南和中南、面向东盟国家的核心信息枢纽和信息产业基地，推动互联网经贸服务、人文交流和技术合作，发展更广范围、更宽领域、更深层次的互联网经济，携手共筑"信息丝绸之路"。

"十三五"期间，中国—东盟信息港建设将由蓝图设想进入实质建设阶段。

一是制度建设方面。中国—东盟信息港凝聚了各方共识，其地位和作用日益凸显，成为"一带一路"建设的重要组成部分。国家、广西壮族自治区政府高度重视中国—东盟信息港建设工作，相关统筹协调推进机制进一步完善。

二是规划编制方面。国务院批准实施《中国—东盟信息港建设方案》，自治区制定出台了《关于推进中国—东盟信息港的工作方案》，提出了总体思路、工作目标、重点任务和保障措施四个方面内容，梳理形成了7个方面任务和26项重点工作，有序推进中国—东盟信息港重大专题研究和规划编制工作。

三是项目建设方面。建立中国—东盟信息港重大项目库，入库项目57个，投资总规模356亿元，一批立足广西、面向东盟的重点工程相继落地，加速建设4条跨境陆缆海缆，加快建设中国—东盟电子商务产业园、中国—东盟信息港南宁核心基地等工程，有序推进核心基地"两区多园"建设。

四是环境建设方面。努力扩大中国—东盟信息港的对外宣传影响，组织中国与东盟智慧城市领域合作的交流活动，持续办好中国—东盟信息港论坛。围绕创业创新、"互联网+"、智慧城市、大数据、电子政务资源整合等方面，以中国—东盟信息港建设为核心，通过强化顶层设计，做好政策衔接和细化工作，实施政府大数据公开计划，推动互联网跨领域融合，建立和形成广西信息化和新一代信息技术产业发展的工作框架体系和配套政策工具箱，为中国—东盟信息港基地建设营造良好的政策环境。

第18讲　健全工业控制系统安全保障体系

工业控制系统是钢铁石化、高端装备、电力系统、轨道交通、核设施等重点工业领域的核心中枢。工业控制系统信息安全是国家网络和信息安全的重要组成部分，事关经济发展、社会稳定和国家安全。随着"工业4.0"、两化深度融合、"互联网+"、《中国制造2025》、"智能制造"等战略的提出，工业化和信息化的融合发展不断深入，工业控制系统从单机走向互联，从封闭走向开放，从自动化走向智能化、网络化。在生产力显著提高的同时，病毒、木马等威胁向工业控制系统持续扩散，工业控制系统面临着日益严峻的信息安全威胁，各类安全问题和风险越发凸显，必须将工业控制系统信息安全摆上战略位置，为两化深度融合提供安全的基础保障。

一、完善工业控制系统安全制度

根据工业和信息化部印发的《工业控制系统信息安全防护指南》对工业控制系统设计、选型、建设等各阶段防护工作要求，坚持企业主体责任及政府监管、服务职责。指导工业企业从安全软件选择与管理、配置和补丁管理、边界安全防护、物理和环境安全防护、身份认证、远程访问安全、安全监测和应急预案演练、资产安全、数据安全、供应链管理、落实责任11个方面制定工业控制系统信息安全防护方案，推动企业在2020年前分期分批达到指南相关要求。"十三五"期间，针对当前工业控制系统信息安全面临的严峻形势，根据《工业企业工业控制系统信息安全防护指南》及相关标准，完善工业控制系统信息安全风险信息报送发布管理方法，制定《工业控制系统信息安全检查指南》，建设工业控制产品与系统信息安全仿真实验室、工业控制系统在线监测预警等公共服务平台，提升工业控制系统信息安全技术支撑能力和安全管理能力。指导和支持专业技术机构重点建设1~2个面向行业的工业控制系统信息安全仿真测试实验室，开展离线仿真信息安全测评和应用实验室。

二、加强工业控制系统信息安全管理

钢铁、石油石化、汽车制造、机械、有色、矿产、食品糖业、电子信息、轨道交通、供水供气、核电等是广西的支柱产业或涉及国计民生，广泛使用着PLC、机器人、SCADA、MES、ERP等工业控制系统和信息系统，在"互联网+""工业大数据"和《中国制造2025》的大背景下，工业与互联网融合发展已经成为势不可当的趋势，随之而来的互联网信息安全威胁对工业信息系统的冲击日益凸显。因此，要重点加强与国家安全、国家经济安全、国计民生紧密相关的工业生产领域的工业控制系统信息安全管理，强化技术防范，切实提高防攻击、防篡改、防病毒、防瘫痪、防窃密能力。

一是确定安全责任主体，明晰责任边界，明确企业作为工业控制系统信息安全责任主体，提出工业控制系统信息安全防护要求，选择有代表性的企业做好行业试点工作，适时在行业范围内推广使用。

二是定期开展企业工业控制系统的安全测评、安全风险评估，及时掌握企业信息安全状况和面临的威胁，堵塞安全漏洞，完善安全措施，进一步提高企业工业控制系统信息安全防护意识和能力。

三是建立和完善工业控制系统的信息安全漏洞、风险预警和通报制度，适时建立信息通报平台，在威胁发生时第一时间通知相关企业，积极做好风险防控工作，最大限度减小因网络安全事件发生造成的损失。

三、提高重点领域应急处置能力

随着两化融合的不断深入，以及物联网、云计算和大数据等新一代信息技术的快速发展，对我国工业控制系统信息安全保障工作提出了更高的要求，迫切需要快速提升工业控制系统信息安全保障水平和事件应急处置能力，更好地支撑经济社会健康有序发展，维护国家安全。工业控制系统信息安全事件是应急工作的重中之重，做好工业控制系统信息安全对于维护国家安全、社会秩序、经济建设和公众利益都具有举足轻重的意义。"十三五"期间，广西要制定完善重点领域工业控制系统信息安全应急预案，明确应急处置流程、处置权限，落实应急技术支撑队伍，强化技能训练，开展应急演练，提高应急处置能力。

一是建立健全广西工业控制系统信息安全事件应急工作机制，指导应急技术机构、工业企业建立工业控制系统信息安全应急值守机制，实行领导带班、专人值守工作制度。

二是提升广西工业控制系统信息安全事件应急处置能力。明确工业控制系统信息安全事件应急工作的组织机构和职责，明确应急队伍、专家组、物资和经费保障等应急力量和应急资源方面的要求。鼓励行业组织、科研机构、骨干企业在重点行业联合开展工业信息安全应急和攻防演练，提升工业领域信息安全系统漏洞发现和风险可防范能力。

三是加强风险监测工作。组织专业技术机构负责组织开展工业控制系统信息安全风险监测、预警通报等工作，工业企业组织开展本单位工业控制系统信息安全风险监测工作。

四是开展信息报送与通报。组织收集、汇总、整理和研判风险及事件，针对影响范围大、危害程度深的风险信息，及时向有关行业、地区、企业通报。对于可能超出本地区应对能力范围的安全风险和事件信息，及时向工业和信息化部报告。

五是做好应急处置。在发生工业控制系统信息安全事件时按照要求做好应急处置工作：第一，工业企业应积极开展先期处置。对于可能或已经发生的工业控制系统信息安全事件，应采取科学有效的方法及时施救，力争将损失降到最小，尽快恢复受损工业控制系统的正常运行。第二，重点做好应急处置中的信息报送。应急处置过程中，各市工业和信息化主管部门和工业企业应及时报告事态发展变化情况和事件处置进展情况。第三，必要时将组织现场处置，派出工作组赴现场，指挥应急处置工作，并协调应急技术机构提供技术支援。

第19讲　提高无线电监管水平和应急处置能力

"十三五"期间,为进一步提高无线电监管水平和应急处置能力,加快推进实施《广西壮族自治区无线电管理条例》,旨在聚焦频谱资源管理核心职能,着力完善监管体系和应急处置能力的建设。

一、发挥统筹引领作用,强化无线电监督管理

紧贴广西经济社会发展和国防建设实际,加强统筹规划无线电频率资源,加强重点业务频段的频率规划,促进频率资源高效使用,建立无线电频率应急储备机制。加强航空、铁路、广播电视、公安、公众移动通信和水上等业务的无线电监测和专用频率保护,完善频率保护工作长效机制。做好重点区域的无线电管理和服务、保障工作。科学规划、合理配置国家无线电频谱资源,充分发挥资源效能。构建精细高效的频谱资源管理体系,建立科学合理的频谱使用评估和频率回收机制,综合运用行政审批和市场化配置等多种手段配置频谱资源,开展商用无线电频率招标试点工作。

一是积极推动无线电管理立法工作,认真贯彻落实《中华人民共和国无线电管理条例》,促进各项配套管理措施和政策落实,出台《广西壮族自治区无线电管理条例》,及时清理不相适应的现行行政规章和规范性文件。加强无线电管理执法能力建设,完善执法程序,规范行政许可、行政处罚、行政收费、行政强制、行政检查等行为,完善无线电管理执法工作机制,推进执法信息化建设,探索信息公开和信息共享,提高执法效率和规范化水平。

二是进一步完善台站属地化管理,加强数据质量管理,开展台站数据优质化工作,提升台站数据信息的完整率和准确率(台站信息完整率和准确率不低于98%),强化台站数据应用,建立台站数据评价体系和台站数据管理长效机制。继续改进设台审批流程,优化台站管理模式,探索用户自查、现场核查和年度检

查相结合的台站管理模式。

三是强化监督检查，加大对违法违规设台的查处力度，密切关注社会热点，依法治理"伪基站""黑广播"等人民群众反映强烈的问题，配合相关部门，防范和打击考试中非法利用无线电设备作弊行为。加强对生产、销售无线电发射设备的监督检查，依法查处违法行为。

四是完善无线电安全保障体系，全面提升重大突发事件、重大自然灾害的应急处理能力，增强重点区域无线电安全技术手段配置，保障重点频段和重要业务安全运行，加强航空、铁路、广播电视、公安、移动通信和水上等业务的无线电监测和专用频率保护。

五是加强边海防区域无线电监管，促进军民融合深度发展，提升对边海防区域电磁环境的掌控和分析处理能力，积极配合国家推进边境地区无线电业务国际频率协调，加大广西无线电台站国际申报登记工作力度，争取使广西成为中国东盟无线电频率协调议事枢纽，发挥无线电管理在维护边防稳定和发展中的重要作用。

二、加强无线电基础建设，提升无线电监管水平

无线电管理基础和技术设施是无线电管理的技术支撑，为无线电管理提供基础数据和执法依据，在无线电管理工作中起着重要的作用。随着我国经济社会发展和无线电应用的普及，如何充分发挥无线电频谱资源和无线电技术在信息产业中的支撑和引领作用、维护好日益复杂的电磁环境、担当起无线电安全保障的重任都是"十三五"时期广西无线电管理工作需要面对的挑战。根据《广西壮族自治区无线电管理"十三五"规划》，广西无线电管理基础和技术设施建设以"扩大覆盖为主、优化提升为辅"的原则，重点实施广西无线电管理监测能力提升工程和广西无线电管理信息化提升工程[①]。加强重点城市、边境区域、广西北

---

① 主要包括广西边境无线电监测系统、广西北部湾海上无线电监测系统、广西西江黄金水道无线电监测系统、广西航空无线电监测系统、广西铁路无线电监测系统、广西普通环境无线电监测能力优化升级、广西无线电管理云资源池、广西无线电管理一体化平台等建设项目。到 2020 年，力争基本建成较为完善的无线电监测网络。实现所有一、二类陆路边境口岸建设有固定监测设施，满足边境无线电的统筹管理和应急指挥要求，为国际间的无线电频率协调提供基础，保障我国边境地区无线电频率使用权益；对重要沿海港口、渔港、海岛、海岸线和近海域，西江黄金水道水利枢纽、内河港口、沿江产业园区和内河航道，二类以上机场和重要航路，二等以上火车站以及高铁沿线重要路段等重点区域进行覆盖，扩大城市场景监测覆盖以及重点保障安全防范任务繁重区域的覆盖，强化固定监测与移动监测的有机结合，保障海上、西江黄金水道、航空、铁路以及重大活动用频安全。

第 19 讲 提高无线电监管水平和应急处置能力

部湾经济区、珠江—西江经济带等重点区域无线电管理基础设施和技术设施建设，加强机动能力建设，组建无线电应急机动队伍。加强无线电智能化管理和信息化建设，建立无线电管理一体化平台，实现频率台站管理、地理信息和频谱监测等数据库的相关调用和各类数据深度挖掘。同时，结合大数据和云计算技术应用，进一步提升整个监测网络管理和运行水平，实现各类信息资源整合共享，无线电管理信息网络智能、快捷、高效、安全，满足新时期无线电管理各类应用需求，提升无线电管理科学化、智能化水平。

第20讲 着力推动信息化基础建设

"十三五"期间,要全面贯彻落实习近平总书记提出的建设网络强国的目标和要求,从更高层次、更宽视野、更加全面系统地把握行业发展大势,扬长避短、趋利避害,实现广西信息通信业更好更快发展。

一、加快信息基础设施建设

按照国家信息化发展纲要、规划和标准,根据广西实际情况,依托比较优势,以信息技术在经济社会发展转型中的泛在化为主线,以强化信息基础设施建设、加快新一代信息技术产业发展、提升信息化应用水平、加强信息安全保障为重点,走出一条以信息化引领经济社会各领域发展的具有广西特色的创新发展之路[①]。"十三五"期间,广西加快建设宽带网络基础设施,大幅提高宽带接入水平、传输速度和家庭普及率,构建高速、移动、安全、泛在的新一代信息基础设施,务实智能制造、工业互联网发展基础。实施光纤入园工程,实现绝大部分城镇地区光网覆盖,提供1000兆以上光纤接入能力。大中城市家庭用户带宽实现100Mbps以上灵活选择,广西行政村基本实现光纤通达,有条件的地区提供100Mbps以上接入服务能力,半数以上农村家庭用户带宽实现50Mbps以上灵活选择。南宁、柳州、桂林、梧州、玉林等市中心城区实现免费高速WiFi全覆盖。力争国际互联网出口落户广西,在南宁设立国家级互联网骨干直联点。到2020

---

① 目前,广西信息基础设施不够完善、信息技术比较落后、信息资源得不到充分利用、信息技术产业发展缓慢,总体来说,广西信息化建设仍处于全国中等偏下水平。一是高速宽带网络建设进程较为缓慢;二是固定家庭宽带常住人口普及率处于全国较低水平,城镇地区1000兆比特/秒(Mbps)以上的接入服务能力有待提高,大中城市家庭用户带宽100Mbps以上可提供的选择较少;三是三网融合程度较低;四是存在宽带网络接入"最后一公里""瓶颈";五是农村及偏远地区网络还未全面覆盖。

年,"宽带广西"战略目标全面实现。

一是加快高速宽带网络建设。构建超高速、大容量、高智能信息传输网络,促进互联网信源高速接入、流量高效疏通,加快向下一代互联网演进升级。广西加快光纤到户网络改造和骨干网优化升级,推进光网城市建设,适时开展5G商用,加快4G网络的深度覆盖和延伸覆盖,加快实施下一代互联网商用部署,基本建成技术先进、高速畅通、安全可靠、覆盖城乡、服务便捷的宽带网络基础设施体系。到2020年,力争固定家庭宽带常住人口普及率达到全国中等水平,城镇地区提供1000兆比特/秒(Mbps)以上的接入服务能力,大中城市家庭用户带宽实现100Mbps以上灵活选择。

二是畅通"一带一路"信息通道。综合利用北斗导航,推进地面配套设施协调建设和军民融合发展。统筹海底光缆网络与陆地网络协调发展,研究推动海洋综合观测网络拓展和延伸。推动广播电视宽带骨干网、接入网建设,采取有线、无线、卫星相结合的方式,推进广播电视宽带网向行政村和有条件的自然村延伸。统筹基础设施建设,加快电网、铁路、公路、水利等公共设施和市政基础设施智能化转型。

三是推进应用基础设施建设。加快推动现有数据中心的节能设计和改造,有序推进绿色数据中心建设。加强行业云服务平台建设,支持政务系统和行业信息系统向云平台迁移。建立城市级物联网接入管理与数据汇聚平台,深化物联网在城市基础设施、生产经营等环节中的应用。新建大型云计算数据中心电能使用效率(PUE)值不高于1.5,增强云计算和物联网原始创新能力。到2020年,形成具有竞争力的云计算和物联网产业体系,新建大型云计算数据中心PUE值不高于1.4。

四是加快农村及偏远地区网络覆盖。加快推进光缆到行政村到学校,推进未通宽带行政村光纤建设,对已通宽带但接入能力低于12Mbps的行政村进行光纤升级改造。持续加强光纤到村建设,组织实施宽带乡村和城市基础网络完善工程。组织实施宽带乡村和中西部地区中小城市基础网络完善工程,完善边境地区及贫困地区的网络覆盖。到2020年,广西实现农村家庭宽带普及率达到40%。

五是推动新一代信息网络技术部署。支持企业发展面向移动互联网、物联网的5G创新应用,积极拓展5G业务的应用领域。推进下一代广播电视网建设与融合,提升广播电视海量视频内容和融合媒体创新业务的承载能力,支持移动、宽带、交互、跨屏广播电视融合业务的开展。推动下一代互联网商用进程,引导商业网站、政府及公共企事业单位网站向IPv6迁移。布局未来网络,加快工业互联网、能源互联网等新型网络设施建设。争取与国家同步开展5G网络技术研发和测试工作,互联网协议第6版(IPv6)大规模部署和商用,到2020年,适

把握新时代的转型之路

时启动5G商用部署，互联网全面演进升级至IPv6。

二、加快综合应用信息平台建设

深入贯彻国家推进"一带一路"倡议要求，紧紧抓住新一轮科技革命和产业变革的重要机遇，充分发挥"互联网+"对稳增长、促改革、调结构、惠民生、防风险的重要作用，以中国—东盟信息港建设为抓手，以释放信息资源潜力为核心，持续推动信息资源开放共享，加快综合应用信息平台建设。"十三五"期间，广西重点支持建设行业信息化公共服务平台，加快物联网、云计算、大数据等新一代信息技术在汽车、装备制造、食品、糖业有色金属等重点产业的应用，加强信息服务在企业经营管理、节能环保、安全生产等领域的支撑作用，以信息化推动工业转型升级。加强行业云服务平台建设，支持政务系统和行业信息系统向云平台迁移。建立城市级物联网接入管理与数据汇聚平台，深化物联网在城市基础设施、生产经营等环节中的应用。鼓励广西"一带一路"重要节点城市与国内城市开展点对点合作，在各自城市分别建立网上丝绸之路经济合作试验区，推动双方在信息基础设施、智慧城市、电子商务、远程医疗、"互联网+"等领域开展深度合作。

同时，要贯彻落实"网上丝绸之路"建设行动，充分发挥地方积极性，鼓励广西"一带一路"重要节点城市与国内城市开展点对点合作，在各自城市分别建立网上丝绸之路经济合作试验区，推动双方在信息基础设施、智慧城市、电子商务、远程医疗、"互联网+"等领域开展深度合作。到2020年，广西"一带一路"重要节点城市与点对点合作城市基本建成"网上丝绸之路"经济合作试验区，其信息经济合作应用范围和领域明显扩大。

第五篇　强化统筹协调　优化产业空间布局

要强化开创统筹发展新格局,就必须加快临海工业集聚、构建沿江产业体系和推动特色产业集聚发展,充分发挥区位优势、资源优势、生态优势,着力优化产业布局,积极引导产业集聚集群发展,在加快推进广西北部湾经济区升级发展、珠江—西江经济带开放发展、左右江革命老区振兴发展的同时,统筹沿海沿边沿江沿线产业布局,促进各类工业园区、产业集聚区形成优势互补、协调发展的新格局。

第21讲 推进临海工业集聚协调发展的重点和方向

临海工业是现代工业体系的重要构成部分,是发展向海经济的关键支撑。从临海工业集聚的现状来看,广西基本形成了功能布局优化、结构层次合理、产业特色鲜明的临海工业集聚发展区,是临海工业集聚发展的重要平台载体。"十三五"期间,要依托平台载体和开放合作优势,重点发展石化、钢铁、电子信息、装备制造、新能源、新材料等先进制造业和战略性新兴产业,进一步提升产业一体化水平,加快北部湾经济区升级发展,充分发挥引领示范效应,构建具有国际竞争力的现代产业体系。

一、南宁市

"十三五"是我国全面建成小康社会、基本实现工业化的决胜时期,是实现"两个百年"目标、跨越"中等收入陷阱"的关键阶段,也是南宁市实施工业强市战略,做大工业总量,提升制造业质量效益和核心竞争力,努力实现工业转型升级、扩量提质的关键时期。

(一)发展方向

"十三五"期间,南宁市始终坚持新发展理念,以"转方式、调结构、上水平"为主线,以补齐"短板"为目标,以提高经济增长质量和效益为核心,全面贯彻落实《中国制造2025》,大力实施"工业强市、产业旺市"战略,着力做好"产业发展、园区建设、企业培育"三篇文章,大力推进实施"千千百"工程,即打造千亿园区、千亿产业、百亿企业,形成千亿园区引领,千亿产业支撑,百亿企业顶天立地,中小企业铺天盖地的工业发展新格局,加快构建区域性高新技术产业和先进制造业基地,做大做强现代工业。

(二)发展重点

"十三五"期间,南宁市将集中优势资源,突出发展电子信息、机械装备制造、生物医药三个基础好、条件优、潜力大的重点产业,以强链、补链、延链为切入点,促进产业集聚发展,形成产业新优势,引领带动产业转型升级,积极培育新材料、节能环保、新能源等战略性新兴产业,改造提升食品、化工、建材、造纸等传统优势产业。

电子信息产业。以建设中国—东盟信息港为契机,以"互联网+"、"北斗+"、"大众创业、万众创新"为驱动,加快承接产业转移,以壮大电子信息产品制造业总量、培育软件和信息技术服务业为主攻方向,推动电子信息产业加快发展,努力打造电子信息产品制造、软件开发与通信信息互为支撑、互促发展的产业新格局。重点推动富士康、惠科、研祥、丰达电机、鸿盛达、斐讯、禾田、宏信等一批电子信息企业做大做强,重点引进一批产值超50亿元以上的电子信息加工制造企业。

机械装备制造产业。加快邕宁新兴产业园建设,大力发展汽车及零部件、中重型机械、轨道交通装备和先进智能装备等成套设备制造业。重点推进源正新能源汽车项目建设,支持南宁铝加工、八菱科技、南车轨道交通做大做强,培育扶持广西机械工业研究院、广西南宁富慧达机电有限公司、广西力源宝科技有限公司等企业发展智能装备制造,积极发展3D打印机等高端智能装备,利用"工业4.0"和"互联网+"技术改造提升传统装备制造业,打造区域性机械装备制造基地。

生物医药产业。充分发挥挖掘广西独特而丰富的植物药资源,在生物资源开发、技术研发和成果转化、生物药品生产等环节,大力引进一批国内外知名企业、重大项目和关键技术,力争在现代中药、生物制药、高端医疗器械等领域取得新突破。大力培育优势品种,重点推进"百会"品牌系列中成药及西药生产、广西医科大制药厂异地搬迁、广药集团(南宁)中成药生产基地等一批重点项目建设,重点扶持中恒、海王、修正、柳药、百会、培力、万寿堂、恒拓等一批企业做大做强。

(三)发展举措

一是培育强优企业,壮大产业发展主力军。全面推进"抓大壮小扶微工程",培育强优企业、发展中小企业,推动企业上规模,形成百亿企业引领、亿元企业为支撑、中小企业竞相发展的良好格局。按照分级管理服务原则,突出扶持规模大、税收贡献大的企业。重点扶持南南铝达到百亿元以上规模,南宁中恒、海王超过50亿元以上,扶持广西建机、桂格精工达到20亿元以上规模,八菱科技、广发重工、南车轨道交通、源正汽车、百会药业、恒拓医药、培力药业、富莱欣生物、万寿堂药业等企业力争达到10亿元以上。

二是加快园区建设,打造工业发展主阵地。按照整合资源、一区多园、错位发展、打造品牌的要求,以特色优势产业为重点,规范产业选择与引入,加快产业集群化和规模化,重点打造3个国家级开发区、4个特色工业园区以及一批县区工业园区。3个国家级开发区,高新区继续做大做优,着力建设南宁综合保税区;经开区重点打造生物医药产业园区和空港产业园区;广西—东盟经开区应以打造西南中南地区最大食品加工产业园为提升目标。4个特色工业园,江南工业园区重点建设成为产值千亿元电子信息专业园区;新兴产业园重点建设成为机械装备制造专业园区。

三是狠抓项目建设,增强产业发展后劲。通过重大产业发展资金参股建厂房、交钥匙合作、兼并等多种模式,推进重大项目建设,以重大项目建设带动工业投资,形成产业优势,促进转型升级。加强项目储备,围绕三大主导产业策划和储备一批带动性强、关联度大、发展前景好的产业链项目,建立完善工业项目库。着力招大引强,围绕三大主导产业,以强链补链为重点,针对世界500强、国内500强、中央企业、行业50强企业,跟踪目标企业投资动态,根据目标企业的投资意向制定个性化招商策略,引进基地型、龙头型、集群式、带动强的大企业。

四是推进结构性改革,提高制造业创新能力。着力推进供给侧结构性改革,进一步强化企业创新能力建设,加快技术改造和产品升级换代步伐。推进重点企业技术中心研发中心建设,培育一批电子信息、铝加工产业国家认可实验室,技术创新示范企业。加快新产品新技术研发和产业化,提升产业技术集成化、智能化层级。推进广西石墨烯研究院建设,加快石墨烯技术研制开发,对接和引进智能机器人制造。引导企业主持或参与国家标准、行业标准制定,培育一批知识产权运用示范企业。推行先进的质量管理方法,开展质量信誉承诺活动,培育一批质量管理标杆企业。鼓励企业制订品牌发展计划,依托重点行业和重点企业,打造一批特色鲜明、优势突出的知名品牌。

五是加快"互联网+"协同制造步伐。充分发挥互联网开放创新优势,积极探索基于互联网的新型孵化方式,支持创新工场、创客空间、社会实验室、智慧小企业创业基地、车库咖啡等新型众创空间发展,加快"互联网+"创业网络体系建设。利用高新区的产业集聚效应,推进南宁—中关村创新中心、南宁创客城及南宁软件园、禾田信息港、广西申能达孵化基地等新型创新创业平台建

把握新时代的转型之路

设，培育发展新型业态，形成体系健全、协调发展、服务完善的创新创业新格局。

六是推进县域工业特色发展。实施工业强县战略，各县结合自身资源条件和产业发展基础，加快提升茉莉花茶、甘蔗、木薯、果蔬等农产品深加工、矿产品深加工等资源型工业，优化发展建材、造纸、化工等具有一定基础的传统产业，培育发展生物、节能环保、新能源等战略性新兴产业。

七是推进城区工业做大做强。突出发展先进制造业和战略性新兴产业，加快中心城区老旧工业企业关停并转及搬迁改造步伐，实施"退二进二""退二优二"战略，加快发展都市型工业、总部经济、楼宇经济和生产性服务业，建设企业孵化器，推进"大众创业、万众创新"，构筑城区现代工业发展新格局。突出特色，着力招大商引强企，推进规模扩大，实现集聚发展。鼓励其他县（区）立足产业基础，推进专业化、特色化、生态化发展。

八是强化人才保障。围绕产业发展培育各类各层次人才，培育一批优秀企业家队伍、企业经营管理人才队伍、高层次创业创新人才队伍、产业工人队伍。一是开展优秀工业企业家评选和企业管理升级项目，培养优秀企业家和企业核心经营管理团队；二是实施引进企业高级经营管理人才和百名工科博士硕士入企项目，以企业自主引才、政府资金引导形式，推动应用型高层次人才向企业流动；三是加大对高层次创业人才团队的资助力度，对引进的人才团队给予创业创新扶持和资助。

二、北海市

北海市依托临海工业集聚发展，电子信息等产业加快转型升级。"十三五"时期，是北海市深化改革、实施创新驱动发展的关键时期，要充分考虑产业未来发展趋势，深入实施产业转型升级，依托临海临港区位优势产业集群集聚发展，加快形成资本和技术的集中优势。

（一）发展方向

"十三五"期间，北海市重点推动电子信息、石油化工和临港新材料三大产业延伸产业链、壮大产业集群，提升电子信息产业整体实力，打造中西部地区乃至全国重要的电子信息产业基地、面向东盟的电子产品出口基地和承接东部产业转移示范基地，到2020年，力争实现产值超过2000亿元；坚持做大总量与优化结构并重，注重提高产品质量，实施产业转型升级战略，积极发展海洋装备制造业、海洋生物医药、北斗导航、软件和信息服务业等新兴产业，优化提升农产品加工、建材、木材加工、能源等传统产业，促进工业企业向产业园区聚集，构建"两核七园一带"工业布局。

（二）重点任务

推动电子信息、石油化工和临港新材料三大产业延伸产业链、壮大产业集群。提升电子信息产业整体实力，打造中西部地区乃至全国重要的电子信息产业基地、面向东盟的电子产品出口基地和承接东部产业转移示范基地，到2020年产值力争超过2000亿元。加快打造计算机整机生产与零配件产业基地；做强光电显示产业，打造国内一流、中西部地区最大的光电显示研发生产基地；发展电力电子及电子元器件产业；引进大型小家电企业，建设北部湾小家电产业基地；建设国家信息技术（安全）产品质量检测中心，为企业提供检测认证"一站式"服务。石油化工产业依托中石化北海炼化、广西（北海）LNG等龙头企业，发展丙烯、芳烃等基础原料及其下游衍生产品项目，积极推进中石化铁山港炼油化工一体化项目，加快推进广西LNG（二期）、碳四深加工等项目建设，确保中航化、泽天等石化项目建成投产，发展炼化一体化、精细化工和液化天然气等产业，打造布局合理、特色突出、产业链条完整和规模大效益好的石化产业基地。充分发挥诚德集团的辐射带动作用，重点引进下游深加工企业和物流配套企业，打造临港新材料产业园。

（三）发展举措

一是优化产业布局，释放临海潜力。"十三五"期间，北海市将发展临港产业放在极其重要的位置，大力推进临海临港工业集聚区建设，促进产业转型升级，向集群化、园区化、高端化发展，全力以赴做大做强临港产业，释放临海经济潜力。依托临港产业布局，完善海洋功能区划，优化海洋产业空间布局，提高海洋综合开发水平，积极打造现代临港产业区、海洋战略性新兴产业区，重点发展石油化工、临港新材料、林纸一体化、海洋装备制造、船舶修造、新型能源等产业。

二是推动扩能延伸，构建现代临港石化产业基地。以大力发展炼油为核心，构建高附加值、高技术含量、高创税能力的石化集群。推进中石化广西LNG项目二期建设，加快推进新鑫能源二期、三期、中航化液化气综合利用、新奥天然气利用等石化下游项目，延伸上下游产业链，构建现代临港石化产业基地，促进石化行业结构调整和产品升级换代，打造布局合理、特色突出、产业链条完整和

把握新时代的转型之路

规模大效益好的石化产业基地。充分发挥诚德集团的辐射带动作用,重点引进下游深加工企业和物流配套企业,打造临港新材料产业园。

三是打造临港新材料产业基地。北海新材料产业发展迅猛,其中北海诚德作为新材料的龙头企业,年产 250 万吨不锈钢板坯、300 万吨热轧板卷、180 万吨固溶板卷、120 万吨冷轧板卷,这标志着临海临港产业迈进集聚发展新阶段,要充分发挥诚德新材料龙头带动作用,大力开拓建筑工程领域、交通运输领域、绿色环保领域、城市化建设领域不锈钢潜在应用市场,引进不锈钢厨具、医疗器械、模具钢、汽车零配件等不锈钢关联产业项目;加快发展不锈钢冷轧薄板及制品,基本形成以特种钢坯生产为基础、冷轧薄板为主、不锈钢制品门类更加丰富的不锈钢产业链,打造合金新材料产业基地;加快启动建设铁山港临港新材料产业园,加快规划建设高岭土矿产加工产业园区、石英砂矿产加工产业园区。

四是加快重大项目布局。进一步健全主要领导联系重大项目制度,不断提升项目跟进服务水平,实现了一大批工业重点项目竣工投产,重大项目对工业经济的拉动作用更加突出。三诺智慧产业园、朗科国际存储产业园、惠科电子(北海)科技产业园、中国电子北部湾信息港项目(一期)、斯道拉恩索北海林浆纸一体化、广西(北海)LNG 项目、中航化 20 万吨/年液化气综合利用项目、和源 30 万吨/年油浆处理、瑞德 600 万吨不锈钢废渣处理等项目建设加快推进,工业整体高端装备制造能力、产业配套能力和研发设计能力等得到提升。加快推进新加坡电信中国呼叫中心基地、银河产业城(一期)等项目建设,软件和信息服务业规模总量得到提升。

三、钦州市

"十三五"期间,钦州市全面贯彻落实稳增长降成本等一系列政策措施,组织实施县域工业提升工程、推进园区管理体制改革,创建自治区级重点产业园区,主动作为,精准施策,克难攻坚,大力承接产业转移,重点布局本地优势资源型、进口资源加工型、临港配套型等产业,引导县区发展特色优势产业,加快形成中小企业和特色产业集群。

(一)发展方向

"十三五"期间,依托中马钦州产业园区等国家级产业园区平台,以"龙头企业+产业链"为主要发展路径,加快推进大企业、大产业集群,着力打造以石化、装备制造为龙头的先进制造业，形成现代临港工业集群。加快推进石化、粮油食品加工、林浆纸等产业升级发展，培育壮大电子信息和新一代信息技术、新能源、生物医药、修造船及海工装备、新材料、节能环保等战略性新兴产业，积极布局高端装备和智能制造产业。加快建设全国重要的石化产业基地和装备制造业基地，打造成为北部湾临海核心工业区和国际区域信息交流与服务中心的重要节点。

（二）发展举措

力推创新驱动促提质。以创新激发工业发展活力，一是依托力顺转型升级项目，采取多种合作方式，积极引进国内知名汽车生产企业，做大做强做优钦州汽车产业。二是着力抓好制糖企业重组和国有企业改制。依托南华、农垦、中粮、东亚、南糖、光明6家企业集团，扎实推进9家制糖企业重组。三是依托坭兴陶创意产业园，打造坭兴陶特色小镇，推动特色小镇智能化与"互联网＋"文化创意产业发展。四是推进重点行业技术改造，在新兴产业培育、传统产业改造、产品升级与工业强基、智能制造与智能工厂等方面，培育国家级、自治区级企业技术中心10家，"两化融合"管理体系贯标试点企业2家。

力推转型升级促调整。从粗放型发展转变为融合均衡发展，坚持走融合创新的转型升级路。一要去产能。继续做好落后低效产能淘汰工作，争取上级资金支持，积极引导企业转型转产，开展二次创业；有序引导烟花爆竹企业整体退出市场；推进铁合金企业整合重组；建立非国有"僵尸企业"处置机制，支持企业依法破产重整、盘活资产。二要降成本。争取继续扩大电力直接交易规模，切实降低企业用电成本；积极开展"惠企贷"业务，推荐企业贷款超5亿元，缓解企业融资难、融资贵问题。三要补"短板"。推进基础设施项目建设，补齐园区基础设施建设"短板"，显著提升园区承载能力。

力推新兴产业促培育。积极争取各级新兴产业政策和资金支持，全力推动北斗应用、新能源、汽车智能装配、高端棉纺、生物医药等新兴产业发展，培育新的产业增长点。一是依托卓能新能源项目，培育发展新能源汽车、电瓶车等产业。二是大力支持中马钦州产业园北斗应用、凯利年产300万台智能电视机和液晶显示器、3D曲面玻璃研制、华为云计算及大数据中心项目等项目，加快发展壮大新一代信息技术产业。三是以邦琪集团医药产业园和慧宝源新药研发项目为带动，加快生物医药产业发展。四是以汽车智能装配产业园、高端棉纺产业园项目建设为契机，推动高新产业集群发展。

力推重大项目促招商。着力破解各种要素"瓶颈"，加大重点产业招商力度，培育壮大主导产业。一是全力争取钦州石化基地增补列入《国家石化产业规划布局方案》，加快推进年产100万吨芳烃、华谊煤基多联产（工业气体岛）、200万吨重油制烯烃和芳烃等重大项目建设，服务泰兴、天恒、澄星等石化企业稳产增产，打造石化产业集聚发展洼地。二是推进中船资源整合项目全面投产，启动造船项目前期工作，大力开展配套修造船产业项目招商，培育修造船产业链。三是推进力顺轻型载货汽车项目全面投产，编制钦州港汽车产业园区规划及可行性报告，启动汽车零部件项目招商，逐步建成钦州汽车产业基地。四是加大力度培育新能源、机电、五金电子等产业，通过行业招商、以商招商、精准招商等形式，打造若干个特色产业园区。

力推园区一体化发展。充分利用中马钦州产业园区、钦州保税港区的平台优势，促进园区一体化发展，打通中马钦州产业园区友谊大道和钦州高新区钦犀大道的连通，把中马钦州产业园区和钦州高新区的距离从40多公里缩短到12公里，将中马钦州产业园区的资源优势和产业集聚优势辐射到钦州高新区和其他园区。推进中马钦州产业园、钦州保税港区、钦州港区与钦州高新区之间产业协同发展，实现园区与钦州城区产城互动发展。

力推县域工业促提升。充分发挥资源和区位优势，做大做活县域工业。一要进一步规范和完善工业园区规划及产业布局，特别是钦州高新区、钦南区、钦北区。二要做好"县域工业提升工程"年度目标任务分解，完善产业配套政策。三要继续出台扶持千亿元产业和装备制造业，以及标准厂房建设政策，加快促进石化产业和装备制造业发展，积极鼓励园区标准厂房建设。四要培育壮大县域主导产业，特别是林木加工、食品加工、电子信息、新材料、新能源、生物医药等优势产业。五要打造一批特色产业园区，如电子产业园、医药产业园、林木加工产业园、机电产业园和循环经济产业园等。

四、防城港

防城港是广西发展向海经济和临港工业的重要基地。"十三五"时期，防城港将坚持工业主导地位，全面落实"工业强市"战略，全面打造边海经济带，以"龙头带动、产业延伸、循环提升、规模集聚"为主线，加大产业资源整合引进力度，重点发展钢铁、有色金属、石化、装备制造、食品、能源六大优势产业，积极推动骨干企业技术装备和生产工艺改造升级，构建循环型工业体系。

（一）发展方向

充分发挥沿海沿边"两沿三区"优势，突出边海联动，加快推进东兴试验区和钢铁、核电、铜镍等重大项目建设,"十三五"时期是深化改革、实施创新驱动发展战略的关键时期,对促进优势传统产业走上创新型、效益型、集约型、生态型发展道路,加快临港产业集聚发展,打造现代临港工业体系具有十分重要意义,谋划推进边海经济带建设,培育壮大千亿元主导产业和百亿元战略性新兴产业,加快建设全国重要的粮油食品基地、能源基地、钢铁基地,打造现代临海工业示范区。

(二) 发展重点

依托港口优势和区位优势,以企沙工业区、大西南临港工业园为基地,以钢铁、有色、核电为龙头,延伸产业链,发展壮大钢铁、有色、能源、食品、石化、装备制造和高新技术六大支柱产业,形成六大产业集群。

钢铁产业。加快推进防城港钢铁基地项目,重点发展高附加值的造船板、桥梁板、管线板、锅炉板和工程结构板等专用精品宽厚板,汽车板、家电板、建筑板、集装箱板等精品宽薄板和机电板、输变电材料等无取向冷轧硅钢板卷精品。以钢铁产业为核心,加快建设钢铁主业配套产业区、下游产业配套区,大力发展修造船、机械、集装箱、大型建筑结构用钢等关联产业。积极发展再生资源冶炼产业,实现钢铁废弃物的回收再利用。

有色金属产业。积极引进有实力的国内外大型企业,重点发展铜、镍,积极发展铝、锌,择优发展钛、锡、铅、锑等有色金属产业,延伸有色金属产业链条,大力发展循环经济,培育再生金属回收利用产业,构建生态循环型工业体系。积极引进中铝防城港项目,发展各种高性能铝合金材料、复合材料、纳米铝粉等精深加工产品。

能源产业。依托企沙工业区,重点推进防城港红沙核电项目二期工程建成投入运营,开工建设红沙核电三期。发展火电能源,建成投产防城港电厂二期项目,开工建设防城港电厂三期、四期。积极开发和利用水能、风能、太阳能、地热能、生物质能等绿色可再生能源。加快推进生物质发电厂、风电场、光伏电站等一批绿色能源项目建设。

食品产业。依托港口原料、产品进出口和粮油仓储库设施优势,重点做大油料加工、饲料加工、糖果制造和生态食品等粮油加工业与食品制造业。构筑集粮油加工、仓储、交易、物流配送和信息服务于一体的现代化粮油加工产业集聚区。加快发展海产品加工产业,推进食品产业发展多元化。

石化产业。依照循环经济和生态经济发展模式,合理规划和布局化工企业,发展低污染、低能耗的先进化工技术,大力推广废渣再利用技术,实现石化产业的清洁发展。加快推进科元、中海油 LNG 等重大项目。依托大西南临港工业园,

把握新时代的转型之路

重点发展磷化工产业,开发医药磷酸、电子级磷酸系列深加工产品,提高产品附加值。加快实施港口区中心城区危化企业异地技改搬迁。

装备制造和高新技术产业。围绕《中国制造2025》的发展要求,以智能制造、精密制造、绿色制造为发展方向,构建以装备制造业为主体的产业配套协作体系,重点推进海森特产业园、云朗科技园、汽车生产基地、集装箱、港口机械、大型钢结构等一批具有国际影响力的产业基地。

专栏 4　六大产业集群重点工程

钢铁产业:钢铁基地、钢构基地项目、钢材加工配送项目、冷轧包装项目、废钢铁物流配送中心项目。

有色金属产业:广西金川有色金属原料加工园区项目二期、年产 230 万吨镍合金项目后续深加工工程、镍合金及深加工项目、中国铝业沿海煤电铝一体化基地。

能源产业:红沙核电二期、三期,防城港电厂二期、三期、四期,清洁煤能源项目、煤电一体化项目。

石化产业:科元新材料项目、广西 LNG 储运项目、盛弘煤焦油深加工。

食品产业:粮油精炼技改扩建项目、怡诚食品工程技术研发中心、食用菌项目、广西汇圣啤酒厂项目、防城精制糖项目、广西盛粮商贸粮油加工一体化项目、广丰豆类加工项目。

装备制造和高新技术产业:广西海森特重工有限公司船舶配套件制造项目、船用精密制造项目、LNG 海工储罐项目、低碳绿色环境空调产业化基地、机械制造项目。

(三) 发展举措

一是优化区域产业布局导向。充分发挥沿海沿边优势,优化发展空间,以发展新空间培育发展新动力,按照边海经济带建设要求,以沙企一级路—北部湾大道—边海大道为主轴,以中越跨境经济合作区、企沙工业区、大西南临港工业园、东湾物流加工园区、现代海洋渔业(核心)示范园区、冲仑物流园区等工业园区、高新技术产业开发区和现代服务业集聚区为主要节点,优化提升港口经济、口岸经济、培育拓展海洋经济、生态经济,形成边海联动、点轴配合、产业集聚的经济发展新格局。

二是以调结构、促转型为要求,推动各类工业园区、临海产业集群的转型升级。加速产业转移园区扩能增效,提升产业转移承接力;引导产业链集群式梯度转移,推动产业链延伸。提升产业转移园区发展水平,加速产业集聚,推动县域产业园区依托资源优势打造专业园区。着力扶持产业转移重点园区成为优势传统产业转型升级示范基地,逐步优化全市优势传统产业总部经济与生产基地合理配置的区域布局。

三是大力推进技术创新,强化优势传统产业的两化融合发展。主要包括东兴市、港口区等辖区内互联网信息基础和配套物流较为完善的区域。充分利用快速发展的信息技术,依托中国—东盟信息港、北斗产业等新一代电子信息技术、科技工业园区和跨境经济合作区,构建"互联网+"经济。重点发展 IT 软件、跨境电子商务、互联网金融、创新创意等产业,加快建设 IT 小镇和电子商务跨境交易平台,加快打造中国—东盟跨境电商交易中心和国家级电子商务示范基地。

第22讲　构建沿江现代产业体系的重点和方向

构建沿江现代产业体系是进一步着眼于区域协调发展、培育区域新兴增长极的重大区域发展战略，是激发"江"的活力、实现区域产业协调发展充分发展的重要举措。"十三五"期间，广西依托珠江—西江经济带开放发展，紧抓广东广西经济一体化和高铁经济带建设的机遇，充分发挥柳州龙头带动作用，进一步强化沿江、沿线产业分工合作，加快建设桂东国家承接产业转移示范区，重点加快汽车、装备制造、食品、电子信息、建材等产业集群提质升级，打造优势互补、协作配套的沿江现代产业带。

一、柳州市

柳州市是西南中南地区的工业重镇，汽车、机械、钢铁等产业在广西工业中具有战略支柱地位。"十二五"期间，柳州市产业结构不断优化，工业发展继续领跑全区，经济总量大幅提升。

（一）发展方向

"十三五"期间，是柳州在新常态下全面加快新型工业化和城镇化进程，争创发展新优势，奋力实现"经济升级，城市转型"新跨越的攻坚期，要以实体经济作为支撑发展的脊梁，依托创新驱动，加快推进三次产业融合联动发展，在保持经济持续较快发展的同时，优化提升产业结构和发展层次，加快推动产业转型升级，全面构建科学合理的现代产业体系。围绕稳增长、调结构和创新驱动、转型升级等任务，深入推动供给侧结构性改革，做好稳增长、稳工业、稳投资、降成本等一系列措施，突出创新驱动，促进工业产业转型升级，打造成为产业集聚、要素集聚、人口集聚的西江经济带龙头城市。

（二）发展重点

一是稳定发展支柱产业，加快工业转型升级。立足现有的产业基础和比较优势，紧密对接《中国制造2025》，围绕创新驱动、转型升级主线，推进工业提质增效扩规模，打造区域性先进制造业基地。稳步发展三大支柱产业，发挥汽车、钢铁、机械三大产业的核心引领作用，着力加强供给侧结构性改革和技术改造力度，重点强化产业间供需对接，企业间分工协作，在巩固原有产品、品牌的基础上，尽早实现高端产品、高端品牌的突破，加快向价值链高端延伸。加快智能制造转型，以"互联网+"为重点加快新一代信息技术与制造业深度融合，推动制造技术向自动化、数字化、信息化、智能化转变，加快工业机器人、智能专用装备、3D打印制造等智能装备发展，积极打造国家智能制造试点城市。推动制造业由生产型向生产服务型转变，鼓励制造业企业向服务增值环节延伸价值链，发展定制化生产、工业设计、系统集成、装备全生命周期服务、精益销售、产品后市场等服务业发展，提高产业附加值与竞争力。加快优化提升化工、食品、纺织、建材等传统产业，通过整体搬迁、技术改造、产品升级等途径持续壮大产业规模，提高产业层级。

二是提升产业集聚发展的质量和效益。全面加快柳东新区开发建设，发挥广西柳州汽车城集聚效应加快产业集群集约发展，打造全国汽车产业发展新高地、产城融合示范区和国家高新区建设先进区，形成新的增长极。进一步完善工业布局，促进各类要素资源向园区集中，打造一批特色产业园区，建设自治区级高新区，推动产业园区优化升级。实施全产业链战略，加强各产业集群之间的关联，促进资源共享或互补，改进资源配置效率，形成融合互动的发展格局，鼓励企业向产业上下游延伸，加快形成完整的产业链和特色优势产业集群。

三是培育壮大战略性新兴产业。以智能化、高端化、聚集化、融合化为引领，集中优势资源，实施重点突破，大力发展新能源汽车、电子信息、先进装备制造、新材料、节能环保、生物制药等产业。大力推动战略性新兴产业规模化、集群化发展，促进产业向园区集中，人才、资金、技术等发展要素向产业集聚，着力培育一批产业特色鲜明、创新能力强、示范效应明显、具有一定产业规模的战略性新兴产业示范基地。加快培育战略性新兴产业骨干企业，选择一批基础条件好、发展潜力大、产业关联度高、带动作用强的重点企业，在科研开发、专利申请、成果转化、企业重组、制度创新等方面给予重点扶持。以重点骨干企业为龙头，发挥龙头带动作用，联合产业上中下游的企业和相关高等院校、科研机构，在技术研发、生产制造、示范应用、市场开拓等方面谋求合作，以产业链、供应链、创新链、价值链整合为方向,加快构建战略性新兴产业联盟。

(三) 发展举措

"十三五"期间,鼓励企业开展协同创新和自主创新,推进柳南河西工业园区等老工业基地振兴发展。加强信息化建设,着力推进智能制造和"互联网+"发展,加快工业和信息化深度融合,建设成珠江—西江经济带先进制造业基地和信息中心,示范带动全区工业和信息化转型升级发展。

一是实施创新驱动发展战略。把创新摆在发展全局的核心位置,着力推进以科技创新为核心的全面创新,大力发展新技术、新产品、新业态、新模式,增强创新驱动发展能力,努力创建国家创新型试点城市和广西自主创新示范区。加强产、学、研、政、金、用结合,建立政府主导,企业和高校、科研院所深度合作,社会力量积极参与的创新发展机制。加强创新平台体系建设,加强重大科技基础设施建设并扩大开放共享,建立和提升创新发展平台,完善支持中小企业技术创新的公共服务平台,加快企业孵化器、加速器、科技产业园建设。健全企业主导的产学研协同创新机制,大力培育一批科技型中小企业。加快推进产业协同创新,重点推进科技、金融、信息、人才等发展要素与重点产业融合,以产业协同创新补强、延长产业链体系。探索发展和引领区域协同创新,加强区域科技合作,推动企业、院校、研究机构建立产业技术创新战略联盟和标准联盟,积极建设和引进国家级研发平台,打造区域科技协同创新服务综合体。

二是加快完善工业循环经济产业链。深入推进汽车、机械制造、钢铁、化工、建材等重点行业的循环经济工作,以柳州资源综合利用"双百工程"示范基地为契机,持续推进试点企业的循环经济重点项目建设,大力发展汽车、工程机械等再制造产业,打造汽车拆解与再制造特色产业园区;以钢铁板材生产为主导,加快构建铁矿石—铁精矿—烧结矿—钢铁系列产品循环产业链;以合成氨生产为主导,加快构建合成氨、尿素、硝酸系列产品、精细化工和生物化工产品循环产业链;以建材产品为主导,加快构建以煤粉灰、炉渣、脱硫石膏生产水泥、墙体材料的工业固废综合利用产业链。

三是推进"柳州制造"绿色转型。围绕汽车、钢铁、机械制造等主导产业,加大企业技术改造力度,促进绿色制造科技创新,努力提高"柳州制造"的绿色化程度。通过全产业链实现绿色技术创新,从源头减少环境污染,力求产品在全生命周期中最大限度地降低资源消耗,减少污染物的产生和排放。建设绿色低碳制造技术中心,在工业园区、企业推行绿色制造提升工程,重点打造柳州汽车城、河西工业园绿色制造示范园区,规划建设太阳村绿色建材工业园和石碑坪环保装备产业园。通过绿色制造资金、清洁生产专项资金、绿色债券担保基金等金融支持,助力"柳州制造"绿色转型。

四是深入实施质量强市战略。充分发挥"全国质量强市示范城市"效应,全面提升各行各业质量水平。大力实施商标、品牌战略和标准化战略,促进技术专利化、专利标准化,培育一批驰名商标、名牌产品和优势品牌产业,力争成为"全国知名品牌创建示范区"。

二、桂林市

随着珠江—西江经济带开发发展的深入推进以及粤桂黔高铁经济带的加快建设,桂林市工业和信息化发展环境发生了显著变化。

(一) 发展方向

"十三五"期间,桂林市以深化改革创新为动力,以转型升级为抓手,以高新化、融合化、智能化、服务化为方向,以四大优势产业为支柱、以新兴产业为重要支撑,全力打好产业做强升级攻坚战,进一步转变方式、优化结构、壮大优势、强化特色、促进融合、创新业态,打造形成改革引领、创新驱动、协调融合、绿色生态、开放合作的新型工业体系,促进工业向中高端发展,打造广西先进制造、创新驱动和产业融合先行区。

(二) 发展重点

一是构建产业发展新体系。着力推动制造业向智能型、服务型和生态化转变,推进工业向中高端迈进。第一,整合资源,集中力量,加快产业聚集与技术突破,做大做强做优电子信息、医药及生物制品、先进装备制造、生态食品四大优势产业。第二,实行扩大产业规模和抢占产业发展制高点并举,加快发展壮大新一代信息技术、新材料、新能源、节能环保等具有较好产业基础的新兴产业,加快培育机器人、3D打印、旅游装备、高铁维修维护、航空航天等新兴产业。第三,依托新一代信息技术和生态环保技术,引进智能装备,实施智能制造,推动包装与竹木加工、建材和冶金等传统企业改造提升,加快向产业链中高端转移。第四,桂林市具有发展生产性服务业的优势条件,以总部经济、研发设计、孵化转化、电子商务、现代物流、工业旅游和会展服务为主要内容,推动生产性服务业与工业融合互促发展。

二是优化工业发展布局。遵循集约、集群、循环、生态发展的原则,构建

"一核双驱、多点支撑"工业发展布局。第一，全力建好"一核双驱"。"一核"是指由桂林市城区构成的现代产业核心区，"双驱"是指核心区内的桂林国家高新技术产业开发区和桂林经济技术开发区，充分发挥引领、示范、辐射、带动作用，围绕打造桂林国家高新技术产业开发区和桂林经济技术开发区"双千亿"产业园目标，通过做优桂林国家高新技术产业开发区、做大桂林经济技术开发区、做活中心城区，并成为桂林工业发展的主要引擎。第二，打造多点支撑的县域工业。依托县域资源、市场和区域优势，以强化特色、统筹协调、转型升级为重点，加速工业产业聚集，做大县域主导产业规模，增强县域工业活力，形成错位发展、互补发展、融合发展的县域工业新格局。第三，做大做强重点特色产业基地。重点打造桂林国家新型工业化（电子信息）产业示范基地、粤桂黔高铁经济带合作试验区（广西园）和县（区）特色产业园。

专栏5　桂林工业"一核双驱"和重点特色产业基地

"一核双驱"。"一核"，即中心城区。按照业态先进、特色突出、配套完善、效益显著的原则，发展技术研发、工业设计、电子商务、互联网、云计算、大数据等新兴产业，鼓励在城区工业用地基础上发展楼宇经济，提高楼宇经济品质。强化城区产业规划对工业发展建设用地总量的控制和对土地储备的引导，积极盘活存量建设用地，提高土地利用效率。"双驱"，即桂林国家高新技术产业开发区。重点壮大电子信息、生物医药等优势产业规模，加快发展软件开发、物联网、云计算等新一代信息技术产业，突出培育科技研发与成果孵化转化产业。拓宽产业承载空间，推动七星老城、漓东科技新城、华侨科技旅游新城的优势互补和联动发展，建设智慧示范园区。桂林经济技术开发区。整合西城经济开发区、苏桥经济开发区现有的产业基础，加大承接产业转移力度，大力发展先进装备制造、电子信息、医药及生物制品、生态食品等产业，积极发展橡胶制品、新材料等产业，实行"一区多园、一园多中心"发展模式，力争建成国家级经济技术开发区。重点特色产业基地。桂林国家新型工业化（电子信息）产业示范基地。依托桂林电子信息产业优势，围绕《中国制造2025》全面实施、信息消费升级和智慧城市建设，以提升产业配套能力为重点，大力发展光通信、微波通信、行业应用电子、软件和信息服务等产业，积极发展电力电子、北斗导航、消费性电子信息等产业。粤桂黔高铁经济带合作试验区（广西园）。依托贵广高铁和宁京高铁建成通车，以及桂林北站、桂林西站等，大力发展先进轨道交通制造业和生产性服务业。

积极承接产业转移,推动产业园区化发展,加快八里街经济开发区转型升级,打造区域性高铁产业基地和综合物流产业基地。县(区)特色产业园。鼓励县(区)引导特色产业集聚发展,支持龙头企业进入工业园区做大做强,重点推进雁山低碳经济产业示范园建设,加快荔浦农民工创业园和小微企业创新创业基地、兴安太阳能光伏产业园、灌阳特色选矿装备园、全州米粉深加工产业园建设。

三是加强创新能力建设。重点突破关键共性技术、主导性技术的研发与转化,大力推动产业创新发展,支持重点企业参与承担各级标准的起草制定。第一,加强技术创新平台建设。以搭建技术创新平台为手段,积极推进企业、科研院所与国内外领军企业、高等院校和科研院所等开展项目研究、科技成果转化、科技交流等领域合作,建设一批促进制造业协同创新的公共服务平台,建立完善科技成果信息发布与共享平台。第二,积极培育创新创业载体。支持创新工场、创客空间、社会实验室、智慧小企业创业基地等新型众创空间发展,盘活闲置商业用房、工业厂房、企业库房、物流场所等资源,通过市场化方式构建一批创业服务与创业投资相结合、线上与线下相结合、孵化与投资相结合的开放式众创空间。大力支持微型企业孵化园、科技孵化器、工商企业集聚区等小微企业创业基地建设。

(三)发展举措

一是推进全面融合发展。第一,推进两化深度融合。着力推进"互联网+"制造业模式,推动企业从单项信息技术应用向集成化、智能化应用转变,从单一企业信息化向产业链信息化及行业信息化转变,在电子、机械、汽车、食品、制药等行业推广建设智能工厂和数字化车间,推动工业企业与互联网平台全面对接。第二,推进产业融合发展。促进产业纵向延伸、横向嫁接、跨界融合,支持企业间战略合作和跨行业跨区域兼并重组,促进大中小企业协调发展,加快推进工业与服务业融合发展,推动经营模式创新和业态创新,促进生产型制造向服务型制造转变。第三,推进产城融合发展。统筹安排园区及周边城镇的基础设施建设,加快产业园区道路、给排水、垃圾污水处理、电力电信等基础设施的建设步伐,加大廉租房、公租房、经济适用住房建设力度,引导城镇居民和园区产业工人就近集中居住。统筹考虑城镇与产业园区的商业、居住、教育、医疗等公共服务设施建设,进一步提升城镇和产业园区的社会服务功能。

二是推行生态化提升改造。第一,加快工业绿色改造升级。全面推进包装与竹木加工、建材、冶金、机械等产业绿色改造，支持企业实行绿色标准、绿色管理和绿色生产，实施原料无害化、生产洁净化、废物资源化、能源低碳化的绿色战略，逐步建立资源节约、环境友好的采购、生产、营销、回收及物流体系。第二，推进资源高效循环利用。支持企业强化技术创新和管理，增强绿色精益制造能力，大幅降低能耗、物耗和水耗水平。全面推行循环生产方式，促进企业、园区、行业间链接共生、原料互供、资源共享。提高工业固体废弃物、水循环利用、有毒有害原料替代、余热余压回收等综合利用水平。第三，强化节能减排硬性约束。在工业企业中推广应用节能新技术、新材料、新产品、新设备，提高产业用能效率和水平。严格控制"两高"和产能过剩行业新上项目，遏制高耗能产业无序发展和低水平扩张。认真开展新建项目环境影响评价和节能评估审查。强化对节能工作的监察管理，实行节能工作问责制，科学合理制定节能降耗目标任务，健全目标考核机制。

三是实施多层面开放合作。第一，强化招商引资。以"强链、延链、补链"为原则，瞄准重点地区、重点企业，组织开展有针对性的招商活动，加快推进专题招商、精准招商。改善投资软环境，强化企业能动作用，着力引进一批高水平的大企业和大项目，延伸上下游产业链。第二，创新产业合作模式。依托粤桂黔高铁经济带建设，深度融入粤港澳大湾区，构建有机衔接区域发展规划体系，共建跨区域产业园区。鼓励企业通过授让商标权、专利权、合作开发、合作生产、资产重组、股权与经营权转让等方式，开展全方位、多领域的合作。鼓励有条件的企业积极开拓国际市场。第三，提高承接转移能力。加快连接市外高等级公路、高速铁路建设，完善市域公路网络、航道、码头、车站和空港建设，构建工业交通物流体系。加强园区基础设施及服务配套设施建设，提高产业转移承载能力，促进转移产业向专业园区聚集。全面对接粤港澳台、联动西南和中南，加快向东部地区、沿海地区和先进生产力靠拢。主动承接产业转移，依托高铁经济带建设，打造一批承接产业转移示范园区和跨省合作园区。

三、梧州市

"十二五"期间，梧州市着力发挥区位优势，坚定不移地实施"东向"战略，面对错综复杂的经济形势，积极应对经济下行压力，科学统筹、主动作为，全力稳增长、促改革、调结构，使产业结构实现转型升级，确保了工业经济健康发展。

(一) 发展方向

"十三五"时期,梧州市加快建设西江黄金水道上向东开放的龙头城市、区域性综合交通枢纽城市、桂东南城镇群的核心城市、桂东承接产业转移示范区,按照"产业园区化、园区城镇化、产城一体化"的要求,建设好梧州市进口再生资源加工园区、梧州市陶瓷产业园区、梧州市不锈钢制品产业园区等产业特色鲜明的专业化园区,加快推进建设粤桂合作特别试验区和梧州工业新城等产城融合的工业新城区,狠抓产业结构调整、转型升级和提质改造,推动工业转型升级和深化两化融合。

(二) 发展重点

一是完善现有产业上下游配套。促进产业转型升级和做优做强,重点发展再生不锈钢深加工、再生铜、再生铝和再生塑料生产及深加工等再生资源产业,大力发展高端建筑陶瓷、石材加工、新型墙体材料等建材产业和修造船、装备制造业等机械装备制造产业,加速发展电子信息、食品、医药、钛白制品、造纸与木材加工等产业。

再生资源产业。加大产业链招商力度,针对产业链缺失的环节,做好项目策划,开展定向招商。重点引进不锈钢制品下游深加工企业,推动不锈钢制品产业链延伸,再生铜产业引进中下游铜加工及深加工企业,尽快启动再生铝生产项目,引进中游铝型材生产企业,壮大下游铝制品产业,再生塑料产业加快引进下游深加工企业。

建材产业。重点推动建筑陶瓷、石材深加工、新型建材和异型材等产业发展,鼓励重点企业发展原材料配送、物流、贸易等,开展多元化经营,加快岑溪石材加工区建设,引导生产企业向加工区聚集,做大做强,推动发泡陶瓷等新型建材企业发展壮大。

机械装备制造产业。做强内河造船业,引导造船企业进行技改,提质扩容,逐步推行船舶标准化、规范化。发展配套企业,走以大企业为骨干、大中小企业相互配套、专业化分工协作的集群式发展道路,大力发展船舶修造、船用机械和五金加工等机械装备工业。

二是培育壮大战略性新兴产业。梧州市战略性新兴产业仍处于起步阶段,但潜力巨大、前景良好,要加快实施战略性新兴产业发展计划,加快促进产业规模化发展,重点支持节能环保产业、先进装备制造业、新材料产业和新一代信息技术等战略新兴产业发展,优化布局,集聚发展。

节能环保产业。依托粤桂合作特别试验区中国—东盟环保技术交流合作基地和梧州进口再生资源加工园区,全面推进高效节能电气机械器材制造、新型建筑材料制造、环境保护专用设备制造、城乡生活垃圾综合利用、水资源循环利用与节水、工业固体废物回收和资源化利用等项目建设,打造具有示范作用的节能环保产业基地。

先进装备制造业。主要布局在粤桂合作特别试验区,重点发展农业机械、工程机械、精密仪器仪表、环保装备、医疗设备器械等高端装备制造业,形成优势产业突出、配套体系完善、规模效益显著的产业集群。鼓励先进制造业企业积极应用先进加工技术和生产工艺,发展具有自主知识产权和较强市场竞争力的主导产品,提高产业自主创新能力。

新材料产业。优先发展稀土功能材料,重点建设广西鼎立稀土新材料科技产业园,以2000吨钕铁硼项目为龙头,先行发展稀土深加工产业,不断延伸上下游产业链,逐步形成从稀土资源开采、稀土分离、稀土深加工的完整产业链,打造以资源换产业的典范。

(三) 发展举措

一是推动工业园区提质增效。第一,加强招商引资和项目建设。加快重点产业尤其是再生资源产业链的构建,在项目策划、招商引资上与产业链构建紧密衔接,通过梳理产业链条发展情况,围绕"补缺补漏"和"做粗做长",锁定重点企业、重点项目,突破关键节点,开展针对性招商引资。第二,抓好园区建设和产城融合。加快完善园区基础设施建设,提高园区承载能力,新建园区发展按照产城融合发展的要求,突出园区规划与城镇规划一体化、园区产业布局与城镇发展定位一体化、园区基础设施与城市基础设施一体化。进一步完善园区内部、园区之间、园区与城镇之间等交通基础设施、公共服务设施建设,使城市建设与产业发展相融合。重点抓好粤桂合作特别试验区、港口工业区和中钢工业园等园区开发建设。

二是探索园区市场化运作和机制创新。大力推动园区融资平台转变,注入优质资产、注重经营投资能力的提升,促使融资平台向追求经营效益的投资公司转变,构筑可持续的营运模式,积极引入民间资本参与园区建设。重点推进园区行政管理、人事管理、薪酬分配和绩效考评等方面体制机制创新,激发园区活力,逐步建立符合市场化、法治化要求的新型园区管理体制和运行机制。建立园区法定机构管理体制,完善园区治理结构,扩大园区管理权限,创新园区人事制度,打破身份界限,充分发挥人才作用,推动人才集聚,建立按绩效高低、贡献大小、业绩多少发放薪酬的收入分配制度,构建科学合理的绩效考评体系。

三是坚持走生态工业发展之路。坚持生态建设产业化、产业发展生态化,着力抓好工业节能减排和淘汰落后产能,加快推进现有工业企业节能技术改造,全面推进工业节能减排,加快淘汰落后产能,推动工业绿色发展。充分利用"国家城市矿产"示范基地和自治区循环经济示范城市的政策,以梧州再生资源循环利用园区等园区为平台,积极探索循环经济发展新模式,促进生产、流通、消费过程的减量化、再利用、资源化,大力发展循环产业。开展重点园区、企业的循环化改造,构建覆盖各领域的循环经济体系。严格执行产业发展规划和环保规划,执行产业准入门槛和企业环保标准、排放标准,绝不引进高污染、高耗能、高排放的项目,绝不为谋一时之利而牺牲生态环境。推动工业企业开展清洁生产审核,消灭或减少产品上的有害物质,减少生产过程中的原料和能源的消耗,降低生产成本。

四是鼓励科技创新和两化融合。发挥科技创新对工业转型升级的乘数效应和支撑作用,大力推进技术创新、产品创新、管理创新。支持中恒、神冠等企业实施重大科技专项、产学研专项和重点科技项目,突破一批产业共性关键技术,形成具有梧州区域特色的技术体系。同时,切实拿出更有竞争力和吸引力的优惠政策,鼓励企业技术创新。逐年增加对科技的投入,发挥企业主体作用,形成社会参与的多元投入格局。大力推进公共服务平台、企业工程技术中心、重点实验室、院士博士工作站等各类平台建设,尽快形成与产业发展相衔接的创新体系。构建以企业信息化建设为核心,传统产业改造提升和新兴产业发展为主线,高校、科研机构等社会各方积极参与的"两化"融合推进格局。

五是加强对外开放合作创新。第一,全力推进粤桂合作。重点推进粤桂合作特别试验区建设,加强与肇庆等珠江—西江经济带城市的产业配套协作。第二,全面深化与港澳合作。重点在金融贸易、产业合作等方面有新突破,积极推进区域产业协作和战略联盟的形成,建设融入港澳区域合作的制造业体系及产业链和基地群。第三,进一步加强桂东合作。重点建设好桂东承接产业转移示范区,围绕"梧玉贵"一体化桂东发展路径,依托桂东国家级承接产业示范区等平台,选择互补性强的产业,联手承接国际国内高端产业转移。第四,不断扩大东盟合作。借助中国—东盟博览会平台,以举办梧州国际宝石节为契机,扩大梧州·东盟工商企业界交流活动成果,促进双方多种形式往来合作。

四、贵港市

贵港市是承接东部产业转移的重要基地,随着高铁经济带建设和粤桂一体化

把握新时代的转型之路

的不断深入，贵港工业和信息化发展空间不断拓展，要毫不动摇地实施"工业兴市、工业强市"战略，推行"内生型"和"外源式"同步迈进的工业发展策略，全面推进新型工业化进程。

（一）发展方向

"十三五"期间，贵港市以建成西江流域核心港口和新兴工业城市为目标，大力实施"工业兴市、工业强市"发展战略，实施创新驱动、东进融合、港产城互动三大战略，改造提升冶金、建材、食品加工、生物化工、造纸与竹木材加工、电力、纺织服装与羽绒七大传统产业，加快发展新能源汽车、船舶修造、生物制药、新材料、电子信息、皮革加工等成长性产业。加快产城互动发展和产业承接步伐，提升园区承载能力，加快建设粤桂（贵港）热电循环经济产业园和贵钢钢材加工物流园等特色园区，积极打造西江经济带新兴工业基地。

（二）发展重点

一是加快现有产业增效升级发展。着力保持现有产业稳定健康发展势头，以高端化、高新化、规模化为目标，大力支持骨干企业提升自主创新能力，运用"互联网＋"、大数据、云计算、物联网、智能制造等高新技术手段，积极推进传统产业转型升级和高效发展。

食品加工业。依托本地及周边地区农业资源优势，着力发展粮糖加工、畜禽产品加工及以富硒为特色的粮食、果蔬、茶叶等新型加工业，形成各具特色和规模优势的加工产业集群。

建材业。桂平市、平南县和覃塘区全面加快建筑陶瓷、碳酸钙项目及水泥行业的技改和转型升级，大力发展节能环保型和中高端建材产业，建成各具特色的产业集群，稳步推进建材业健康发展。

冶金工业。强化冶金工业技改整合和优化升级，以高端产品为目标，着力延伸产业链，扩大产品体系和种类。港北区重点发展钢铁、铜、铝生产加工和精深加工，桂平市着力发展铁合金和锰合金深加工。

造纸与竹木材加工业。继续稳步推进造纸业发展，依托丰富的竹木材资源，进一步推进竹木材加工业结构调整和规模升级发展。加强与家具产业和家居装饰材料产业的对接融合，提高木材利用率和附加值，实现由低端初级加工向中高端加工、单一产品向多元产品转变。

皮革加工业。着力扶持和加快港南皮革城工程的筹建工作，积极为投资商排忧解难，推动皮革城建成投产，加强皮革生产加工企业的招商引进工作，尽快形成完整的产业体系和产业集群。

纺织羽绒服装业。增强龙头企业扶持力度，强化纺织羽绒服装龙头企业的引领集聚带动和市场开拓作用，重点向高档纺织和中高端服装及羽绒成品制造方向发展，扩大产业整体规模，加快纺织羽绒服装业集群的形成。

生物化工与制药业。着力扶持和推进生物化工循环经济的绿色发展和高效发展，建成生物发酵、生物提取、精细化工产业集群。立足中药材资源优势，拓展外部相关资源市场，创造各种有利的环境条件，继续推进生物制药产业快速发展。

电力工业。着力推进大藤峡水利枢纽建设。加快推进平南核电、华电二期项目，开工建设天然气热电联产项目。支持和推进生物质发电、风能发电和光伏发电项目。

二是着力培育发展现代新兴产业体系。全面贯彻落实国家《中国制造2025》战略部署，以加快培育发展先进制造业为总体目标，重点发展先进制造、新材料、新能源、电子信息四大新兴产业，力争"十三五"期末，实现千亿产值目标。

先进装备制造业。加快推进西江重工高技术船舶制造业和维修业系列项目建成投产，打造珠江—西江经济带规模最大的船舶研发和修造产业基地。要紧紧抓住珠江—西江经济带开发建设、粤港澳大湾区产业转移和全力推进先进装备制造业发展的有利时机，东进融合，主动推进产业发展合作，积极筹划、选择、引进一批装备制造业和机械制造业或配套产业落户。

新能源汽车产业。加快推进贵港华奥新能源客货汽车项目和基地建设提升，加快低速电动车项目的建设，着力引进配套项目建设，加快培育新能源汽车产业集群，培育壮大西江经济带新兴汽车产业基地。

新材料产业。依托丰富的资源优势，着力发展纳米碳酸钙、精细合成材料、环保型多式涂料等新材料产业，着力提升产品品质和供给水平，拓展延伸产业链，形成新材料产业集群。

电子信息业。紧抓粤港澳大湾区电子信息业加快转移的有利时机，积极引导通信设备、电子IT产业、手机和电脑、微电子设备配件和原材料、新型应用电子产品、新型电子元器件等产业的整体或部分转移落户发展。

（三）发展举措：精准对接珠三角产业市场

一是对接转移产业市场。全面掌握和准确把握珠三角产业转移的整体趋势和最新动态，着力调配各种资源，利用各种方式，针对不同转移企业，尤其是产业质素和市场前景良好的大企业的个性要求，提出有竞争力的相应条件，有效做好转移企业工作，尽可能争取整体产业链落户贵港。积极承接东部制造产业转移，着力引进一批家电、家具、皮革、灯饰等大中型企业和完整产业链，形成若干专业化制造产业集群。

二是对接大型电子企业及产业市场。针对珠三角电子产业企业部分转移、部分拓展规模兴办分厂或生产区、部分创建和配套新产业情况，区分不同的条件需求，采取不同合作方式和模式，引进相关电子企业或下游配套企业。

三是对接家电企业及产业市场。准确把握珠三角家电生产、投资发展动向。合作引进工作重点放在企业新增分厂、下游配件厂或正在投资新产品的企业，推动企业和项目落户贵港。

四是对接新兴产业企业及产业市场。精准对接粤港澳大湾区和长三角战略性新兴产业发展和产业结构优化升级，准确把握产业和业态动向，积极寻找合作机会，集中力量，重点引进产业链长、起骨干作用的大项目大产业。

五是对接大型服装、家具、皮具、灯饰等制造企业及产业市场。该系列劳动密集型制造产业是转移合作机会最大的行业产业，要重点加强对接引进，力争一批产业以全产业链方式整体转移落户贵港。

五、来宾市

"十三五"期间，来宾市围绕全面建成小康社会，紧抓《中国制造2025》、"互联网＋"、珠江—西江经济带、高铁经济带等核心机遇，突出"增量扩体上规"与"提质增效升级"，加快工业转型升级发展。

（一）发展方向

深入实施工业强市发展战略和创新驱动发展工程，全面推进基础设施、产业振兴和脱贫三大攻坚战，加快建成"一带一路"重要通道城市、广西"双核驱动"战略重要节点城市、广西新兴现代化工业城市，有利于来宾市加快推进工业与扶贫互促互补和产城融合发展，构建形成内外互联互通的交通体系，推动全市传统优势产业转型升级、先进制造业和特色新兴产业培育壮大。

（二）发展重点

一是构建"一带一廊四区八基地"。按照广西新兴现代化工业城市的定位，要紧抓珠江—西江经济带开放发展、高铁经济带建设等重大契机，立足特色产业发展、城镇和交通设施建设、生态功能区划分等，进一步优化空间布局，主动融入"一带一路"和"双核驱动、三区统筹"建设,全面构建"一带一廊四区八基地"。

> **专栏6 "一带一廊四区八基地"空间发展格局**
>
> 一带。依托珠江—西江经济带开放发展,以红水河、黔江为枢纽通道,以兴宾区工业集中区、武宣工业园区、象州工业集中区为核心载体,加快构建沿西江产业经济带。
>
> 一廊。依托湘桂高铁经济带和桂海高速公路,以来宾高新技术产业开发区、来宾市河南工业园区为核心,加快建设南宁—来宾—柳州经济走廊。
>
> 四区。桂中先进制造业核心区、港产城一体化示范区、忻城—合山特色产业集聚区、金秀绿色生态经济区。
>
> 八基地。糖循环综合利用基地、"铝电一体化"精深加工基地、热电联产循环经济产业基地、合金新材料基地四大特色优势产业基地和先进制造业基地、茧丝绸加工基地、碳酸钙产业示范基地、民族瑶药产业基地四大新兴产业基地。

二是改造提升传统优势产业。将"互联网+"技术融入冶金、能源、铝精深加工、制糖精深加工及综合利用、农林产品精深加工等产业加工制造、运输管理、营销采购等环节,利用先进技术、工艺、设备,改造提升传统产业,推进产业提质增效和转型升级。积极对接市场产品需求和产业供给侧结构性改革,加快产业迈向中高端水平。引进上中下游产业项目入园,实现资源就地精深加工,努力构建"纵向提质延伸,横向辐射拓展"产业链发展格局。

三是加快发展先进制造业。按照《中国制造2025》的战略部署,积极践行《中国制造2025广西实施意见》,依托现有先进制造业发展基础,立足桂中地区先进制造产业基地的定位,主动融入珠江—西江经济带、高铁经济带,积极承接粤港澳大湾区和柳州市、南宁市产业转移,主动配套柳州市汽车、工程机械等产业发展,做大做强做优先进装备制造业,力争在电子信息、汽配(机械)零配件制造、先进装备制造业、节能环保等细分领域实现重大突破。

四是培育发展特色新兴产业。充分发挥资源优势和区位交通优势,立足产业基础,积极承接产业转移,培育发展茧丝绸及服装产业、碳酸钙及石材产业、养生长寿健康产业、生物及民族医药、新材料等新兴产业。鼓励和支持企业引进先进设备、工艺、技术,加强与"互联网+"融合发展,着力推进产业技术改造升级。到 2020 年，新兴产业力争实现工业总产值 230 亿元以上，打造成为全市工业转型升级、提质增效的新引擎。

（三）发展举措

一是加强创新平台建设。探索在兴宾区建立柳来产业合作园区（凤凰镇）、先进制造产业园，积极培育发展先进制造业。加快推进产业集群发展，重点建设新材料产业园、碳酸钙产业园、茧丝绸产业园、汽配专业园等专业园区。统筹和引进专技人才、专业团队、科研机构、企业技术中心等资源，加快设立先进制造业创新联盟。加快产业化基地网络创新服务平台建设，实现创新要素的在线集成和共享，推动产业化基地创新管理和服务的标准化、流程化。加快建设先进制造业发展公共服务平台，优先推进研发中心、人才培训中心、中小企业孵化楼等基础设施建设。

二是抓好电力体制改革工作。围绕降低冶金、电解铝等传统产业成本，加快构建热电联产循环经济发展体系。紧抓国家加快推进电力体制机制改革、自治区将来宾市列为电力用户与发电企业直接交易试点城市等契机，按照《广西电力体制改革综合试点实施方案》，大力推进电力体制机制改革，支持来宾市河南工业园区组建配售电主体，先行开展售电侧市场改革试点。

六、玉林市

"十二五"期间，玉林市实施"三个转变""三年打基础、五年大变化"、建设"两城市一中心"的战略部署，积极融入广西北部湾经济区、西江经济带和广西桂东承接产业转移示范区开发建设，有力地推动了工业和信息化健康发展。

（一）发展方向

"十三五"期间，玉林市深入实施"大交通、大城市、大产业、大商贸、大田园"五大战略，加快推进产业转型升级攻坚战，特别是加快机械制造、健康食品、有色金属、电子信息、陶瓷等产业转型升级。支持玉柴二次创业，推进玉柴智能制造，打造千亿玉柴，重点发展先进装备制造、新能源、新材料、节能环保、生物制药、新一代信息技术等新兴产业。加快建设龙潭产业园、中医药健康产业园、玉柴产业新城等，创建自治区级高新技术产业园区，打造现代智能农机产业基地、中国"南方药都"和国家非公经济示范城市。

（二）发展重点

机械制造产业。重点发展特种车辆内燃机、高端船舶电力系统、智能化工程装备、新能源冷链及城市物流配送车辆、现代智能农机。引进拓展新能源汽车、消防装备、军民融合产品及环保设备制造，积极研发服装皮革智能制造、陶瓷智能制造和医药健康食品智能制造。大力推进以智能粉垄深耕深松机为主的现代农机装备项目，引导农机企业转型升级，完善耕整机、微耕机、大马力农机等现代农机装备配套产业链。

健康食品产业。重点发展特色农副产品加工、禽畜肉类产品深加工、乳制品深加工、休闲养生食品、冷冻及罐头食品、富硒保健食品以及物流冷链配送、食品包装印刷配套产业。大力推进黑五类、金大叔、陆川猪肉、牛大叔、陆川橘红等品牌的产业化、规模化、集团化、高端化发展。

新材料产业。重点发展镍铁深加工、镍氢材料深加工、镍氢新能源电池材料、含镍不锈钢、镍合金材料及制品、不锈钢产品深加工、碳酸钙产品深加工产业等。抓住新能源汽车发展机遇，加快推进龙潭镍氢电池招商引资和项目建设，尽快形成新能源电池生产基地。充分发挥镍在医疗器械方面的特殊作用，有针对性地引进医疗器械专用材料制造业，促进镍产品从粗加工向精细化加工、高端化制造发展。充分挖掘碳酸钙在新型建材、医药制造、健康食品等产业领域应用空间，加快构建碳酸钙全产业链。

服装皮革产业。重点发展以服装皮革原料生产、服装皮革产品设计及加工、服装皮革服饰配件（及辅材）、服装皮革产品包装为主的服装皮革产业。推动企业走"互联网＋"服装皮革智能制造之路，引导企业开展个性化定制业务，大力引进国内外知名服装皮革品牌及配套产业，推动产业链向高端延伸，加快规划建设"世界裤都"服装城，推动服装行业从传统小作坊、代工向以自主品牌为引领的集群化发展格局转变。

再生资源环保产业。重点发展以废钢、废渣、电子废弃物等可再生资源深加工为主体的再生资源产业，以及以节能灯具（灯饰）、热电联产、污水处理为主体的环保产业。推进龙潭产业园区建立健全废钢配送中心、船舶拆解中心、汽车拆解中心和家电拆解中心，大力引进再生资源深加工龙头企业，全力推进再生资源深加工交易集散市场的扩建升级。重点发展以节能灯具（灯饰）、热电联产以及服装水洗污水处理为主的节能环保产业。

林产化工产业。重点发展木地板、异型胶合板家具、红木高端家具、轻化产品深加工、日用化工、精细化工等。以工业原料用材资源丰富为基础，充分发挥异型胶合板优势，引导企业转型升级，打造从生产人造板、家具毛坯产品到终端家具制造的全产业链，着力建成中国板材终端产品家具制造产业区。

新型建材产业。重点发展以装配式建材、地下管廊、钢架结构为主体的新型建筑材料，以环保砖、免烧砖、免蒸砖、免蒸加气砖、砌块砖、泡沫轻质砖为主体的新型环保墙体材料。新型建筑材料布局在福绵装配式产业基地，新型环保墙体材料布局在陆川北部工业区毗邻福绵方位。在完成路宝水泥、恒庆水泥项目建设的基础上，水泥建材产业不再扩容，重点提升产品品质，推进现有水泥企业智能化、生态化、循环化改造，走产品精细化、高端化、专业化道路，实现产业提质增效。

陶瓷产业。重点发展以日用陶瓷、工艺陶瓷、卫生陶瓷、建筑陶瓷、电子陶瓷、电器陶瓷、化工陶瓷、纺织陶瓷、透千陶瓷为主体的陶瓷产业。

医药制造产业。重点发展以现代中药、壮瑶医药、生物制药（药物提取）、医疗器械、生物医学工程为主体的医药制造产业。以医药专业仓储物流配送、医药包装印刷为主体的医药配套产业。全力推进康臣—玉药、康美药业、大参林、恒科、参宝堂、中文清真药品香料制造基地等重大项目建设提升，充分发挥龙头引领作用，延长医药产业链，打造国家生物医药重点地区和中国南方健康产业集聚区。

新一代电子信息产业。重点发展电子信息产品制造、通信设备、数字化产品、集成电路与新型电子元器件。加快发展汽车电子产品和数字化装备制造产品、高亮度 LED 发光器件、模组及成套应用产品制造业、3D 打印、物联网、云计算、大数据、智慧城市、北斗导航应用及产业化。

（三）发展举措

一是加快产业转型升级步伐。要以技术改造、两化融合、绿色发展、制造业服务化为主要手段推动传统工业优化升级，做大做强做优支柱产业，培育壮大战略性新兴产业，推动产业向价值链高端发展，打造产业升级版。

二是紧抓战略机遇，提升发展水平。紧抓全面实施《中国制造 2025》和推进"一带一路"建设机遇，牢固树立和贯彻落实新发展理念，以结构调整和转型升级为主线，以"互联网＋"制造业为核心，以加快创新发展为动力，以促进产业集聚为抓手，以园区发展为载体，以质量和效益为中心，着力培育壮大一批具有核心竞争力的企业群体和产业集群。

三是加快推进重大项目建设。通过完善重大项目推进机制，积极突破项目审批、征拆、融资等制约因素，重点推进自治区统筹和市统筹工业项目。加快玉柴铸造中心三期、玉柴船用柴油发动机、玉药提取等重大产业项目建设提升，提质建设中滔环保产业园、中金热轧项目、玉柴气体发动机等重大项目。

四是加快新兴产业发展。坚持产业结构优化调整方向，以打造现代产业体系为主攻方向，加快引进和精准实施新兴产业重大项目，扩大国家级高新技术企业数量规模，重点抓好新材料、新能源、生物医药等新兴产业培育壮大，依托玉林内燃机产业基地国家火炬特色产业基地建设，示范带动工业供给侧结构性改革，提升主导工业产品供给质量和水平。

七、贺州市

依托粤桂黔高铁经济带建设，充分发挥广西向东开放合作"排头兵"优势和门户枢纽优势，全面实施"创新驱动、绿色崛起、向东开放、人才兴贺、新型城镇化"战略，着力推进供给侧结构性改革，积极融入粤港澳经济圈建设，加快引进培育新技术、新产业、新业态和新模式，构建特色生态产业体系，促进工业和信息化转型升级发展。

（一）发展方向

"十三五"期间，贺州市必须始终坚持"生态立市、产业强市、开放兴市"，大力实施向东开放战略，紧抓重大发展契机，深化"多规合一"试点，加快两化深度融合，不断扩大对外开放合作，全面融入珠江—西江经济带和粤港澳大湾区，立足产业基础和资源优势，积极对接市场需求，以打造碳酸钙、新型装配式建筑材料两个千亿元产业集群为引领，优先发展先进制造业，培育发展新兴产业，提升发展传统特色产业，加快推进生产性服务业与制造业融合发展，积极培育发展"2.5产业"，突出提升企业创新能力，推动产业绿色循环低碳发展，构建具有贺州特色的现代生态工业体系。

（二）发展重点

一是壮大千亿元产业集群。全面整合矿产资源开发利用，着力打造碳酸钙、新型装配式建筑材料两个千亿元循环产业集群，围绕碳酸钙精深加工、新型装配式建筑材料关键技术和新产品研发生产，加强与科研机构搭建联合技术攻关平台，建设碳酸钙、新型装配式建筑材料"两个千亿元"研发试验基地和生产基地，推进产业由能源资源消耗向技术创新驱动、绿色循环低碳发展转变。紧抓"中国重钙之都"建设契机，按照"整合资源、创立品牌、提升档次、内引外联"的发展思路，推动碳酸钙向精深加工延伸，打造成为集产研学、生产、贸易、服务于一体的碳酸钙产业集群。

二是构建碳酸钙产业发展平台。积极争取自治区和中国石材协会支持，持续办好中国（贺州）国际石材·碳酸钙工业展览会，加强与中国石材协会、中国冶金地质总局、中国国际贸易促进委员会建筑行业分会、中国科学院、广西科学院等研究机构交流合作，围绕碳酸钙产业重大关键技术和新产品开发，建立碳酸钙产业关键技术科技攻关平台、国家级碳酸钙质量检测中心。加快建立碳酸钙产业联盟、企业技术中心等一批专业化平台，推进旺高·国际石材展示中心、贺州市石材及碳酸钙展销长廊等项目建设。

三是新型装配式建筑材料产业集群。利用丰富的花岗岩、钾钠长石等优质矿产资源，进一步突出新型装配式建筑材料绿色低碳可持续发展和综合利用，着力打造千亿元新型装配式建筑材料循环产业集群，加快形成原料加工保障、下游产业衔接、配套产业促进的产业发展格局。加快推进中科院贺州创新基地建设，共同搭建联合科技攻关平台。重点发展墙体材料、防水材料、密封材料、承重结构、新型保温隔热材料、装配式建筑构件、建筑装饰装修材料等。利用型材、板材、雕塑加工过程中产生的边角料，积极发展纳米级科技板等节能、环保、综合利用的新型装配式建筑材料，加快构建"原料—石板材和工艺品—矿山废料回收—纳米科技板材加工—建筑成型组装—工业固废综合利用"的新型装配式建筑材料循环产业链。建立新型装配式建筑材料研发中心，全面整合现有园区与新型装配式建筑材料的上下游产业企业及科研人才、资金、信息等先进要素资源，并建立新型装配式建筑材料产业链联盟。

四是大力发展新兴产业。充分发挥地缘优势、交通优势、资源优势和生态优势，立足产业发展基础，积极引进先进设备、工艺、技术，重点培育新材料、电子信息（铝电子）、生态健康、新能源、新能源汽车、节能环保等新兴产业。

五是提升传统特色产业。利用先进适用技术和"互联网+"技术，促进电力工业、林产林化、矿产加工、钢铁加工、机械制造等传统特色产业转型升级，积极引进精深加工型和产业链延伸型项目，实现资源就地精深加工和产业链优化，努力构建"纵向提质延伸，横向辐射拓展"的产业链发展格局。

（三）发展举措

一是引进培养创新型人才。产业要发展，人才是关键。要围绕产业发展，把重点产业、重大项目作为人才工作的主攻方向，推动人才队伍建设与经济社会发展的深度融合。突出"高精尖缺"导向，制定更具吸引力、更具包容性、更具开放性的人才政策，以更灵活的方式集聚各类优秀人才，注重发挥企业引才、育才、用才的主体作用。完善人才管理使用机制，以更有效的举措，激励本土人才成长发展，盘活人才资源，引导人才向重点产业、重大项目聚集。

二是加强企业精准服务。通过精准服务精准扶持，助力龙头企业做大做强做优，促进企业产品结构优化提升，推进重点产业结构转型优化，严格淘汰落后低效产能，鼓励扶持高效高质产能，通过项目扶持、技术改造等有效手段，精准培育发展产业增长点，更好地发挥企业龙头带动、项目支撑引领作用，强化工业和信息化在经济社会发展中的主导作用。

三是加快园区基础设施建设。调整优化工业发展布局，加快推进工业园区建设，把现有工业园创建成为有特色的生态产业园，搭建产业发展新载体。按照建设特色型、外向型、生态型、创新型工业园区的目标，坚持"产业集聚、资源集约、生态优先"的发展战略，加快完善园区基础设施建设，推动工业园区提质增效转型发展。

第23讲　加强生态型特色产业集聚发展的重点和方向

桂西资源富集区是矿产、农林、水能、生物、养生健康等特色资源集聚地区，也是民族地区、沿边地区、贫困地区、革命老区，在加快转型升级的过程中，必须坚持以特色产业集聚发展为主线，以沿边开放开发和跨省（跨境）合作园区建设为依托，大力开展协同创新，努力延长产业链条，提升发展有色金属、建材、农林产品加工、生物医药和新材料、新能源等产业，构建以生态经济为特色的现代产业体系，努力实现绿水青山和金山银山的协同建设。

一、百色市

百色市是广西工业重要的产业集聚地，特别是生态型铝业产业集群和有色金属加工。"十三五"时期是百色市加快产业转型升级、实现跨越发展的关键时期，百色市将全面深入实施改革、扶贫、工业化、城镇化发展"四大攻坚战"，加快实现工业提质增效和转型升级，加快打造"三中心两区一市"。

（一）发展方向

"十三五"期间，百色市工业和信息化发展要主动融入新时代积极适应"新常态"，紧抓重大战略机遇，全面打造现代工业体系，不断优化产业空间布局，加快推进信息化和工业化深度融合，在新常态中加快提质增效，努力实现转型升级发展。到2020年，力争实现总体规模跃上新台阶、产业结构明显优化、创新能力显著提升、竞争力明显增强、两化融合水平显著提高，绿色发展成效显著，成为我国区域性铝制造业中心和广西重要的现代工业基地。

(二)发展重点

深入实施《中国制造2025》,以铝业二次创业为发展契机,强化优势资源就地加工、制造能力,推进工业技术与信息技术深度融合,构建现代工业体系,做大做强生态型铝产业,改造提升传统优势产业,积极培育战略性新兴产业,加快发展生产性服务业。

一是推进铝产业"二次创业":建成覆盖西南、面向东盟的先进铝制造业中心。百色铝产业已成为广西重点打造的千亿元产业,从生态型铝产业发展阶段性要求来看,产业结构不合理、产业链不长、产品附加值不高、资源配置结构性矛盾突出、产业支撑要素不足、节能降耗降碳压力大等问题日益突出,百色铝产业转型升级压力十分紧迫。要认真落实国家支持广西百色生态型铝产业示范基地系列政策,以加快铝产业转型升级为主线,到2020年,氧化铝实现80%就地转化,电解铝产能达到320万吨,电解铝实现80%以上的就地转化,再生铝产能达到200万吨,铝加工产能达到600万吨。

壮大铝精深加工。铝精深加工是铝产业迈向中高端的主攻方向,要充分利用百色市铝产业发展基础,以高端建材、高附加值工业型材、高品质生活铝产品等为重点,大力发展铝精深加工。

加快发展再生铝。重点建设百色再生铝产业园区,推进建设国家级再生资源加工利用园区和"城市矿产"示范基地,合理规划布局再生铝项目,重点推进平果工业园区、百色新山铝产业示范园区、百色工业园区和德保铝工业园区的再生铝项目。

二是加快传统优势产业转型升级。石化产业。依托现有产业基础,以石油化工为主攻方向,加快推进炼油技改、重油加工、原油输送管道及附属工程等重大项目,发展新型轻烃资源深加工,促进探采炼化一体化发展。

冶金产业。整合区域内锰、铜、锑、金、铁矿资源,发展集矿山开发、深加工、新产品开发于一体的优势企业集团,建设百色生态型冶金产业示范基地,打造特色产业集群。

建材产业。加快形成建材产业的产业聚集力、要素转化力、市场竞争力和行业带动力,使百色成为西南地区重要的建材产业基地和建材物资交易中心。

机械制造业。以铝、锰、铜、煤炭等产业为基础,大力发展金属制品业、通用设备、交通运输设备、电气设备、专用设备、器械器材等制造业。积极承接先进地区调整转移的制造业,形成相互配套、专业化分工协作的机械制造业新格局。

石化产业。加快推进炼油技改、重油加工、原油输送管道及附属工程等重大

把握新时代的转型之路

项目，发展新型轻烃资源深加工，促进探采炼化一体化发展。支持产业链向精深加工方向发展，拓展石化类衍生产品，提高产品附加值。支持田东石化总厂增资扩展、转型升级和技术改造，支持以强强碳素为龙头的电解铝用碳素产业发展，推进氯碱化工与石油化工、铝化学品产业板块实现横向耦合，实现重要原材料本地采购，主要产品就地精深加工，提高上下游扩展潜力，提高产品附加值。

冶金产业。整合区域内锰、铜、锑、金、铁矿资源，支持打造集矿山开发、深加工、新产品开发于一体的优势企业集团，建设百色生态型冶金产业示范基地。稳定锰系列铁合金、电解金属锰等传统产业生产规模，延伸锰产品深加工链条，重点引进或引导有实力的企业加快开发无汞碱锰电池、三元材料及锰酸锂电池正极材料、锰锂电池等为主的高端产品，为不断增长的新能源汽车提供动力电池正极材料。

农林产品加工业。围绕满足居民消费升级和提升食品质量安全水平的需要，着力提高农林产品深加工水平，壮大发展农林产品深加工，大力发展地方名优特食品，加强品牌推广和市场开拓能力。做强做优凌云、乐业、西林等县茶叶产业，抓好靖西、那坡、凌云、平果、隆林等县（市）优质桑叶种植基地建设，扩大缫丝生产，发展丝绸深加工品。依托百色中草药基地建设，配套发展生物制药、保健养生品等产业。培养和引进大型纸业企业，提高资源循环利用和环保治理水平。

（三）发展举措

一是统筹发展战略性新兴产业、先进制造业，培育高新技术产业、先进制造业集聚区，形成具有集聚效应的生态工业园区。到2020年，资源型和载能型产业比重进一步降低，新兴产业工业增加值占全市工业增加值比重提高到33%，工业园区工业增加值达到全市工业增加值的95%，制造业投资占工业投资的比重达到80%，高新技术企业占工业企业的10%。

二是加快培育和引进创新创业人才、高新技术企业和创新平台，加快形成产业创新发展体系。到2020年，自治区级以上企业技术中心和创新示范企业分别达到17家和6家，规模以上工业企业研发经费内部支出占主营业务收入比重达到3%，具有研发机构的企业占工业企业的15%。

三是大力实施提质增效工程，培育一批品牌产业、品牌企业、品牌产品。全面推进两化深度融合发展，基本建成网络化、智能化、服务化、协同化的两化深度融合产业体系。到2020年，应用电子商务开展采购、销售等业务的企业比例达到80%，工业企业关键工序数控率达到60%，企业管理信息系统应用率达到85%。

第23讲 加强生态型特色产业集聚发展的重点和方向

四是加快节能环保技术、工艺、装备推广应用,发展循环经济,基本形成绿色制造体系。到2020年,规模以上单位工业增加值能耗较2015年下降15%,单位工业增加值二氧化碳排放量达到国家"十三五"规划削减目标要求,单位工业增加值用水量较2015年下降18%,工业固体废弃物综合利用率不低于40%。

五是建成煤电铝一体化项目。紧抓全国电解铝布局优化和广西铝产业"二次创业"的重大机遇,加快推进煤电铝一体化项目建设,力争到2020年电解铝产能达到年产320万吨。

六是统筹区域电网建设。区域电网建设是实现铝产业"二次创业"关键因素和核心内容,是解决铝产业发展"瓶颈"的有效途径。要加快区域电网电源建设,重点推进华磊、百矿德保、信发二期等项目建设,推动锦江自备电厂、信发自备电厂、田东电厂、那吉电厂等实现全部并网。实施滇电黔电入百工程,加快八渡水电站开发并落实并入区域电网运行,加快与大电网合作。深入推进电力体制改革,以契约合作为核心实现区域电网各股东形成统一联合体。强化区域电网煤炭资源保障,支持百矿集团开展技改扩建,跨区域整合煤炭资源,扩大与贵州煤矿合作开发,提高煤炭保障能力。

二、河池市

河池市是广西深入开展以环境倒逼机制推动产业转型升级的城市,"十二五"时期,河池市深入实施环境倒逼机制推动产业转型升级,开辟大任产业园,促进涉重企业出城入园,以"专、精、特、优"为发展方向,为河池市工业经济转型升级奠定了基础。

(一) 发展方向

"十三五"期间是河池实现工业突围发展的关键期、增量提质的铺垫期和转型升级的机遇期,必须坚持生态文明建设与工业文明建设相结合,加大调整工业增长方式,推动发展路径、结构优化、资源开发全面升级,构建生态工业体系,围绕"做大总量,做长链条,做优结构,做强产业"目标,将生态理念融入到全产业链中,立足河池资源禀赋、产业基础和发展优势,以资源的高效利用和循环利用为核心,着重推进企业循环式生产、园区循环式流转、产业循环式发展,实现工业生态化发展。

（二）发展重点

一是加快改造提升传统产业。加快推进有色金属、食品、电力、化工、茧丝绸、建材、木材加工、机械制造、医药等传统产业的改造提升，促进企业技术进步，加快向产业链中高端转移，实现传统产业提质增效和转型升级。

有色金属产业。依托和发挥河池特色和优势资源潜力，优化区域产业分工与配套，形成产业集聚，坚持科技创新推进产业转型升级，在新材料、新技术方面取得新突破，推进清洁生产和循环经济发展。

食品产业。充分利用"世界长寿之乡"品牌，进一步推动食品产业向规模化、品牌化和高端化发展，重点发展制糖业、特色酒业、优质饮用水、特色茶业、食用植物油、核桃产品等绿色长寿食品。

电力产业。积极建设国家"西电东送"能源基地，合理扩建、新建和改造升级一批中小型水电站，积极开发火电、风力发电、生物质能发电和余热发电，构建多元、互补、稳定、经济、清洁的现代电力工业。

化工产业。积极推动现有化工企业与国内外大企业、大集团合作，运用先进适用技术改造化工传统产业，推动产业集聚和产品优化升级，积极推行清洁生产，大力发展循环经济，重点发展生物质化工、煤化工、硫化工、磷化工、化肥及农药产业。

茧丝绸产业。鼓励缫丝生产与桑园发展相结合，培育一批贸工农一体化的茧丝绸加工企业，着重引进和扶持一批重点骨干企业发展捻丝、绢纺、真丝针织、丝绸、印染、服装、床上用品、装饰用品等，逐步拉长产业链，带动设计、包装、检测等关联产业发展，加快推进广西蚕丝绸产业（宜州）循环经济示范基地建设，打造中国丝绸城。

建材产业。大力发展水泥预拌混凝土、砂浆、压力管、排水管、管桩、水泥预制件等制品，积极发展非黏土类空心制品、混凝土砌块、高档青水砖、彩色饰面砖和各种轻质板材、复合板材。重点发展环保型碳酸钙精加工，提高优质重钙和轻钙附加值，提高方解石、大理石花岗岩、辉绿岩等非金属矿产业附加值，推广再生资源的循环利用。

木材加工。以市场需求为导向，以产品创新为突破口，优化产业分工，打造林板家具、林化等产业链。按照"多元化、高端化"发展思路，重点发展免漆生态板、软木制品、高密度纤维板、中密度纤维板、机拼板、胶合板等产品，推进成套家具、建筑材料、装饰材料、木制工艺品等深加工产品。

医药产业。依托本地中草药资源，建设规范的中药、民族医药原材料生产基地，巩固和发展具有明显优势和地方特色的中药材，加快特色中药材的 GAP 规范化种植;加强具有显著环境与生态效益的中药、民族医药植物研究与种植技术推广,发展岩黄连、猫豆、广豆根等中草药材种植业,建设稳产、高产的中药材种植基地,实现种植、加工、销售一体化。

二是培育发展新兴产业。根据产业基础和资源优势,重点培育节能环保、新材料等产业,充分发挥新兴产业对传统工业的引领、提升作用,突破一批关键技术,推进产业结构优化升级。

节能环保产业。大力发展资源能源综合利用和再生资源利用,开发推广高效节能环保技术和产品、先进适用节能环保装备,以及大力推行清洁生产和低碳技术。鼓励绿色消费,提高资源利用率。

新材料产业。依托丰富的锡、锌、锑、铟以及非金属等矿产资源,加强对外合作,积极引进新工艺、新技术和新装备,研发生产与传统材料产业关联融合的新材料产品,促进传统产业转型升级。大力发展新型合金材料、电子信息材料、新型建筑材料、纳米粉体材料。

(三) 发展举措

一是加强创新平台建设。积极开展产学研合作交流,深化与中国科学院、清华大学、北京有色金属研究总院等国内知名高校、科研院所和企业合作,建立院士联系点、博士服务站、人才小高地等平台,在专利申报、重大科技突破、新产品研发上给予支持,激励企业加大研发投入,培育一批创新型企业。在有色金属、茧丝绸、核桃、民族医药、生命健康、生态环保等领域新建重点实验室。提升现有创新驿站、技术转移示范机构、科技孵化器等服务平台创新供给功能。

二是增强协同创新能力。强化企业创新能力,提升企业技术创新主体地位,鼓励支持科技型中小企业健康发展,落实企业研发费用加计扣除政策,扩大固定资产加速折旧实施范围,推动设备更新和新技术运用。推动跨领域跨行业协同创新,加强核桃、茧丝绸、长寿健康养生食品等产业精深加工的创新开发,在有色金属新材料、碳酸钙新材料、生物质化工、新能源汽车制造等领域取得一批核心技术突破,促进创新成果转化。

三是强化人才保障。深入推进人才强市战略,实施高层次人才培养引进工程、特聘专家工程、人才小高地建设工程、"十百千"人才培养工程等重点工程,统筹推进各类人才队伍建设,不拘一格引进和使用人才。依托重点产业、重大项目和重要科研创新平台,促进优秀人才和产业项目对接,鼓励科研人员和大学生创业,强化产学研合作发展。创新人才发展体制机制,优化人才创新创业环境。

三、崇左市

崇左市是广西特色工业发展的主要集聚地,糖业和锰深加工产业在全国具有重要地位。崇左市要大力实施糖业、锰业"二次创业",全力培育口岸加工业、新材料产业等新动能,加快转方式调结构,着力打好产业转型升级攻坚战。

(一) 发展方向

建成全国蔗糖循环经济示范基地、国家生态型锰业产业基地,打造国家边境地区进出口加工示范基地、全国红木加工示范基地、国家应急产业综合示范基等国家级产业基地,打造广西重要的铜循环产业示范基地、低品位铝土矿生态型循环经济示范基地、稀土产业发展基地、木材加工示范基地等区域性示范基地,全面提升崇左产业在国内外行业的影响力和竞争力,在改造提升传统产业和培育发展特色优势产业中,通过招商引资和技术创新,重点培育发展新能源、新材料等战略性新兴产业,有力带动崇左产业结构优化升级。

(二) 发展重点

一是加快构建具有崇左特色的现代工业产业体系。坚持加快"糖、锰、木"等传统优势产业转型升级,下大力气培育壮大口岸加工业和战略性新兴产业,推进产业结构迈上中高端。推进糖业"二次创业",建成201万亩甘蔗"双高"基地,抓好蔗糖企业兼并重组,大力推进蔗糖产品精深加工,建设糖业大型仓储物流中心和销售平台,打造全国蔗糖循环经济示范基地。大力实施锰业"二次创业",加快生态型锰业项目、锰系新材料项目、动力电池产业项目建设,加快电力体制改革,打造全国重要的生态型锰业产业基地。大力发展新型建材、中高端林产林化等特色资源产业。发展壮大坚果加工、休闲糖果、海产品加工、健康食品为主的特色食品产业。大力发展口岸加工业,在坚果、冷冻海产品等特色食品,红木加工,机电、服装出口等产业上取得突破性进展。加快推进南国铜业、中信大锰三元新材料、中铝稀土、湘桂酵母、龙州氧化铝等重大项目建设,着力培育新能源、新材料、新型装备制造业等新兴产业,形成新的经济增长点。

二是优化产业布局。加快一批工业园建设,形成各具特色、优势互补、错位发展的格局,重点在提升各类工业园区发展水平上下功夫。强力推进中泰产业园、广西中国—东盟青年产业园、凭祥边境经济合作区等重点园区建设,建设崇左高新技术产业开发区，协调发展县域工业集中区，促进园区差异化特色发展。集中力量开展土地平整、标准厂房及相关配套设施、道路、供水、排污等八大工程，实行"园中园"等模式，加快建设广西糖果休闲食品产业园、广西·东盟特色食品产业园、崇左南国铜循环产业园等重点特色园区。

三是实施创新驱动战略。着力提升企业产品质量争创品牌，努力创建一批国家和自治区级名牌产品、著名商标。创建一批自治区级创新平台，推动企业加快建设国家级自治区级企业技术中心、研发中心，培育自治区级及以上技术创新示范企业、产学研用一体化企业。推广先进节能环保技术、工艺和装备，开展节能降耗工程，鼓励和支持企业开展清洁生产审核工作并实施清洁生产方案。实施一批"两化"融合项目和智能制造项目，支持企业在设计、采购、供应、生产、销售等各环节建设信息管理系统。以建设国家级高新技术产业开发区为目标，在中泰产业园规划建设崇左高新技术产业开发区。

四是深化国际产能合作。要积极融入国家"一带一路"建设，瞄准国际国内两个市场，加快建立全方位、多层次、宽领域、高水平的开放型产业发展格局。一方面要打造中国东盟产业合作平台。积极参与和推动国际产能合作，发挥沿边开放优势，加快建设广西凭祥重点开发开放试验区、中越凭祥—同登跨境经济合作区、中泰崇左产业园等开放开发平台，打造中国与东盟开放合作的产业新平台。另一方面要创新发展口岸加工业。依托崇左边境口岸和边民互市点，加强规划引导和基础设施建设，加强招商引资工作，主动承接产业转移，发展边境加工贸易，从"通道经济"向"加工经济"转变，延长加工贸易国内增值链条，推动加工贸易转型升级，逐步打造成为沿边经济带。

（三）发展举措

一是深化改革激发活力。加快产业转型升级，需要通过深化改革来释放红利，工业领域更是大有文章可做。要加快推进审批制度改革，推进"权力清单""负面清单"管理。推进财税扶持工业模式改革，优化使用工业经济发展专项资金。推进工业用地弹性管理制度改革，新增工业用地重点投向投资强度大、附加价值高、带动能力强的企业或产业。推进园区管理体制改革，充分授予园区主要经济管理权限和相关行政管理职能。探索对园区管委会领导班子成员实行年薪制，其他人员实行岗位聘任制，以岗定酬。探索建立新兴产业引导投资基金，以市场化方式引导社会资本投资新兴产业。

二是强化重点项目建设带动。项目是载体，是后劲，工业转型升级必须要有好项目、大项目来支撑。着重策划一批附加值高、拓展产业链，有助于提升产业发展质量的重大项目。密切关注新能源、新材料等领域的发展动态，规划建设一

把握新时代的转型之路

批新兴产业项目。突出抓好重大产业项目建设,实施市四家班子领导挂点联系重大项目建设制度,建立健全工业项目库,实施年度重大产业项目建设计划,开展重点项目策划招商等。通过建设高质量的重大项目,发挥"四两拨千斤"的作用,带动产业转型升级。

　　三是全方面降低生产成本。低廉的生产要素成本是加快企业发展和吸引项目落地的关键,要多举措着力降低企业生产成本。着力降低企业用电成本,推动企业参与全区电力直接交易,鼓励企业建设动力车间,探索在工业集中区开展售电侧改革试点等。着力降低企业融资成本,进一步完善企业"惠企贷"业务,支持有信誉发展好的企业发行企业债券、公司债券、短期融资券和中期票据等,拓宽企业债务融资渠道。着力降低企业物流成本,加快完善综合交通体系,认真贯彻落实各级降费政策,引进现代大型物流企业进驻崇左市,整合以工业物流基础设施为主的物流资源。

第24讲 如何着力推进产业空间优化布局

"十三五"期间,要树立创新、协调、绿色、开放、共享的新发展理念,遵循现代产业发展规律和区域一体化发展的趋势,加强规划引导和统筹布局,培育一批主业突出、两化融合、配套完善、集约高效的产业集聚区,不断优化空间布局,做大做强重点产业,加快形成布局合理、要素集聚、优势互补、功能互济的空间发展格局。

一、培育发展现代产业园区

产业园区是实现工业转型升级和两化融合的载体,随着园区集聚度的不断提升,打造现代产业园区已经成为加快新型工业化进程的必然手段,要引导产业园区走质量效益型发展之路,成为带动经济社会发展和加快工业转型升级的核心载体。

(一)发展思路

"十三五"期间,广西鼓励各地依托比较优势,着力打造具有专业特色和比较优势的现代产业园区,防止低水平重复建设。实施分类指导,探索动态管理,把创新能力、品牌建设、规划实施、生态环境、投资环境、行政效能、新增债务、安全生产等作为现代园区建设的重要指标导向,加快产业园区行政管理体制改革,进一步下放审批权限,支持开展外商投资等管理体制改革试点,推进商事制度改革,鼓励符合条件的产业园区按程序申报设立海关特殊监管区域,打造一批产业集聚、开放合作、创新驱动、绿色集约、管理先进的现代产业园区。

(二)建设任务

一是加快建设特色产业园区。广西各县域工业园区根据当地优势资源,积极打造2~3个主导产业,促进产业集聚,推进特色产业园区建设,形成"一县一业"发展格局。围绕主导产业,积极打造产业链条,培育发展一批专业化水平高、配套能力强、产品特色明显的协作配套型中小企业,形成产业集群效应。依托特色产业园区,推进建设10个特色产业小镇。明确技术路径和重点技改项目,培育一批"高精特新"企业成为广西和全国同行的"单项冠军"企业。整合资源,建设一批农副产品加工特色产业园区。依托广西丰富的农产品资源,以精深加工为重点,引进、培育农产品加工龙头企业,提升县域农副产品加工水平。重点发展粮油、茶叶、糖料蔗、桑蚕、果蔬、畜禽、林特产品等农产品加工,提高农副产品加工业竞争力,实现农副产品增值和利润最大化。重点推进10个农副产品加工特色产业园区建设。

二是提升园区基础设施水平。到2020年,力争实现县域工业园区已开发区域达到规划面积的一半以上,园区已开发区域基础设施按园区规划实现通水、通电、通路、通信、通热(通气)、土地平整"五通一平"。推进产城融合发展,加快工业园区的文化教育、医疗卫生、商贸物流、公共交通、餐饮娱乐等配套设施建设,完善园区综合服务功能,实现工业园区基本形成适应生产和生活需要的现代服务业体系,提升工业园区基础设施配套水平和承载能力。

三是推进园区服务平台建设。加大对县域工业园区服务平台建设的扶持力度,尤其是面向公共服务的设计、检验检测、企业孵化服务等公共平台建设。到2020年,自治区重点县域工业园区和县域特色产业小镇公共服务支撑体系不断完善,其他县域工业园区建立服务于当地主导产业的公共服务平台。

专栏7 培育发展现代产业园区的主要举措

一是切实加强组织领导。建立自治区工业园区建设工作联席会议制度(以下简称"联席会议"),联席会议成员单位是由自治区工业和信息化委、发展改革委、科技厅、财政厅、国土资源厅、环境保护厅、商务厅、金融办等部门组成,联席会议办公室设在自治区工业和信息化委。联席会议要根据工业园区建设工作需要不定期召开,统筹协调县域工业园区建设过程中遇到的重要事项和重大问题。联席会议各成员单位要加强对工业园区建设的指导工作,共同推进工业园区建设工作。

二是提升园区人才队伍素质。加强工业园区管理人员培训工作,提高园区人才队伍素质。组织工业园区学习考察外省先进园区的建设管理经验,提升广西工业园区建设管理水平。加强工业园区管委会干部的挂职锻炼,选派一批工业园区干部到市、县机关或区内外高水平的工业园区挂职,提高工业园区管理人才队伍素质。

三是完善园区统计及信息沟通制度。全区各级统计部门及工业和信息化部门协调联动,建立完善园区统计制度,提高园区统计对指导和评价园区发展的权威性、引领性和指导性。以信息化网络为依托,推动建立园区信息资源交换平台与中心,实现各级各部门与园区数据共享、信息互通、即时监测,为推动园区加快建设发展提供数据基础和信息支撑。

二、着力打造特色产业基地

"十三五"期间,广西将着力打造特色产业基地,充分结合特色产业发展基础、特色资源优势和区位条件,引导产业集聚发展,加快推进电子信息产业基地、高端装备制造业基地、高端铝及精深加工产业基地、生态铝产业基地、生态环保型有色金属产业示范基地、生物医药产业基地、碳酸钙及新型建材产业基地、糖业循环经济示范基地、生态锰产业基地、日用陶瓷产业基地、茧丝绸产业基地、沿边进出口加工基地等建设。加快延伸产业链,引导企业就地精深加工,引进关联配套、上中下游产业项目入驻产业基地,提升产业基地内部关联配套、协同服务发展能力,实现产业基地纵向延伸、横向拓展。鼓励特色产业基地加强与高等院校、科研机构合作,开展协同创新,不断提升企业创新能力和开发新产品能力,促进制造业服务化,形成特色优势产业,推动特色产业基地转型升级。

一是加强规划引领。以现有特色优势产业为依托,对特色产业基地发展进行整体规划、科学论证和精准定位。各地要整合要素资源,瞄准行业龙头,抢占基地发展的制高点,聘请一流的专家团队对现有基地的产业链进行设计和完善,进一步明确产业延伸的方向和重点,注重发展研发、制造、销售、物流等一体化产业链体系,切实提高产业协作配套水平。严格按照规划组织实施,切实做到项目跟着规划走、资金跟着项目走,以科学的规划引导特色产业基地提档升级。

把握新时代的转型之路

二是注重规模培育。着力从整体上挖掘区域产业竞争优势,进一步加快基地发展速度,壮大产业规模。重点支持特色产业基地内主营业务收入超过 10 亿元的骨干企业,并将其努力打造成基地龙头。加快推进与基地主导产业相关的生产性服务业及相关产业的配套发展,加强产业协作。鼓励产品市场前景好、成长性好的企业优先进入特色产业基地,支持成建制、配套企业优先进入特色产业基地。采取政府引导与市场机制相结合、迁入与迁出相结合方式,促进同类和上下游企业集聚和联合重组,壮大企业规模,形成一批具有较强竞争力的大企业集团。

三是推进两化融合。围绕基地升级和企业创新,大力推进信息技术在特色产业基地建设中的渗透和覆盖,以技术融合促进提档升级,推进新一代信息技术在基地内企业广泛应用。重点以设计的数字化创新研发手段,进一步提升企业的自主创新能力。以装备产业的智能化实现生产过程自动化,进一步提升企业的敏捷制造能力。以信息平台的集成化实现扁平化管理,进一步提升企业的按需即供运营能力。以商务电子移动化实现服务定制化,进一步提高客户的向心力与凝聚力。以两化融合促进节能减排与安全生产规范化,进一步提升企业的持续创新与发展能力。

专栏 8 特色优势产业基地建设工程

电子信息产业基地。以北海、南宁和桂林为重点,大力发展台式计算机、笔记本电脑、平板电脑、节能型液晶模组平板显示器、液晶电视、电声产品、智能手机、便携式存储产品、可穿戴智能设备和北斗导航产品等。重点打造中电北海电子信息产业园、富士康南宁科技园和桂林电子信息产业园。

高端装备制造业基地。以柳州、南宁、桂林、玉林、钦州等为重点,加快发展新能源汽车、轨道交通装备、中重型机械装备、智能装备制造、新型建筑机械、新型农用机械、节能环保设备、海工装备等产品。

高端铝及精深加工产业基地。以南宁、百色、柳州、来宾、贺州为重点,加快高端铝产业发展和铝精深加工产业基地建设,大力发展特色铝产业链循环经济发展模式,支持"精铝—铝光箔—中高压电子铝箔—铝电解电容器—电子元器件"及相关产业全产业链贯通和中下游延伸。

生态铝产业示范基地。发挥百色、崇左铝土矿资源优势,打造生态铝产业链,加快推进煤电铝一体化。优化发展氧化铝,在实现铝电结合的基础上适度发展电解铝，鼓励初级产品就地转化加工，大力发展铝精深加工，配套发展电力、煤炭、碳素、烧碱、氟化盐、赤泥综合利用等铝工业配套产业。

有色金属生态环保基地。发挥河池有色金属矿产资源优势和产能优势，建设河池生态环保型有色金属示范基地、河池·南丹有色金属新材料工业园和河池大任产业园，鼓励企业加快兼并重组、退城入园，引导冶炼企业向精深加工、提高产品附加值方向发展，加强矿产资源的综合开发利用，通过技术改造促进节能降耗，大力实施清洁生产。

生物医药产业基地。以南宁、柳州、玉林、梧州、桂林等为重点，发展现代中医药产品、壮瑶药、新型疫苗和诊断试剂，加快推进胶囊、肝舒胶囊、排毒胶囊等壮药产业化、民族药品生产基地建设、中草药材加工基地建设等，研发抗癌、心脑血管、抗病毒、提高免疫等医药产品，开发海洋生物药品和半合成药物等。

碳酸钙及新型建材产业基地。以贺州和来宾为重点，大力发展高端碳酸钙、高附加值的优质浮法玻璃和深加工玻璃、新型建筑材料。加快发展人造岗石、纳米级碳酸钙、轻质碳酸钙等碳酸钙精深加工。将贺州、来宾打造成为我国重要的重质碳酸钙产业基地，加快贵港、河池、百色碳酸钙生产基地建设。

糖业循环经济示范基地。依托崇左、来宾糖料蔗"双高"基地建设，完善提升循环经济与综合利用产业链，努力建成全国糖业循环经济示范省区，实现糖业循环经济与综合利用保持"三个领先"，即食糖产量保持全国领先，占全国的比重稳定在60%左右；循环经济与综合利用水平保持全国同行业领先；工艺技术和装备水平、成本控制、产品质量等保持全国同行业领先。

生态锰产业基地。发挥崇左、百色、来宾等地的锰矿资源优势，按照规模生产、清洁生产和循环经济要求，改造提升现有采选冶企业，推进锰矿采、选、冶炼及精深加工产业一体化发展，深入实施锰电结合，重点发展高附加值、高技术含量的锰系列精深加工产品，延长锰精深加工产业链。

日用陶瓷产业基地。以玉林、钦州、梧州等日用陶瓷产区为重点，积极培育自主品牌、不断调整产品结构，开发中高档产品和高附加值产品，加强功能性产品的研究，大力研发釉中彩、骨质瓷、硬质瓷、象牙瓷、环保高档酒店瓷等高端产品，创新研发自洁陶瓷、保健陶瓷等新品种。

茧丝绸产业基地。以河池、梧州、南宁、来宾等为重点，培育壮大一批蚕茧生产、收烘、缫丝加工农工贸一体化的茧丝生产龙头企业。巩固提升缫丝生产，积极推进东绸西移，发展捻线丝、丝织、印染等深加工产业，推进

把握新时代的转型之路

一批大型丝绸印染企业和茧丝绸深加工项目,布局发展丝绸服装、家纺产业。

沿边进出口加工基地。发挥崇左、百色、防城港的沿边口岸优势和沿边金融改革政策优势,加快边境小额贸易发展,利用进出口资源,深入实施加工贸易倍增计划,重点发展特色水果、坚果、农副产品、农机产品、纺织服装和矿产品加工等,建设进出口加工产业园区。

三、加快推进产城互动建设

产城互动是工业园区建设的必然方向,是实现工业转型升级的重要抓手。要加快推进产业园区化、园区城镇化、产城一体化建设步伐,推进试点园区产城互动发展,重点打造一批产业基础好、配套条件完善、发展潜力大的产城互动园区,以产业为支撑,以城镇为基础,拓展产业承载空间,促进城镇更新,完善服务配套,坚持以产兴城、以城促产,实现园区建设和城镇建设资源的优化配置。加强产城互动试点园区内部的基础设施建设,完善学校、宾馆、餐饮服务、医疗卫生、网络信息等各类配套设施建设,全面提升产业园区的生产生活供给能力和供给水平。加强产业园区与所在城镇、中心县城之间的互联互通建设,加快实施一批关键性和瓶颈性互联互通项目。积极推进中心城区与产业园区的融合发展,实施一批高新技术产业和现代生产性服务业项目。

专栏9 产城互动试点园区建设工程

要按照"产城一体、三产融合、互动发展"的发展思路和"产业园区化、园区城镇化、产城一体化"的建设导向,以产业集聚发展和基础配套建设为主线,积极推进特色优势产业、都市型工业和现代服务业同步发展,全面增强园区产业集聚功能、生产服务功能、商贸物流功能、消费服务功能。到2020年,力争建成一批功能完善、特色鲜明、产业集聚、环境优美、节约集约、社会和谐的产城互动发展示范园区,努力建设成为产业布局合理、城镇建设科学、产城功能完善的示范省(区)。

四、打造一批生态产业园区

坚持以科学规划引领发展,以绿色产业支撑发展,以生态经济和生态环境为建设重点,全面提升园区的形象与品质,按照"布局优化、企业集群、产业成链、物质循环、集约发展"的要求,推动现有产业园区生态化改造,发展主导产业链型生态产业园区。在经济开发区、高新技术产业开发区、资源枯竭地区及老工业区,采取新建和"以园建园"形式,大力发展生态产业,重点支持南宁、梧州、贺州等生态产业园区和河池市工业园区大任产业园建设。到2020年,全部国家级园区和30%的自治区级园区完成生态化改造,其他自治区级园区全部启动生态化改造,建成一批主导产业链型生态产业园区,南宁、梧州、贺州、河池生态产业园建成并发挥示范带动作用。培育一批国家级生态工业示范园区和生态产业园,继续扶持贵港国家生态工业(制糖)建设示范园区。

南宁生态产业园。加快推进清洁生产和循环发展,降低资源消耗和污染物排放,大力推动制糖、建材、火电、造纸、木材加工、淀粉酒精等重点传统产业生态化改造,延长产业链条,发展精深加工。大力培育发展新能源和清洁能源汽车、新能源和可再生能源开发、节能环保装备制造、生物医药、新一代信息技术等新型生态工业,构建低能耗、低排放、高效益的生态工业体系。以节能环保装备(产品)制造为主导,创新节能环保产品营销模式和服务模式,推进节能环保产业综合性生产研发基地建设,建设成为集研发、生产、销售、运营、服务咨询于一体的生态产业园区。

梧州生态产业园。依托现有的产业基础和承接东部产业转移的区位优势,建设低碳节能环保产业物流中心、环境交易所、环境保护技术研究中心和实训基地等,大力推进节能环保、新能源、新能源汽车、生物医药、新材料等新型生态工业,构建集约高效循环生态工业产业链。推动有色金属、再生不锈钢制品、陶瓷建材、钛白化工、人工宝石、纺织服装等传统资源型产业生态化改造,全面推行清洁生产,降低资源消耗和污染物排放。打造环保技术与产业合作示范基地、节能环保设备制造产业基地,建设成为以先进制造业为主导、以生产性服务业为支撑的绿色产业园区。

贺州生态产业园。按照建设特色型、外向型、生态型、创新型工业园区的目标,坚持"产业集聚、资源集约、生态优先"的发展战略,加快完善园区基础设施建设,推动工业园区提质增效转型发展。加快推进纳米复合材料的研发和生

把握新时代的转型之路

产,大力发展新型装配式建筑材料,实施生态铝电子工程,构建铝电子生态产业链,配套建设产学研基地、技术服务中心、物流中心、技术交易中心,重点构建铝电子生态产业链,在此基础上加快发展新材料、节能环保、电子信息等高新技术产业,打造低能耗、低污染、关联度强的生态产业园区。

河池市工业园区大任产业园。依托优越的资源优势,引导有色金属、化工、建材、制糖、茧丝绸、水电等资源型产业,延伸产业链,提高资源精深加工水平和资源就地转化率,打造有色金属、制糖、水电、茧丝绸等工业基地。发展特色型、生态型工业园区,深入实施环境倒逼机制来推动产业转型升级,结合环境治理,积极发展资源综合利用产业,建设以有色金属冶炼和深加工、化工及建材为主导,其他产业配套发展的资源综合利用和循环经济产业园区。

五、培育壮大工业经济强县

不断培育壮大县域工业经济,为广西工业稳增长注入持续动力。"十三五"期间,广西强化空间规划和"多规合一",科学谋划县域工业布局,引导各县域依托当地资源、市场和区位优势,找准发展定位,不断优化工业布局,发展特色优势产业,推动产业扶贫开发,以农产品加工、特色资源开发和承接产业转移为着力点,大力发展资源开发加工型、产业项目配套型、劳动密集型产业,积极培育名优产品和骨干企业,加快建设县域特色产业集群,培育壮大一批县域工业强县。加强工业园区与重点城镇同步规划建设,盘活闲置厂房,整合零散空地。创新园区管理体制和运行机制,积极探索租赁、承包、股份合作等多种运行模式,提高工业集中区建设市场化水平。

县域工业集中区建设工程。各县域工业集中区根据当地优势资源,促进产业集聚,推进特色产业园区建设,积极发展专业化协作配套产业和劳动密集型工业,建设各具特色的县域工业集中区,引导各类项目向工业园区集中,培育壮大一批自治区重点产业园区和A类产业园区。

贫困县产业园区建设工程。积极发展特色农产品加工业,鼓励地方扩大贫困地区农产品产地初加工补助政策实施区域,加强农产品加工技术研发、引进、示范和推广。立足区位条件和产业基础,发挥特色资源优势,发展特色产业集群,辐射带动贫困群众发展生产、增加收入,打造一批集种养、深加工、销售于一体的工业扶贫园区。引导农产品加工业向贫困地区县域、重点乡镇和产业园区集中,打造产业集群。

农民工创业园建设工程。进一步完善园区基础设施，打造优质创业平台，以免费或低价租赁的方式为创业农民工提供创业场地，提供项目信息、开业指导、融资支持、政策咨询、权益维护、就业咨询等服务，吸纳返乡劳动力和社会新增劳动力，解决精准识别贫困劳动力的就业问题，进而带动贫困人口脱贫致富。进一步培育特色产业，打响特色产业品牌，建设成为富有本地特色的农民工创业园。

六、打造高铁工业经济带

高铁工业经济带是助推器，也是优化产业结构、助推现代产业体系建设的加速器。"十三五"期间，高铁工业经济带将更加健全完善，更加密切连接产业发展，要依托粤桂黔高铁经济带、南广高铁经济带、湘桂高铁经济带和云桂高铁经济带建设，加快各类发展要素向高铁沿线中心城市、重点园区集聚，将南宁市、桂林市、柳州市、贵港市打造成为高铁经济带工业核心城市，加强与高铁沿线城市产业对接合作，推动产业优势互补、双向转移。沿高铁经济带重点布局先进装备制造业、节能与新能源汽车、电子信息、生物医药和新型建材等产业，加快推进产业向园区聚集，全面推进粤桂黔高铁经济带试验区（广西园）、粤桂合作特别试验区、粤桂产业合作示范区、百色—文山跨省经济合作园区等跨省合作园区建设。依托高铁经济带建设，全面对接粤港澳大湾区，加快桂东国家承接产业转移示范区提速升级，推进南宁高新区、柳州高新区、桂林高新区和广州高新区、广州知识城、贵阳高新区等建立产业合作创新联盟，辐射带动高铁经济带发展。

一是区域产业承接转移实现"互联互通"。贵广、南广高铁的开通形成了一个横贯粤桂黔的"Y"字形快速客流通道，泛珠城市互通大西南腹地的通达性大大提升，高铁开通后缩短至3~4小时，粤桂黔形成4小时经济生活圈。日益发达的高铁网不仅为广东及周边省区经济转型发展提供了强有力的运输支撑，也使珠江—西江经济带、黔中经济区和粤港澳大湾区等经济板块实现了"互联互通"，以高铁为纽带的粤桂黔区域合作有利于加快制造业和新兴产业发展。

二是禀赋差异越大，合作空间越广。高铁经济带在生态环境、特色资源、发展阶段、产业基础等方面具有很强的互补性，加快广东制造业转移，有利于粤桂产业互补，贵广、南广高铁开通带来的粤桂黔"4小时交通圈"，对促进物流产业升级以及沿海传统产业向内陆西南中南腹地梯度转移发挥积极作用，对区域产业转型升级、融合发展带来了积极影响，也有力地带动了西南中南欠发达地区加快发展。

三是"一区三园"探索跨区域合作新模式。为落实贵广、南广高铁经济带合作框架协议,粤桂黔三省区签署了《贵广、南广高铁沿线城市战略合作框架协议》,以"一区三园"(即粤桂黔高铁经济带合作试验区广东园、广西园、贵州园)共同推进粤桂黔高铁经济带合作试验区建设,佛山提出率先建设粤桂黔高铁经济带合作试验区(广东园),通过佛山—柳州双向合作将带动珠江—西江经济带产业转型升级。

第六篇　强化要素支撑　夯实发展基础

工业和信息化发展本质上是要素集成和要素优化提升的过程，因此，实现工业转型升级、加速两化深度融合就必须要有强有力的要素支撑，"十三五"期间，必须健全完善创新平台、互联互通、土地利用、能源供给、财政金融、人才保障等关键要素支撑体系，不断夯实工业和信息化的发展基础。

第25讲 创新平台支撑

创新平台建设是工业和信息化建设的关键载体。目前，广西基本形成以国家级技术创新示范企业、企业技术中心为核心，自治区级企业技术中心、研发中心等创新平台为骨干，市级创新机构为基础，产、学、研、用相结合的工业技术创新体系，全区共有工业企业创新平台636家，其中国家级技术创新示范企业6家，国家级企业技术中心9家，自治区级技术创新示范企业25家，自治区级企业技术中心323家，自治区级研发中心130家，自治区级产、学、研、用一体化企业152家。

一、培育一批国家创新平台

加快建立以制造业创新中心、技术创新示范企业和企业技术中心为载体、以公共服务平台和工程数据中心为重要支撑的制造业创新平台。围绕制造业重大共性需求，在机械、汽车及零配件制造、有色金属、新材料、新一代信息技术等传统优势领域和新兴产业领域选择一批技术创新能力较强、创新业绩显著、具有重要示范和导向作用的企业，培育成为国家级技术创新示范企业和企业技术中心，到"十三五"期末，力争国家企业技术中心达到11家，国家技术创新示范企业达到10家。建设国家级工程研究中心（实验室），重点建设玉柴高效节能环保内燃机等国家工程实验室，在新一代信息技术、智能装备制造、节能环保、新能源汽车、新能源、大健康等领域培育国家工程研究中心（实验室）。支持中国科学院等国家科研机构到广西建设分院、分中心，加快建设提升国家海洋局第四海洋研究所。推进北部湾国家级高新技术产业带和珠江—西江高新技术产业带，创建南（宁）柳（州）桂（林）国家自主创新示范区，推动南宁、柳州、桂林、北海国家高新区建设创新型特色园区，支持梧州、钦州高新区创建国家级园区，以

把握新时代的转型之路

及支持桂林经济技术开发区升级为国家级经开区。支持国家"双创"基地城市建设。实施制造业创新中心建设工程,创建国家级工业设计研究院。支持贺州建设国家级住宅产业化基地。

二、打造一批自治区级创新平台

一是鼓励支持企业建立创新和产业共性技术研发平台。重点支持优势特色产业和战略性新兴产业的行业龙头企业建立一流的企业技术创新和产业化平台。加快建设一批自治区工程院、企业技术中心、研发中心、工程技术研究中心、技术创新示范企业和创新型企业。针对重点行业和技术领域的特点和需求,在食品、汽车、石化、电力、有色金属、冶金、机械、建材、造纸与木材、电子信息、医药、纺织服装与皮革、生物、修造船与海洋工程装备等重点产业和新材料、新能源、节能环保、海洋、生物医药、新一代信息技术、新能源汽车、生物农业、先进装备制造、养生长寿健康等战略性新兴产业中,依托行业龙头企业,加强与高等院校、科研院所合作,推动建设一批自治区产业化工程院和研发中心,加强共性技术研发和创新成果产业化。开展自治区制造业创新中心试点,鼓励支持企业建立创新和产业共性技术研发平台。

二是支持建立以企业为主导的产业技术创新战略联盟和产学研用合作机制。围绕主导产业发展和战略性新兴产业培育需求,依托龙头企业,联合高等院校、科研机构,建立成果和资源共享、风险共担的产业技术创新战略联盟。鼓励和支持联盟在组织模式、运行机制和发挥行业作用、承担重大产业技术创新任务、落实自主创新政策等方面先试先行。建立政府引导、企业主导、高等院校和科研机构协同推进的产学研用合作机制。引导和支持企业联合高等院校、科研机构共建研发中心、技术中心、博士后工作站、重点实验室等创新平台。鼓励技术持有方以技术、设备入股等形式,与投资者建立优势互补、风险共担、利益共享的合作实体,实现产业发展与科技研发的共生融合。

三是加快建设技术创新公共服务平台。加快建设一批支撑产业发展的高层次研究机构、高水平研发中心,构建一批面向企业技术创新的综合性和专业性服务平台。吸纳国内外创新资源,重点建设一批工程研究中心(实验室)、企业技术中心、重点实验室等研发机构。加快建设新产品、新技术推广和交易平台,建立技术需求和科研成果发布工作机制,举办新产品研发、设计、营销和产业化方面的培训，举办专业展会推介新产品和新技术。

四是推动科技资源开放共享。建立健全科研院所、高等院校、企业的科研设施和仪器设备等科技资源向社会开放的合理运行机制。加大国家和自治区重点实验室、工程实验室、工程（技术）研究中心、大型科学仪器中心、分析测试中心等向企业开放服务的力度，将资源开放共享情况作为绩效考核的重要指标。加强对科技基础条件平台开放服务工作的绩效评价和奖励补助，引导拥有科技资源的单位主动对企业开展专题服务。加强区域性科研设备协作，提高对企业技术创新的支撑服务能力。

三、建设一批创新创业载体

一是实施"双创"平台建设工程。在机械、汽车、有色、冶金、电子信息等行业开展"双创"平台建设，选择重点行业骨干企业，培育建设一批制造业互联网"双创"平台，支持广西玉柴机器集团有限公司、广西柳工集团有限公司、上汽通用五菱汽车股份有限公司等龙头骨干企业和大型制造企业，在建立企业研发、设计、生产、采购、配送、服务等多个部门业务协同创新平台的基础上，打造基于创业创新、网络众包等制造业互联网"双创"平台，加快构建新型研发、生产、管理和服务模式，进而推动"互联网＋"创业创新活动加速发展。

二是打造中小企业互联网"双创"平台。发挥国家级和自治区级中小企业公共服务平台的示范作用，鼓励各市立足现有中小企业服务平台，搭建具有特色的"双创"平台或中小企业云计算平台。组织各市申报国家级或自治区级小微企业创业创新基地城市示范和小型微型企业创业创新示范基地。支持制造企业联合科研院所、高等院校、基础电信企业、互联网企业建设面向中小企业的互联网"双创"平台，推动中小企业加快构建新型研发、生产、管理和服务模式，促进技术产品创新和经营管理优化。鼓励开展中小企业信息化示范推广行动，加大对中小企业信息化项目支持力度。

三是推动"双创"服务体系建设。依托高新技术产业开发区、科技企业孵化器、大学科技园和高校、科研院所等，大力发展众创空间等创新创业服务平台，完善服务模式，培育创新文化。大力支持南宁·中关村"双创"示范基地申请国家级"双创"示范基地，形成可复制、可推广的"双创"服务模式和经验，快速提升区域创新创业服务体系建设水平。提升互联网设施建设水平和保障能力，支持工业园区和企业与电信企业开展合作，将通信基础设施纳入全区各类工业园区的基础设施建设规划，有效降低企业电信宽带资费成本。工业园区要开放互联网公共平台聚集的各类资源，加强与各类创业创新基地、众创空间合作，建立高效协同的"双创"新模式。

第26讲 互联互通支撑

党的十九大提出要实现交通强国建设目标,在高速铁路网络体系逐步形成的前提下,打造现代综合交通体系,提升互联互通能力,将为区域工业和信息化发展提供更为有力的基础支撑。"十三五"期间,广西将围绕中央赋予"三大定位"的新使命和新要求,加快构建海上东盟、陆路东盟、衔接"一带一路"、连接西南中南地区、对接粤港澳"五大通道",建成覆盖面广、相互衔接的现代综合交通运输体系。

一、公路交通

公路交通建设是实现高效互联互通的基础支撑,有助于缩小区域产业发展的基础差距。"十二五"期间,广西公路建设取得突破,完成固定资产投资2979亿元,新增公路里程1.62万公里,总里程达到11.8万公里,路网密度由"十一五"期末的43公里/百平方公里增加到49.85公里/百平方公里,高速公路主骨架基本形成,总里程达到4289公里,通达全区14个设区市和87个县(市、区),高速公路通县率达到80%,与相邻省或国家均建成两条以上的高速公路通道,二级及以上高等级普通公路里程从"十一五"期末的9522公里提高到12226公里,占总里程的10.4%,实现县县通二级以上公路。

建设目标。构建"六横七纵八支线"高速公路网络,全区公路总里程达到13万公里,其中高速公路里程达到7000公里左右,高速公路通县率达到100%;二级及以上高等级普通公路里程突破17000公里,其中普通国省干线二级公路以上比例达到70%。

重点任务。建设等级高覆盖广的公路网络。加快骨干公路和普通国省道及农村公路建设,形成服务水平高、保障能力强、覆盖面广、扶贫功能突出的基础公路网。积极构建"六横七纵八支线"高速公路网络,基本形成覆盖所有市县的高速公路主骨架。加快实施国省道干线公路提级改造,基本消除断头路,提高普通公路服务能力和水平。建设一批连接铁路公路站场、港口、机场的集疏运线路,增强枢纽节点辐射带动能力。继续建设连接资源富集区、产业园区、口岸的高等级公路,提升服务产业发展能力。加强干线公路与城市道路有效衔接,具备条件的城市规划建设绕城公路。

二、铁路交通

铁路交通尤其是高速铁路建设能够极大地提升区域之间互联互通能力,加速区域间发展要素的广泛流动,对承接产业转移和产业升级发展形成强有力的支撑。"十二五"期间,广西铁路发展迈入高铁时代。铁路建设完成固定资产投资1289亿元,新增铁路营业里程1866公里,总里程达到5086公里,路网密度由"十一五"期末的137.3公里/万平方公里增加到214.9公里/万平方公里,复线率47.2%、电气化率60.1%,较"十一五"期末分别提高了33个百分点和35.3个百分点。建成南宁至广州、贵阳至广州等高速铁路,并积极推进高铁经济带建设,全区高速铁路运营总里程超过1700公里,约占同期全国高速铁路运营总里程的1/10,贯通区内11个设区市和50个县(市、区),初步形成以南宁为中心的"123"快速铁路网。

建设目标。建成以南宁为中心,客货并重、成环配套的"一环四纵四横"铁路网络,全区铁路营业里程达到6000公里左右,其中高铁突破2000公里;铁路复线率、电气化率高于全国平均水平。

重点任务。继续加快铁路建设,优化路网布局,完善路网结构,构建"一环四纵四横"铁路网络。加快建设以南宁为中心,连接西南中南地区、粤港澳和东盟的高速铁路,基本实现市市通高铁。利用现有干线为主,适度新建线路为辅,建设以南宁为核心连接设区市、城市群间重要节点城市、城市群内重要节点县城和重点县城四个层次舒适便捷、成环配套的城际铁路网。规划新建铁路和既有线扩能改造相结合,基本实现主要铁路通道客货分线,建设一批中心城市、港口、边境铁路货运物流中心,形成连接西南中南和粤港澳、面向东盟的大能力货运网,全面提高铁路货物运输能力。加强连通北部湾、西江内河港口和重点产业园区支线铁路建设,推进铁路、公路、水运联运协调发展。结合新线建设、既有线改造和港区建设,积极推进集装箱运输通道和重要大宗生产资料运输通道建设。

三、民航机场

民航机场建设是产业发展的重要支撑，是高端要素和高端产品流通的重要渠道。"十二五"期间，广西民航建设完成固定资产投资116亿元，改扩建南宁、桂林等机场，建成南宁吴圩国际机场新航站楼、河池机场，民用运输机场达到7个，初步形成以南宁、桂林机场为骨干，北海、柳州机场为辅助，其他支线机场为补充的发展格局。旅客吞吐能力突破2800万人次，是"十一五"期末的2.6倍；南宁机场年旅客吞吐量超过1000万人次，跻身千万级大型繁忙机场行列。

建设目标。扩大和优化民航网络，全区民用运输机场达到9个，旅客吞吐量超过3500万人次，通用航空加快发展，基本实现全区各县区1.5小时内享受航空服务。

重点任务。实施南宁、桂林机场扩建工程，提升南宁吴圩国际机场、桂林两江国际机场运输保障能力，加快推进玉林机场新建及梧州机场迁建工程，完善支线机场布局，形成以南宁、桂林两大干线机场为骨干，柳州、梧州、北海、玉林、百色、河池、贺州等支线机场为辅助，层次清晰、功能合理的"两干七支"公共运输机场体系。加密国内主要城市和面向东盟的航班和航线，形成高效、安全、迅捷的航空运输网络。促进通用航空业发展，加快建设一批通用机场或通用航空基地，基本建成南宁伶俐、桂林兴安等16个通用机场，初步形成广西通用机场体系骨干网络，实现设区市拥有通用机场或兼顾通用航空服务的运输机场，23.6%的县级行政单元能够在地面交通1小时车程内享受通用航空服务。

四、水路交通

水路事业发展是产业的重要组成部分，也是促进现代物流发展和综合运输体系建设的重要保障。"十二五"期间，广西以水运为着力点，加快水域基础设施、运输结构得到优化升级，其中北部湾港口建设规划新增深水泊位71个，新增通过能力2.14亿吨，其港口能力明显提高。"十三五"期间，要加快广西北部湾港大型专业化深水码头、深水航道及各种配套设施建设，优化港口分工和布局，加快港口集疏运通道建设，发展集装箱运输及矿石、石油、煤炭等大宗货物运输，建设防城港 40 万吨级大型散货码头等工程。

建设目标。到 2020 年，广西北部湾港总吞吐能力达到 4.5 亿吨，集装箱吞吐量接近 1000 万标准箱，千吨级以上高等级航道超过 1500 公里，内河港口综合吞吐能力达到 1.5 亿吨，集装箱吞吐量达到 300 万标准箱，全力打造西江黄金水道，构建高等级航道体系，建设内河水运主通道，支持支线航道建设，形成以西江水运干线和右江、红水河、柳黔江水运通道为主骨架，干支畅通、江海直达、设施较为完善的内河航道网，连接西南中南地区直通东盟的国际大通道全面建成。

重点任务。在沿海港口方面，围绕打造北部湾区域性国际航运中心，明确各港域功能定位，优化港口分工和布局，提升港口规模化、专业化、集约化水平，强化港口运输保障能力，全面提升北部湾港综合竞争力。在内河水运方面，加快打造干支衔接的高等级航道网络，打造高效的枢纽船闸系统，扩展港口规模和功能，全面提升西江黄金水道整体效能。加强西江黄金水道航道航标维护管理。在水路管理方面，建设北部湾港口岸线 GIS 管理信息系统，形成北部湾港口岸线电子地图，为北部湾港口岸线管理智能化提供强有力的技术支撑。

第 27 讲 土地利用支撑

坚持"十分珍惜、合理利用土地和切实保护耕地"的基本国策，坚持节约集约用地的原则，把有限的用地指标用于最需要的建设项目，在坚持对建设用地实行总量控制的前提下，根据区别对待、有保有压、先急后缓、项目好中选优的原则，科学合理地安排建设用地，保障土地供应。

一、科学安排工业用地

一是全面统筹工业用地。强化土地利用年度计划的调控作用，严格控制建设用地总量，调控各类各区域用地供应规模、结构、布局与时序，对国家和自治区重大项目实行计划指标动态管理，保障符合国家产业政策和规划的重点项目用地，有效引导投资、消费方向和力度，实现对产业运行的宏观调控。

二是强化工业用地管理。完善工业用地出让最低价标准政策，建立调节工业用地和居住用地合理比价机制，适当提高工业用地价格。将工业项目投资强度、容积率、建筑系数、绿地率、非生产设施占地比例等控制性指标纳入用地使用条件。鼓励和引导社会投资主体参与多层标准厂房建设经营。实行新增工业用地弹性出让年期制，可根据产业周期将一般工业用地出让年限分别确定为 10 年、20 年、30 年。鼓励企业以租赁方式使用国有建设用地，符合国土资源部规定的行业目录的工业用地可采取"先租后让"方式供地。

三是规范园区用地管理。禁止在土地利用总体规划和城乡规划确定的城镇建设用地范围外设立各类城市新区、产业园区（含开发区、工业集中区、产业集中区等），严格按程序报批各类园区的设立、扩区、升级和区位调整。定期开展园区土地集约利用评价，并作为园区升级、扩区的依据。将各类园区土地征收、利用纳入统一规划，由国土资源部门统一管理，严禁将征地权、供地权下放到园区管理机构。

二、提高用地集约水平

一是全面履行共同责任制。强化各级政府节约集约用地工作主体责任，加强部门协调配合，共同推动节约集约用地工作。发展改革委、工业和信息化委等部门要对建设项目行业准入、投资规模、投入产出强度等审核把关，城乡规划部门要严格核查建设项目开发建设强度执行情况，林业部门要严把占用征收林地审核关，税务部门要探索建立城镇土地使用税与节约集约用地相挂钩的税收调节机制，统计部门要对节约集约用地与经济运行趋势进行统计分析，国土资源部门要严格土地执法，认真做好建设用地批前审查、批后监管工作，维护良好的土地管理秩序。

二是盘活低效建设用地。加大闲置土地处置力度，依法依规严肃查处用地闲置问题，对因使用者原因造成的土地闲置，按照法律法规规定或合同约定应当收回土地的，坚决收回土地使用权。统筹推进低效用地再开发，通过协商收回、鼓励流转、协议置换、合作经营、自行开发等多种形式，推进低效建设用地再开发利用。鼓励工业企业在符合规划、不改变原用途的前提下，利用存量土地新建工业厂房或增加原厂房层数与容量，提高土地容积率不再增收土地价款。鼓励多渠道筹措资金，有序推进历史遗留、有合法权源的工矿废弃地复垦利用试点。因地制宜盘活农村建设用地。统筹运用土地整治、城乡建设用地增减挂钩等手段，整合涉地资金和项目。

三是完善土地利用评价考核制度。建立健全国土资源节约集约利用综合评价标准及考核制度，将节约集约用地与新增建设用地计划分解下达、土地综合整治项目审批等挂钩；深入开展节约集约用地模范县（市、区）创建活动，对节约集约用地模范县（市、区）可适当奖励建设用地计划指标。严格执行《广西单位 GDP 和固定资产投资规模增长的新增建设用地消耗考核办法》，将各市县的"单位 GDP 耗地下降率""单位 GDP 增长消耗新增建设用地量""单位固定资产投资消耗新增建设用地量"等指标纳入年度土地利用计划一并下达，实行年度考核。

三、强化保障后备用地

一是优化城乡建设用地布局。按照统筹城乡、合理布局、适度集中的原则，推进人口向城镇集中、居住向社区集中、产业向园区集中。城市建设应当避免占用优质耕地、天然林地和公益林地。地方政府为实施城乡规划，可依法收回调整已出让的土地。严格控制农村居民点建设用地总量，因地制宜推进农村居民点整合撤并和小城镇建设，在具备条件的地方对农村建设用地按规划进行区位调整、产权置换，促进农民住宅向集镇、中心村集中。

二是推进土地立体开发利用。加强地下空间管理，鼓励综合开发利用地下空间。在土地规划设计条件中明确宗地内开发利用地下空间的范围、地下建（构）筑物水平投影面积、开发深度及空间分层坐标。完善地下建设用地使用权配置方式、地价确定、权利设定和登记制度。项目地下空间可不计入容积率，连同地上建设用地使用权一并出让或划拨。

第 28 讲　能源供给支撑

能源是经济社会发展的动力和运行的血液，同时也是大气污染治理的重点领域。要按照优化结构、相互补充的要求，合理开发利用煤炭、水电等资源，并利用良好的深水港条件，引进国内外煤炭、石油、液化天然气等资源，加快推进核能利用，开发可再生能源，实现能源结构多元化。

一、优化能源总量控制

一是建立控制能源消费总量工作协调联动机制。加强统筹协调，做好与节能减排、应对气候变化等工作衔接配合，充分发挥地方、企业、行业协会的作用，建立上下联动、部门配合、全社会共同参与的工作机制和保障体系。统筹兼顾全区经济社会发展和能源利用水平的地区差异，通过政府政策调控与市场运作机制相结合的方式，建立政府引导、企业主导、市场驱动、社会参与的能源消费总量控制工作机制，优化配置能源资源，保障合理用能，鼓励节约用能，限制过度用能，增加清洁能源，提高用能效益和全社会用能管理水平，促进产业结构调整和经济发展方式转变，推动广西能源发展转型升级。

二是建立健全能源行业统计体系。完善重点用能行业的能源消费及可再生能源利用统计制度，加强市县两级能源统计能力建设。建立各地能源消费量定期公报制度，跟踪监测分析各地区、重点行业、重点企业能源消费情况，做好信息公开和数据共享。对能耗增长过快的地区和企业，及时预警、适时调控，对不能完成能源消费总量控制目标的地市，应暂停新建重大用能项目。

三是完善能源价格和财税政策。逐步建立有利于控制能源消费总量的体制机制，形成节能倒逼机制，推动产业转型升级和发展方式转变。建立新上项目与淘汰高耗能落后产能挂钩的能源消费总量动态调控机制，鼓励新建用能项目通过资产重组、减量替代交易等市场机制取得用能指标规模，引导各地将能源消费增量指标主要用于低能耗、高附加值的产业项目。

二、强化电力供给保障

一是加强电力需求侧管理。开展电力需求侧管理资源潜力调查，制定电力需求侧管理规划、年度工作目标和实施方案，采取激励政策和引导措施，通过电网企业、能源服务公司、电力用户等共同参与，优化用电方式，减少电力消耗，提高终端用能效率。加快电网智能化发展，提高电网供电效率。

二是积极发展可再生电力能源。推进近海风电场开发建设，适当建设陆上风电项目。大力推广利用太阳能，推进各类工（产）业园区分布式光伏发电项目建设。因地制宜、合理有序推进生物质能开发利用。统筹推进水电保护性开发，以流域综合效益最大化为目标。安全高效发展核电，在确保安全和质量的前提下稳步推进核电建设。

三是科学有序发展清洁高效火电。认真贯彻落实国家防范煤电产能过剩风险有关要求，结合广西实际科学有序推进纳入国家规划的大型煤电项目和燃煤热电联产项目建设。积极开展大型煤电机组超低排放改造工作，鼓励建设余热、余压、余气等资源综合利用发电项目，实现能源梯级利用。

三、强化煤炭资源保障

一是积极推进煤电节能减排升级改造。落实煤电节能减排升级与改造行动计划，推进单机30万千瓦级以上的煤电机组实施节能环保综合升级改造，鼓励单机10万千瓦及以上的煤电机组实施节能环保综合升级改造。完善煤电机组环保电价政策，通过经济、技术手段促进煤电节能减排升级改造，严格实施节能低碳环保调度发电，新建燃煤发电机组平均供电煤耗须低于300克标煤/千瓦时。

二是严格限制新上燃煤项目。严格实施新建耗煤项目煤炭减量替代相关政策规定。禁止新、扩建钢铁、石化、水泥（以处理城市废弃物为目的的除外）、平板玻璃（特殊品种的优质浮法玻璃项目除外）和有色金属冶炼等重污染项目。

推动能耗较高、环保水平较低的自备电厂主动实施节能减排技术改造和关停退役。新建项目单位产品（产值）能耗须达到国际先进水平，新建耗煤项目实施煤炭减量替代，在开工建设前落实煤炭替代方案，明确煤炭替代来源和替代削减量。

三是全面整治分散燃煤锅炉。实施燃煤锅炉节能环保综合提升工程，加速淘汰落后锅炉，加快高污染燃料禁燃区（含城市建成区）内使用高污染燃料锅炉的淘汰工作，高污染燃料禁燃区（含城市建成区）和集中供热管网覆盖范围内和经国家、自治区批准设定的各类产业园区禁止新建使用高污染燃料的锅炉和企业自备热电站。其他区域禁止新建 10 蒸吨/小时以下使用高污染燃料的锅炉，加大节能改造力度，基本达到能效标准限定值要求。

四、保障油品供应能力

一是加大勘探开发力度和范围，提高技术含量。增强自主控制的石油产量，降低对区外产油省和国外产油国的依存度。加大对区内老油田和新油田的勘探开发力度，加大石油开采技术研发投入，解决当前区内石油勘探壁垒，通过注水工艺、水力压裂、酸化、防蜡与堵水等技术，提升百色油田等老油田产量，加大开发范围，积极勘探新的油田，加大海洋油田的勘探开发力度。

二是发挥政府宏观调控作用，统筹石油供给。加强与中石化、中石油沟通与衔接，合理配置资源，及时掌握油品供应动态，落实各项措施及配置计划，确保重点地区、重点企业、重点工程、重大项目建设用油，切实缓解市场供需矛盾。加强调度和供应衔接，进一步加强铁路、公路、水路运力协调，确保成品油运输。协助用油企业做好油品采购，协调解决存在问题，做好油品购、销、调、存动态平衡，确保全区成品油市场均衡、平稳供应。加强供需市场监测、预测、制定预警预案，根据市场需求变化，及时协调增加成品油配置计划，增加供应总量，保持成品油市场供需总量基本平衡。

三是节约石油能源资源，提高利用效率。加强组织领导，贯彻节能优先方针，积极推进节能建设，建立节能管理体系，制定和完善政策法规，实施节约能源法制化管理，重点制定《节约石油管理办法》和《能源效率标识管理办法》，建立石油能源基金，实施强化节能激励政策；推动节约石油能源示范工程建设，加强节能监测和技术服务体系建设，加强科技创新，推行先进节能技术，加强节能管理，减少单位能耗。加大节能研究投入，积极推行节能新机制。利用税收等手段调节石油产品消费,加快开发利用系能源步伐,增加新能源在能源消费中比重,提高能源利用效率。

五、确保天然气供需求

一是扩大天然气利用规模。大力发展城市燃气,加快推进工业燃料和交通燃油替代,鼓励大型建筑、工业园区建设分布式能源系统,落实工业园区和产业集聚区集中供热建设规划,合理建设天然气热电联产、分布式能源等集中供热设施,根据电力调峰需求和工业园区、产业集聚区集中供热需要发展天然气发电。

二是鼓励社会资本加强能源设施投资。鼓励社会资本参与油气管网建设运营。支持民营企业、地方国有企业等参股建设天然气(LNG)接收站、地下储气库、城市配气管网和城市储气设施,控股建设油气管网支线、原油和成品油商业储备库。鼓励社会资本参与煤炭储配体系建设。建立健全能源领域政府和社会资本合作(PPP)机制。

三是加强天然气能源供给。加强与东盟国家的能源合作,深化中缅油气管道项目合作,扩大天然气供给规模,加快广西沿海液化天然气建设,加快引进北部湾和南海海域天然气资源,加快形成具有区内与区外、海上与陆地多气源渠道、与全国天然气管网联网的安全稳定供气格局,主要城市、城镇实现中石油、中石化两张供气网。

第29讲 财政金融支撑

工业的快速发展必须要有完善的财政金融支撑做保障。"十三五"期间,要进一步增强财政支撑功能、创新金融服务体系和增强企业融资能力等专项资金导向,加大财政金融支持力度,优化投资环境,为工业和信息化发展创造良好的环境。

一、增强财政支撑功能

一是加强专项资金的导向作用。用活用足政策,充分发挥企业技术改造、工业园区发展、节能与循环经济、信息服务业、中小企业等专项资金导向作用,想方设法引导社会资本投入工业和信息化的重点领域、重点工程、重点项目,不断提高财政资金的使用效率与杠杆效应。稳步引导社会资本、金融机构、国有企业等共同投资设立各类先进制造业投资基金。

二是发挥好珠江—西江产业投资基金作用。加快推进重点产业和战略性新兴产业发展,立足产业结构优化调整和促进企业发展方式转变,设立广西中小企业发展基金。做大政府投资引导基金规模,以股权投资等方式,引导社会资本投向战略性新兴产业、高新技术产业、先进制造业等重点产业。

二、创新金融服务体系

一是强化金融协调服务,提升金融保障力度。积极向银行推荐具有良好经济和社会效益、还贷能力强的重点项目,争取更多的信贷资金支持。鼓励各类资本发展融资担保、融资租赁和小额贷款公司，完善面向中小微企业的融资担保体系。以广西再担保有限公司为主体，构建覆盖自治区、市、县三级的政策性融资担保体系，满足各类企业的融资需求。

二是发展融资担保、互联网金融等各类金融中介。服务实体经济，落实中国人民银行等10个部门《关于促进互联网金融健康发展的指导意见》，规范发展互联网金融。发展普惠金融和多业态中小微金融组织，推动建立多种融资平台，利用国内外资本市场，通过股票公开上市融资、区域市场股权转让、基金融资、发行债券、可转债和再融资等形式，推动项目进入资本市场直接融资。支持产业园区同投资机构、保险公司、担保机构及商业银行合作，探索建立投保贷序时融资安排模式，鼓励有条件的产业园区探索同社会资本共办"园中园"，以此满足实体经济的发展需要。

三、增强企业融资能力

一是协助企业争取融资渠道。帮扶企业是支持工业经济发展最直接的体现。采取中小企业担保、融资租赁、政策性担保、供应链融资等方式帮扶企业解决融资困难，缓解企业资金压力，拓宽企业融资渠道。加大对中小微企业的金融扶持，在市场准入、专项金融债发行、风险资产权重、存贷比考核及监管评级等方面落实差异化的监管政策。

二是创新"惠企贷"融资模式。建立健全事前风险评估机制，扩大"信贷引导"资金规模。支持上市公司和优质企业通过资本市场进行各种股票、企业债券、短期融资券等直接融资。鼓励企业开展资产证券化和发行公司债、超短期融资券、项目收益票据新型债务融资，支持金融机构为企业通过多层次资本市场发行股票及债务融资提供服务。鼓励装备制造、工程机械、汽车及新能源汽车等具有较好产业基础的大型企业设立融资租赁公司，发展厂商融资租赁企业。支持大型制造业企业集团开展产融结合试点。

第30讲 人才保障支撑

人才是实现民族振兴、赢得竞争主导的战略资源。人才保障关键在于人才队伍建设，人才队伍建设关键在于人才引进与培育，人才引进与培育关键在于人才储量的持续增长，所有的关键在于充分公平的人才培养竞争环境、健全完善的人才成长平台、开放拓展的人才合作心态。"十三五"期间，要全面落实《中共中央关于深化人才发展体制机制改革的意见》，立足广西工业和信息化人才队伍建设实际，努力培养和造就一支以企业经营管理人才为核心、专业技术人才为重点、技能人才为基础的总量增长、结构合理、布局优化、素质优良的高素质人才队伍。

一、引进培养创新型人才

一是做好人才统筹，科学合理规划。根据广西经济和社会发展对高层次人才的需要，准确预测和把握今后5年、10年的高层次人才队伍建设的基本走势，科学规划、总体筹划高层次创新型科技人才队伍建设的调控目标和总体要求，精心搞好顶层设计，尽快建立和形成一支数量充足、门类齐全、素质优良、结构合理、动态发展的高素质创新型科技人才队伍。

二是加快广西高层次创新科技人才引进，培养和使用载体建设。统筹好高层次人才与载体的关系，根据新时代工业和信息化高质量发展要求，把高层次创新型科技人才的培养、引进工作与重大工程、重大项目的实施结合起来，以人才小高地、博士后"两站"、引进计划、培养工程为载体，加强对高层次创新型科技人才的引进和培育。

三是制定优惠政策，采用多种形式引进高层次创新型人才。以竞争性政策争取高层次创新型人才，建立高层次人才引进绿色通道，通过高待遇、高配套、高服务等优势吸引人才。鼓励柔性引进，鼓励各类人才不迁户口、不调档案，以柔性方式引进人才。鼓励智力引进，鼓励各类人才以讲座、合作、租赁、互借、知识产业结盟等方式为工业和信息化发展服务。

二、建设基础扎实的人才队伍

一是建立多元化的经费投入机制，拓宽筹资渠道。加大人才公共服务基础设施建设的经费投入力度，保证人才公共服务的公益性质，探索人才市场的公共服务与市场经营相结合方式，在公共服务的基础上提供多样化的有偿服务，满足各项人才的个性化需求，建立人才公共服务社会援助机制，鼓励社会力量和民营资金投入人才公共服务设施建设。采取公开招标方式，向社会人才中介机构购买公共服务，让民营人才中介机构和政府所属人才中介机构平等参与竞标，促进人才中介服务机构发展。

二是建立高效便捷、个性化的人才公共服务平台。第一，依托电子政务、政务大厅和窗口，实现网上提供政策信息、工作动态，网上审批、查询、缴费、办证、投诉、求助等项目服务，实现专业技术人员资格考试和职称评定、人才流动、专家选拔，毕业生接收等诸多业务。第二，建立互联互通的人才公共服务平台，加快建设跨区域的人才公共服务体系，推动人才市场网络三级联动，建立覆盖全区的人才信息公共服务网络，完成广西与国家和其他各省区市人才网的贯通，形成面向全社会、辐射全广西的人才信息公共服务平台。第三，优化整合现有人才市场、就业市场和毕业生就业服务市场，建立统一开放的区域性人力资源大市场。第四，建议政府出资建立公益性的人才招聘求职网络平台和信息渠道、畅通人才供给侧和需求侧双向渠道。

三、专业技能人才建设

一是创新人才培养模式，优化专业人才质量。提供个性化人才服务。构建海外人才发展服务平台，为海外人才来广西创业就业及其子女就学、就医、居住和生活等提供"一站式"、全方位、具有竞争力的信息、咨询、代理等服务。建立高校毕业生就业创业服务平台，将其延伸至高校，免费为高校毕业生提供就业指导、就业培训、就业推荐等服务。建立高层次人才服务平台，建立和完善拔尖优秀人才联系服务制度和高级专家咨询服务系统，成立高层次人才理事会及高层次人才服务机构，建立引进高层次人才的"绿色通道"。

二是拓宽服务领域，建立专业化人才服务体系。第一，拓展公共服务范围，将新兴产业和新兴阶层纳入服务范围，把服务对象延伸到农村实用人才、非公有经济组织人才、老年人才和外籍人才，构建完善的高层次人才、工业技术和经营人才及高校毕业生的专业人才服务体系。第二，进一步拓宽服务领域，从现有的人才信息、人才流动、人才培训、人才评价、人事代理、职业指导、毕业生推荐就业创业、人才派遣服务，拓展到人事诊断、人事策划、人事管理咨询、人事外包、引进国外智力、企业聚才、高级人才猎头等领域。

三是打造专业人才小高地，培养"高精专"型人才。创新机制和条件，依托重点产业、重点项目、重点学科和优势企事业单位，集中各方财力和资源，采取特殊政策和措施，建设一批具有高层次、专业化、好环境、多样性等特点的人才小高地，集聚一批高层次专业技术和企业经营管理人才，通过人才小高地建设的示范、辐射和带动作用，实现"高精专"型人才队伍建设的重点突破，推进人才资源的整体开发。

第七篇　完善政策措施 加强规划实施

　　完善的创新政策和保障措施是工业和信息化转型升级发展的前提。充分发挥"十三五"规划对广西工业和信息化发展的指导作用,是确保"十三五"目标圆满实现的重要基础。《规划》提出,要切实加强政策扶持、着力体制创新、强化招商引资、扩大开放合作、推进规划实施,确保规划落到实处、取得显著成效。

第31讲 加强政策扶持

《规划》是广西工业和信息化发展的基本蓝图，是全区工业和信息化发展的行动纲领，加强政策扶持，对确保《规划》目标任务的全面完成，以及实现工业和信息化转型升级发展具有重要意义。

一、争取国家政策支持

广西是老少边山穷地区，在工业发展起步和转型升级的关键阶段必须要有国家政策的大力支持。伴随着国内要素成本结构、国际竞争环境和制造业技术范式的深刻变革，"十三五"时期，广西工业和信息化发展要努力争取国家对产业发展实行差异化政策，在重点工程、重大项目、重大政策布局和安排上给予倾斜，在全国产业分工格局中，由国家审批或核准的重点产业项目，争取向广西倾斜安排布局。积极争取国家在糖业、铝业、汽车、石化、钢铁、电子信息等方面给予更多支持。积极争取国家在安排技术改造、增强制造业核心竞争力、老工业基地调整改造等专项资金，两化融合、军民融合深度发展、中小企业发展基金、中小企业担保资金项目补助等方面加大对广西工业和信息化发展的资金扶持。"十三五"期间，在争取国家政策的过程中，要转变传统的要项目、要资金的模式，更多地争取国家在创新平台、重点学科、领军人才等方面对广西工业和信息化发展的支持，加快弥补广西工业和信息化发展的关键"短板"。

二、制定专项发展政策

作为经济调控的重要工具和手段，专项发展政策是强化完善政策措施实施的

把握新时代的转型之路

关键环节,制定完善加快工业和信息化发展的专项政策(规划),要重点强化资金、土地、人才等方面的专项支持。建立健全重要工业品储备制度,安排财政专项储备资金,用于食糖、有色金属、茧丝绸等重要工业产品的储备,调节市场价格,促进产业平稳健康发展。制定《中小企业管理咨询服务平台认定暂行办法》,对年主营业务收入在3000万元以上且有一定管理基础的成长型中小企业开展企业精细化管理培训。建立产业发展投融资平台,引导和鼓励社会投资。制定执行相关的节能政策和措施,建立节能专项基金。加快研究推动制造业与互联网融合发展落实的配套支持政策。"十三五"时期,要实施一批专项支持政策,更要强化政策实施绩效管理,把关键政策、关键资金、关键项目用在"刀刃上",以最快速度、最好成效实现工业和信息化的转型升级发展。

三、加强产业引导扶持

明确产业化实施规范,逐步加大财政投入力度,保障工业和信息化发展需求,尤其是要充分发挥财政资金引导拉动作用,显著提高财政资金使用效率。加强产业引导扶持的关键在于选准方向、确定重点,"十三五"期间,要发挥政府规划、政策引导的作用,优先支持重点产业、重点园区、重点企业和重点产品发展,重点投向传统产业改造、新兴产业发展、技术创新、智能制造、绿色制造等关键领域。建立重点企业和重点项目融资需求清单。扩大中小工业企业信贷引导资金规模,拓宽企业融资渠道。采取股权投资、跟进投资、融资担保、委托贷款、投保贷一体化、助贷基金等多种方式,与金融资源紧密结合,进一步引导社会资本投入。引导企业到贫困地区参与工业扶贫开发,带动贫困群众脱贫致富。

四、用好用足现有政策

政策效应的体现:一是在于创新探索,二是在于用好用足。"十三五"期间,要紧紧抓住国家新一轮改革开放的重大机遇,用好用足工业和信息化的各项政策,纵深推进改革开放,全面贯彻落实国家关于加快转变经济发展方式、实施供给侧结构性改革和新一轮西部大开发等系列政策,认真兑现国家和自治区已经出台的各项促进工业和信息化发展的财税、土地、投融资等优惠政策。要完成这一重要任务,就必须把政策用好用足,深入落实自治区加快工业产业转型升级和稳增长、降低实体经济企业成本系列政策。着力优化投资环境,降低准入门槛,减轻企业负担。认真落实已经出台的支持小型微型企业税收优惠政策,根据产业发展趋势及时研究出台相关专项政策。

第32讲　着力体制创新

通过着力体制创新，形成适应市场的体制机制，把创新作为推动新一轮发展的强大动力，深化体制机制改革，加强园区体制创新，壮大非公工业经济，大力发展行业协会和强化负面清单管理，进一步开放共享机制。

一、加强园区体制创新

本着提高效能、强化协调的原则，进一步加强现有工业园区协调领导机构，以深入推进园区管理干部人事制度、薪酬制度改革为重点，形成能进能出、竞争择优、激励有效、监督严格的人事管理制度和办法。通过管理体制和运行机制的改革创新，推进管委会向专业运营公司转型，实现企业化管理、市场化运营，建立符合园区特色、职能健全、管理科学、运行高效的园区管理体制。探索有条件的产业园区与行政区融合发展的体制机制，推动产业园区依法规范发展。鼓励各类产业园区创新行政管理体制，简政放权，科学设置职能机构。提高行政效率和透明度，完善决策、执行和监督机制，加强事中事后监管，健全财政管理制度，严控债务风险。

二、壮大非公工业经济

非公有制经济泛指民营经济和个体经济，是我国经济社会发展的重要基础之一，在活跃市场、繁荣经济、吸纳劳动力就业和推动技术进步等方面发挥着重要作用。广西非公有制经济特别是非公有制工业经济规模不大、资本不足、技术落后、管理水平低下，这是导致全区经济整体推进动力不足、就业压力大、群众收入水平低的重要原因。

壮大发展非公有制工业经济，要从以下几方面入手：一是实行公平待遇，放宽市场准入，贯彻平等准入、公平待遇原则。凡国家法律、法规没有禁止的投资领域和所有对外资开放的领域，非公有制资本均可以进入，同时，简化企业登记。二是大力优化非公有制工业的发展结构。鼓励和引导非公经济发展科技型企业和外向型经济，积极参与北部湾经济区产业配套，鼓励支持发展农产品加工业，大力实施品牌战略，鼓励支持自主创业。三是改善非公有制工业的融资环境。支持非公有制企业改制上市，实施非公有制企业改制上市培育工程，鼓励非公有制企业规范改制并在境内外资本市场上市。通过简化流程、优化服务，建立企业改制上市的"绿色通道"，提高企业改制上市效率。完善中小企业信用担保体系，拓宽中小企业融资渠道。四是加大对非公有制工业的扶持力度。加大财政资金支持，给予税收优惠支持，促进就业支持，加大建设用地支持。五是不断优化非公有制工业的发展环境。优化政务环境、市场环境、人才环境、服务环境、舆论环境，并加快行业协会（商会）的改革与发展。

三、大力发展行业协会

行业协会、商会、中介机构是我国经济建设和社会发展的重要力量。"十三五"期间，要进一步强化行业协会作用，利用行业协会熟悉行业、贴近企业的优势，继续坚持"提供服务、反映诉求、规范行为"的基本职能，通过提供指导、咨询、信息等服务，更好地为企业、行业提供智力支撑，规范市场主体行为，引导企业健康有序发展，促进产业提质增效升级。鼓励行业协会、商会、中介机构参与制定相关立法、政府规划、公共政策、行业标准和行业数据统计等事务。充分发挥行业协会、商会、中介机构在行业指南制定、行业人才培养、共性技术平台建设、第三方咨询评估等方面的作用，完善对行业协会、商会、中介机构服务创新能力建设的支持机制。建立行业自律与政府监管相结合的管理体系。按照《广西壮族自治区人民政府办公厅关于政府购买服务的实施意见》要求，向符合条件的行业协会、商会、中介机构和其他社会力量购买服务，及时公布购买服务事项和相关信息，加强绩效管理。

四、强化负面清单管理

结合广西实际,强化完善负面清单管理。深入推进简政放权、放管结合、优化服务改革,全面深化投资体制改革,简化行政审批事项,优化企业投资环境。根据有关法律法规以及国家和自治区产业政策要求,按照非禁即入、开放透明的原则,落实《国务院关于实行市场准入负面清单制度的意见》(国发〔2015〕55号),加快实施市场准入负面清单和外商投资负面清单制度,构建市场开放、规范有序、企业自主决策、平等竞争、政府权责清晰、监管有力的市场准入管理新体制,引导企业投资决策。建立负面清单项目管理审查机制,加强负面清单监管,提高投资领域管理效率。

第33讲　强化招商引资

全面加强招商引资力度，加快产业项目引进培育发展，通过多渠道进行宣传推介，优化投资环境，推介招商项目，实现招商引资条线与片区的结合，全区动员，形成合力，强化招商引资工作成效，推动工业和信息化转型升级发展。

一、提高项目策划能力

项目策划既是项目建设的前提和基础，也是优化经济结构、转变发展方式的迫切需要。提高项目策划能力既是各项经济社会工作有序的基础，又是项目实施的关键。加强重大项目前期研究，探索重点项目开发委托投资商或企业进行项目设计、推销，走市场化、专业化的项目开发道路。各级相关部门根据本地产业发展方向和发展重点，全面掌握企业投资意愿和项目需要，策划提出本地工业重大项目，全程做好项目指导和服务，形成工业重大项目的策划实施合力。加强重大项目的政策可行性、经济可行性、技术可行性和资源环境可行性等论证。对重大工业项目储备库实行动态管理，滚动发展，优先纳入全区各专项产业发展规划，优先推荐作为自治区重点推进项目，优先给予土地指标倾斜，优先争取国家和自治区资金支持。将策划重大项目成果的组织实施作为工作重点，加大宣传推介和招商引资力度，确保每年实现一批重大项目的落地转化应用。

二、创新招商引资模式

新一轮科技革命和产业变革蓄势待发，发达国家推动"再工业化"和实施

"工业4.0"再造高端制造业优势,发展中国家与地区依托人力及土地成本优势全面承接劳动密集型产业转移,国内经济进入增速换挡、动力转换、结构调整的新常态,国内招商引资环境发生了深刻变化,特别是随着国内经济下行压力增大,各地在土地、信贷、能源等方面招商引资优惠政策日益趋紧、劳动力资源供给下降、资金结构性短缺矛盾日益凸显。

"十三五"时期,要积极拓宽招商引资模式,全方位、多渠道、宽领域和务实开展招商引资,加强以产业规划为指导的专业化招商、产业链招商,围绕高新、集群、链条,突出先进制造业和战略性新兴产业招商引资。积极与国内外知名投资咨询机构、行业协会、银行等建立战略合作关系,实现全方位择商选资。积极运用"互联网+招商"模式,建立专业的招商网站,利用互联网信息交流、数据分析、实景地图等,实现快捷高效地获取招商信息、线上互动、招商地图等互联网功能。利用微信、微博、微网站平台,定期发布招商动态、招商政策以及载体信息。建设招商项目管理信息化平台,对项目投资、建设进度进行电子化管理。依托重大平台和重点产业园区,组织开展专题招商活动,加大重点产业招商力度,瞄准500强企业、大型央企、优质民企、创新型企业,着力引进具有牵动力的重大项目,同时对贫困地区重大工业项目进行专项包装策划,举办专题招商活动。

三、激发社会投资活力

投资是推动供给侧和需求侧两端发力的重要引擎,扩大投资规模是当前广西稳增长、调结构和补短板的发力点,也是稳增长和培育发展新动能的结合点。

"十三五"期间,要采取切实可行措施,激发社会投资活力。一是完善投资项目用地政策。切实降低企业用地成本,全面推行用地用矿集中办理,建设项目用地预审并实行"同级审查"制度,预审意见由审批核准备案项目的同级国土资源主管部门办理,取消部分项目用地用矿预审。二是进一步打通项目融资渠道。充分发挥好政府投资引导基金作用,鼓励社会资本参与城市基础设施投融资改革试点建设,扎实推进招商引资,完善政府和社会资本合作(PPP)项目推进模式,充分发挥政策性、开发性金融机构作用,加大对中小微企业的金融扶持,鼓励企业直接融资,强化国家专项建设基金的申报和组织实施,完善政策性融资担保体系,充分发挥政府资金在企业融资中的引导作用。三是不断优化投资审批服务。进一步完善投资体制改革相关配套政策,规范审批流程提高审批效率,创新完善审批模式。

第34讲 扩大对外合作

建立对外开放的发展协调机制,加强各地区间的合作交流,整合各类资源,进行优化配置,避免重复建设,统筹安排开放资源,加强部门协同合作,共同提升产业转移承接能力与国际产能和制造合作水平。

一、优化外来投资结构水平

在市场经济条件下,要着力提升政府服务质量,提高办事效率,简化审批程序,营造具有竞争力的投资环境和营商环境。"十三五"期间,要围绕产业结构优化和工业转型升级,引进世界500强企业、国内500强企业、中央企业、大型优质民企等,鼓励外资投向高端装备、节能与新能源汽车、新材料、新一代信息技术、生物医药、节能环保等战略性新兴产业及先进制造业。吸引跨国公司及具有实力的企业设立生产性服务企业、各类功能性总部和分支机构、研发中心、营运基地。支持企业通过委托开发、专利授权、并购整合、国际招标、引才引智等方式引进先进技术,推动利用外资由引进技术、资金、设备向合资合作开发、对外并购及引进领军人才转变。

二、提高产业转移承接能力

广西毗邻发达地区,承接产业转移基础条件成熟,且具有较大的发展提升空间。"十三五"期间,要全面对接粤港澳大湾区,联动西南中南地区,加快向东部地区和先进生产力靠拢,主动承接产业转移,全面融入泛珠区域合作,依托高铁经济带建设，创建一批承接产业转移示范园区和跨省合作园区，建设粤桂黔高铁经济带合作试验区。完善基础设施和服务配套设施建设，建设完善连通区内外的高等级公路、高速铁路，以海关口岸、物流中心、工业原料及保税区、出口加工区、边境贸易口岸及商品市场规划建设为突破口，推进和完善沿海沿边沿江交通基础设施建设，提高产业转移承载能力。完善自治区重点产业园区和承接产业转移专业园区基础设施建设，促进转移产业向专业园区聚集。

三、推动国际产能和制造合作

"十二五"期间，广西装备制造业持续快速发展，产业规模、技术水平和国际竞争力不断提升，国际产能和装备制造合作取得初步成效。当前，全球产业结构加速调整，发展中国家大力推进工业化、城镇化进程，国家积极实施"一带一路"倡议、打造中国—东盟自由贸易区升级版，为广西推进国际产能和装备制造合作提供了重要机遇。"十三五"期间，要通过健全组织领导机制、完善对外合作机制、改革对外合作管理体制、完善财税支持政策、加大金融支持力度、加强人才队伍建设、健全服务保障体系等措施，力争全区对外投资中方协议投资额年均增长在10%以上，一批重点国际产能和装备制造合作项目取得明显进展，形成若干境外产能合作示范基地，培育一批具有较强国际竞争力的本土企业。

专栏10　推进国际产能合作

一是提高轻工食品行业国际合作水平。发挥轻工食品行业较强的国际竞争优势，鼓励企业在东南亚、非洲、拉美等自然资源丰富、生产成本低、靠近目标市场的国家投资建设食品加工、造纸、家电、棉纺、化纤等轻工行业项目，进而带动相关设备出口。

二是加快自主品牌汽车走向国际市场。积极开拓东南亚、非洲等发展中国家汽车市场，推动微型车、轿车、客车、多功能乘用车、载货车出口。在市场潜力大、产业配套强的国家设立汽车生产厂和组装厂，建立当地分销网络和维护中心，带动自主品牌汽车整车及零部件出口，提升品牌影响力。鼓励汽车企业在欧美发达国家设立汽车技术和工程研发中心，同国外技术实力强的企业开展合作，提高研发和制造技术水平。

三是推动有色金属、钢铁产业对外产能合作。发挥广西有色金属产能优势，结合境外矿产资源开发，延伸下游产业链，开展铝、镍、铜、铟等冶炼和深加工，带动成套设备出口。以投资、收购、承包工程等方式，在资源条件好、配套能力强、市场潜力大的重点国家建设钢铁生产基地，带动钢铁装备对外输出。

四是推动工程机械等制造业企业拓展海外市场。抓住"一带一路"建设及周边国家基础设施互联互通、非洲"三网一化"等机遇，加大工程机械、农业机械、机床工具和安全生产专用设备等制造企业的市场开拓力度，积极开展融资租赁等业务，结合境外重大建设项目的实施，扩大出口。支持企业同具有品牌、技术和市场优势的国外企业合作，提高机械制造企业产品的品牌影响力和技术水平。

五是开展建材行业优势产能国际合作。根据产业结构调整和产能转移需要，发挥行业骨干企业、工程建设企业的作用，在有市场需求、生产能力不足的发展中国家，以投资方式为主，结合设计、工程建设、设备供应等多种方式，建设水泥、玻璃、建筑卫生陶瓷、新型建材等生产线，增加当地市场供应，带动优势产能对外转移。

六是积极搭建国际产能合作平台。以产业园区为载体，搭建国际产能合作的重要平台，吸引国内优势装备制造产能在广西建设面向东盟的生产基地。依托边境口岸承接产业转移，利用东盟农林、矿产等资源发展出口加工业，促进贸工一体化，建设出口加工基地。拓展"两国双园"模式，加快中马钦州产业园、马中关丹产业园先进制造基地、信息智慧走廊、文化生态新城建设，打造国际产能合作旗舰项目。推动与东盟国家合作共建产业园区，建设边境和跨境经济合作区，为国内企业赴东盟集群式投资提供平台。

第35讲　推进规划实施

工业规划的实施是一项系统复杂的工作,需要相关部门提供不同的专业服务。在规划实施过程中,当经济社会发展的环境和条件发生变化时,应按程序对规划加以调整,这有利于进一步提高规划的指导性、强化规划的约束性。

一、加强组织协调

通过要求各级、各部门高度重视、精心策划、扎实推进,进一步加强组织领导和协调配合,明确任务分工,落实工作责任,制定具体实施方案和配套政策措施。发挥规划引领作用,形成部门推进合力,加强对重点区域、重点产业、重点园区的统筹支持,建立自治区、市、县三级规划统筹衔接机制,加强市、县级工业和信息化发展规划的编制工作。确保工业发展专项规划目标如期实现。

二、规范规划管理

工业规划是政府为推动工业转型升级发展的重要谋划与安排,综合反映了广西发展工业的目标和政策导向。将规划提出的目标、任务、重点工程和措施纳入全区各地国民经济和社会发展总体规划及各部门专项规划。各级各部门要切实转变政府职能和传统思维,加快推进行政审批制度改革,优化审批流程,简化审批程序,推进相关协调机制和服务制度建设。严格依据土地利用总体规划和城市总体规划开发建设,强化"多规合一",坚持科学、高效、有序开发。

三、落实责任机制

建立完善协调的责任分工体系,把目标任务分解细化,规划的有效实施是部门联动、层级协调的结果,在这一过程中必须全面推行工作目标责任制,建立常态化目标责任推进机制和主要领导挂钩责任制,形成一级抓一级、层层抓落实的工作格局,及时协调解决工业和信息化转型升级发展过程中所遇到的重大问题和关键问题。建立督察考评机制,按年度编制本规划的实施计划,把规划执行情况纳入全区各级政府绩效考核范围,对规划执行情况进行年度考核和终期考核。进一步落实相关部门安全生产监管责任。

四、加强实施监测

抓好本规划实施的关键就是要做好规划实施的监测工作,尤其是在新兴产业、新兴业态不断涌现的背景下,必须加快建立完善产业运行监测分析指标体系和统计制度。要完善规划的执行评估体系和通报制度,加快打通规划决策的"最先一公里"和政策落实的"最后一公里",确保规划各项措施的落地生根。对规划实施要持续开展年度监测和中期评估,在监测和评估的基础上,提出具有建设性的意见,更好地推进规划实施。

附录：名词解释

C

创业创新。以具有创业基本素质和开创型个性的人才为依托，以创业意识、创业精神、创新创业能力为支撑。推进供给侧结构性改革，实施创新驱动发展战略，加快新旧动能接续转换，着力振兴实体经济，必须推进大众创业、万众创新深入发展。2017年7月，国务院发布《关于强化实施创新驱动发展战略进一步推进大众创业万众创新深入发展的意见》（国发〔2017〕37号），提出加快科技成果转化、拓展企业融资渠道、完善人才流动激励机制、创新政府管理方式等重点任务。创业创新是当前广西工业转型升级发展最紧迫和最关键的任务。

创新链。是指围绕某一个创新的核心主体，以满足市场需求为导向，通过知识创新活动将相关的创新参与主体连接起来，以实现知识的经济化过程与创新系统优化目标的功能链节结构模式。

产城互动。产城互动在本质上是工业化和城镇化在功能和空间上的互动。"产"是指产业、生产功能、产业用地，"城"是指生活功能、居住服务用地等，产城互动主要是指开发区或工业园区与城市或城镇的互动。"产城互动"更多的是指功能互动，产城融合则是更高层次的要求。在宏观层面，要关注城市＋园区的融合，在中观层面，要关注园区内部生产＋生活功能的融合，在微观层面，要关注个体居民及家庭。

产城融合。是在我国转型升级背景下相对于产城分离提出的发展思路，要求产业与城市功能融合、空间整合，"以产促城，以城兴产，产城融合"。产业是城市发展的基础，城市是产业发展的载体，城市和产业共生共利，产城融合有利于实现城市土地集约化，扩大产业空间加速产业聚集、增加就业人口、构建城产业生态体系，促进城市一体化建设。2010年12月，广西壮族自治区人民政府印发《关于加快推进产业园区与城市新区互动发展的意见》（桂政发〔2010〕88号），提出要建成一批布局合理、产业集聚、特色突出、效益显著的产业园区，形成规划科学、用地集约、环境友好、管理规范的现代化新城区。

产业链。产业链是包含价值链、企业链、供需链和空间链四个维度的概念，是各个产业部门之间基于一定的技术经济关联，依据特定的逻辑关系和时空布局关系客观形成的链条式关联关系形态。产业链主要是基于各个地区客观存在的区域差异，着眼发挥区域比较优势，借助区域市场协调地区间专业化分工和多维性需求的矛盾，以产业合作作为实现形式和内容的区域合作载体。

产业创新体系。是指以产业链条上各企业为创新主体，构建企业之间以及企业和高校、科研机构、用户和供应商、金融机构、政府之间的联系网络，实现自主技术创新和产业升级。产业创新体系的实质是"联系"，即把企业和其他各次要参与者的创新活动联系起来，以技术创新为核心，形成集成创新能力，使创新活动个体的创新成本降低，效益最大化，推动产业内新技术或新知识的产生、流动、更新和转化，促进企业创新能力的形成和产业竞争力的提高。

产业生态化发展。是将生态保护和经济发展协调统一，以经济发展带动生态保护，以生态开发推动经济发展。2015年7月，自治区召开全区生态经济工作会议，提出以更系统的谋划、更强有力的举措推动生态建设产业化、产业发展生态化，加快把生态优势转变为产业优势、经济优势、发展优势，走具有广西特色的绿色转型崛起之路。

产业基地。是指由政府或者民间组织、机构自发或者规划筹办的具有产业集群效应的经济体。产业基地因产业属性而异，规模不一，并表现出综合性特征，产业基地应突出专业化和特色化建设。

产业化。"产业化"的概念是从"产业"的概念发展而来的，是指某种产业在市场经济条件下，以行业需求为导向，以实现效益为目标，依靠专业服务和质量管理，形成的系列化和品牌化的经营方式和组织形式。

产学研结合。是科研、教育、生产不同社会分工在功能与资源优势上的协同与集成化，是技术创新上游、中游、下游的对接与耦合。

产业创新联盟。是由政府相关部门、企业、科研机构和行业协会等，为合作开展高新技术研发、推广应用以及相关项目建设、市场开拓，而以契约形式组成的企业合作组织，属于企业及机构、组织之间的、非法人的、非营利性的联盟机构。

产业集群。是指在特定区域中，具有竞争与合作关系，且在地理上集中，有交互关联性的企业、专业化供应商、服务供应商、金融机构、相关产业的厂商及其他相关机构等组成的群体。2012年1月，国务院印发《工业转型升级规划（2011～2015年）》（国发〔2011〕47号），提出要推动产业集聚发展，按照"布局合理、特色鲜明、集约高效、生态环保"的原则，积极推动以产业链为纽带、资源要素集聚的产业集群建设。

产业转移。企业将产品生产的部分或全部由原生产地转移到其他地区的过程，是区域经济梯度发展的必然规律，是推进区域协调发展的重要手段。2010年，国家发展改革委同意将广西梧州、贵港、玉林、贺州4市设立为广西桂东承接产业转移示范区。2012年11月20日，广西壮族自治区人民政府印发《广西加快推进桂东承接产业转移示范区建设若干政策的通知》（桂政发〔2012〕87号）。

产能等量置换。是指新（改、扩）建项目应淘汰与该建设项目产能数量相等的落后或过剩产能。按照国务院《关于化解产能严重过剩矛盾的指导意见》（国发〔2013〕41号）规定，产能严重过剩的行业项目建设，须制定产能置换方案，实施等量或减量置换。

城市矿产。是指工业化和城镇化过程中产生和蕴藏于废旧机电设备、电线电缆、通信工具、汽车、家电、电子产品、金属和塑料包装物以及废料中，可循环利用的钢铁、有色金属、贵金属、塑料、橡胶等资源。2010年8月，国家发改委和财政部印发《关于开展城市矿产示范基地建设的通知》（发改环资〔2010〕977号），首批选择了7家区域性资源循环利用园区开展"城市矿产"示范基地建设。

D

大数据。是指需要新处理模式才能具有更强的决策力、洞察力和流程优化能力的海量、高增长率和多样化的信息资产。2016年12月，工业和信息化部印发《大数据产业发展规划（2016～2020年）》，提出全面推进大数据发展，加快建设数据强国，推动大数据产业发展，利用大数据提升政府治理能力、优化民生公共服务、促进经济转型和创新发展。

大宗工业固体废物。是指我国各工业领域在生产活动中年产生量在1000万吨以上且对环境和安全影响较大的固体废物，主要包括尾矿、煤矸石、粉煤灰、冶炼渣、赤泥和电石渣等。2012年3月，工业和信息化部印发《大宗工业固体废物综合利用"十二五"规划》，提出全面推进大宗工业固体废物综合利用工作，提高综合利用水平。

附录：名词解释

定制化消费。是指企业在大规模生产的基础上，将每一位顾客都视为一个单独的细分市场，根据个人的特定需求来进行市场消费组合，以满足每位顾客的特定需求的一种消费方式。现代定制消费与传统手工定做不同，定制消费是在简单的大规模生产不能满足消费者多样化、个性化需求的情况下提出来的，其最突出的特点是根据顾客的特殊要求来进行产品生产。

东桑西移。是指我国将逐步把蚕茧主产区从东部地区向西部地区转移的蚕丝产业发展战略。随着东部地区土地成本和人工成本不断上涨，传统蚕桑产业发展受到制约，生产规模逐年下降，我国中西部地区拥有较为丰富的土地资源和劳动力资源，具备发展蚕茧丝产业的自然条件和社会基础。可见，将蚕茧产区逐步从东部地区向中西部地区进行战略性转移，对稳定我国蚕丝产业、保证我国茧丝绸大国地位、促进中西部地区农民增收和经济发展具有重要意义。

东绸西移。是指我国将逐步把织绸产业从东部地区向西部地区转移的产业发展战略，随着"东桑西移"战略的基本完成，逐步将蚕茧主产区从东部地区向西部地区转移。

电子商务。是指在全球各地广泛的商业贸易活动中，在互联网开放的网络环境下，基于浏览器/服务器应用方式，买卖双方不谋面地进行各种商贸活动，实现消费者的网上购物、商户之间的网上交易和在线电子支付以及各种商务活动、交易活动、金融活动和相关的综合服务活动的一种新型的商业运营模式。

低效产能。是指在计划期内，企业参与生产的全部固定资产，在既定的组织技术条件下，生产产量过剩、质量较差、效用低下的产品。

F

孵化器。原意是指人工孵化禽蛋的设备，引申至经济领域，是指在企业创办初期或者企业遇到"瓶颈"时，能够提供资金、管理、资源、策划等支持的载体平台或专业机构。1989年广西第一家科技企业孵化器桂林科技创业服务中心成立，为了加快科技型企业孵化器建设，自治区政府2012年出台《关于全面加快我区科技企业孵化器发展的实施方案》。

服务外包。是基于在经济发展的带动下，企业为了更好地发展，将其非核心业务外包出去，利用外部最优秀的专业化团队来承接其业务，从而使其专注核心业务，达到降低成本、提高效率、增强竞争力和环境应变能力的目的。

分布式能源。是指一种建在用户端的能源供应方式，可独立运行，也可并网运行，是以资源、环境效益最大化确定方式和容量的系统，并将用户多种能源需求，以及资源配置状况进行系统整合优化，采用需求应对式设计和模块化配置的新型能源系统，是相对于集中供能的分散式供能方式。分布式能源具有能效利用合理、损耗小、污染少、运行灵活、系统经济性好等特点。2013年1月，国务院印发《能源发展"十二五"规划》（国发〔2013〕2号），提出按照自用为主、富余上网、因地制宜、有序推进的原则，积极发展分布式能源，实现分布式能源与集中供能系统协调发展。

负面清单。是指政府规定哪些经济领域不开放，除了清单上的禁区，其他行业、领域和经济活动都许可的。凡是与外资的国民待遇、最惠国待遇不符的管理措施或业绩要求、高管要求等方面的管理措施均以清单方式列明，这是负面清单管理模式在外商投资领域的运用。

G

供给侧结构性改革。2015年11月，在中央财经领导小组第十一次会议上，习近平总书记强调，在适度扩大总需求的同时，着力加强供给侧结构性改革，着力提高供给体系质量和效率，增强经济持续增长动力。所谓供给侧结构性改革，就是从提高供给质量出发，用改革的办法推进结构调整，矫正要素配置扭曲，扩大有效供给，提高供给结构对需求变化的适应性和灵活性，提高全要素生产率，更好满足广大人民群众的需要，促进经济社会持续健康发展。

个性化消费。是指消费者出于自身收入水平、知识水平的提高和商品与劳务的丰富，购买商品不再只是满足对物的需求，而更加看重商品的个性特征，希望通过购物来展示自我，并达到精神上的满足。以往大批量生产制式产品的经营方式将被大规模具有个性化特点的定制方式所取代。

工业总产值。是指以货币表现的工业企业在报告期内生产的工业产品总量。根据计算工业总产值的价格不同，工业总产值分为现价工业总产值和不变价工业总产值，不变价工业总产值是指在计算不同时期工业总产值时，对同一产品采用同一时期或同一时点的工业产品出厂价格作为不变价，又称为W定价格。采用不变价计算工业总产值，主要是用以消除价格变动的影响。现价工业总产值指在计算工业总产值时，采用企业报告期内的产品实际销售价格（不含增值税价格）。

工业增加值。是指工业企业在报告期内以货币形式表现的工业生产活动的最终成果，是工业企业全部生产活动的总成果扣除了在生产过程中消耗或转移的物质产品和劳务价值后的余额，是工业企业生产过程中新增加的价值。

工业化率。是指工业增加值占全部生产总值的比重，工业化率达到20%～40%，为工业化初期，40%～60%为半工业化阶段，60%以上为工业化阶段。对于工业化率的判断存在不同的认识和不同的标准，尤其是在三产融合发展程度日益加深的背景下，需要从新的视角来看待工业化率。

高耗能行业。《2010年国民经济和社会发展统计报告》六大高耗能行业分别为：化学原料及化学制品制造业、非金属矿物制品业、黑色金属冶炼及压延加工业、有色金属冶炼及压延加工业、石油加工炼焦及核燃料加工业、电力热力的生产和供应业。2016年12月，国家发展改革委印发《能源发展"十三五"规划》（发改能源〔2016〕2744号），提出加强重点行业能效管理，推动重点企业能源管理体系建设，提高用能设备能效水平，严格钢铁、电解铝、水泥等高耗能行业产品能耗标准。

高铁经济带。是以高速铁路为通道和枢纽，沿线各省市互相合作，形成交通便捷、要素流通、资源共享、产业互补的区域经济发展新模式，对实现我国区域协调发展具有重大而长远的影响。《广西高铁经济带发展"十三五"规划》，提出到2020年，实现市市通高铁目标，形成以南宁为中心的"12310"高铁经济圈，高铁经济带空间布局和发展体系进一步完善，基本公共服务和综合配套服务趋于均等，地区生产总值增速高于全区平均水平，对全区经济社会发展的战略支撑和辐射带动效应全面显现。

国家信息消费示范城市。重点围绕建设信息基础设施、宽带提速降费，发展电子信息产业，增加产品供给，鼓励电子商务、互联网金融等新业态发展，引导信息消费体验等开展试点示范的城市。为贯彻落实《国务院关于促进信息消费扩大内需的若干意见》（国发〔2013〕32号），工业和信息化部经过国家信息消费试点市（县、区）申报、省级工业和信息化部门预审、专家评审，遴选出25个国家信息消费示范城市，南宁市成为全国首批25个信息消费示范城市之一。

国家信息化水平总指数。是继国内生产总值（GDP）之后反映信息时代国家综合实力的重要指标，是由包括资源开发利用、信息网络建设、信息技术应用、信息产品与服务、信息化人力资源和信息化发展环境6个方面的20项指标综合测算出来的。

工业固定资产投资。是建造和购置工业固定资产的经济活动，即工业固定资产再生产活动。工业固定资产再生产过程包括工业固定资产更新（局部和全部更新）、改建、扩建、新建等活动。工业固定资产投资额以货币表现出建造和购置工业固定资产活动的工作量，是反映工业固定资产投资规模、速度、比例关系和使用方向的综合性指标。

工匠精神。是"工业精神"在制造业的具体体现，是指工匠对自己的产品精雕细琢，精益求精，追求完美和极致的精神理念。工匠精神的目标是打造本行业最优质的、其他同行无法匹敌的卓越产品。

工业互联网。是全球工业系统与高级计算、分析、感应技术以及互联网连接融合的结果，通过智能机器间的连接并最终将人机连接，结合软件和大数据分析，重构全球工业、激发生产力，让世界更快速、更安全、更清洁且更经济。

工业设计。工业设计是现代化大生产的产物，就批量生产的产品而言，凭借训练、技术知识、经验及视觉感受而赋予材料、结构、构造、形态、色彩、表面加工以及装饰以新的品质和资格，更好地满足现代社会的需求。2014年7月，国务院印发《关于加快发展生产性服务业促进产业结构调整升级的指导意见》（国发〔2014〕26号），提出要促进工业设计向高端综合设计服务转变，鼓励建立专业化、开放型的工业设计企业和工业设计服务中心，促进工业企业与工业设计企业合作。

工业云。是指使用云计算模式为工业企业提供软件服务，使工业企业的社会资源实现共享化，工业云本质是云计算，是将工业领域所需要的软件系统应用搬到了云上。工业云包括工业管理云、工业设计云、工业控制云等。2017年3月，广西工信委印发《关于组织申报2017年工业云与工业大数据试点示范项目的通知》（桂工信推进〔2017〕117号），鼓励行业龙头企业建立面向行业的工业云和工业大数据试点示范平台。

国际产能合作。是指两个存在意愿和需要的国家或地区之间进行产能供求跨国或者跨地区配置的联合行动。《关于推进国际产能和装备制造合作的指导意见》（国发〔2015〕30号），提出力争到2020年，与重点国家产能合作机制基本建立，一批重点产能合作项目取得明显进展，形成若干境外产能合作示范基地。

工业强基工程。是指为全面提升工业基础能力设立的专门工程，工业基础是指支撑和推动工业发展的物质技术条件，集中体现为制约我国工业发展、受国外限制和具有前瞻性的关键基础材料、核心基础零部件（元器件）、先进基础工艺和产业技术基础等，简称工业"四基"。

工业固体废弃物综合利用率。是指工业固体废弃物综合利用量占工业固体废弃物产生量的百分率。计算公式为：工业固体废弃物综合利用率＝工业固体废弃物综合利用量÷（工业固体废弃物产生量＋综合利用往年储存量）×100%。工业固体废弃物是指在工业生产活动中产生的固体废弃物，是工业生产过程中排入环境的各种废渣、粉尘及其他废弃物，分为一般工业废弃物和工业有害固体废弃物。

附录：名词解释

H

"互联网+"行动。"互联网+"就是指"互联网+各个传统行业"，但这并不是简单的相加，而是利用信息通信技术以及互联网平台，让互联网与传统行业进行深度融合，并创造新的发展生态。2015年7月，国务院印发《关于积极推进"互联网+"行动的指导意见》，提出加快推动互联网由消费领域向生产领域拓展，加速提升产业发展水平，增强各行业创新能力，构筑经济社会发展新优势和新动能。

行业垄断。是指政府或政府的行业主管部门为保护某特定行业的企业及其经济利益而实施的排斥、限制或妨碍其他行业参与竞争的行为。

J

技术改造。是指在坚持科技进步的前提下，用先进的技术改造落后的技术，用先进的工艺和装备代替落后的工艺和装备，实现内涵扩大再生产，达到增加品种、提高质量、节约能源、降低原材料消耗、提高劳动生产率和经济效益的目的。采用先进的、适用的新技术、新设备、新工艺、新材料，对现有设施、生产工艺条件及辅助设施进行的改造——统称为"技术改造"或"更新改造"。

企业价值链。是指以企业内部价值活动为核心所形成的价值链体系。企业的价值活动可分为两类活动，即基本活动和辅助活动，共计九项一般的活动类型。基本活动涉及产品实物形态的生产、营销和向买方的支付，以及产品支持和售后服务等，辅助活动是指对企业基本活动有辅助作用的投入和基础设施。

军民融合。是指在更广范围、更高层次、更深程度上把国防和军队现代化建设与经济社会发展结合起来，全面推进经济、科技、教育、人才等各个领域的军民融合，为实现国防和军队现代化提供丰厚的资源和可持续发展的后劲。2015年3月，习近平总书记明确提出"把军民融合发展上升为国家战略"，2017年1月，中共中央政治局决定设立中央军民融合发展委员会。

节能与新能源汽车。是指采用非常规的车用燃料作为动力来源（或使用常规

把握新时代的转型之路

的车用燃料、采用新型车载动力装置),综合车辆的动力控制和驱动方面的先进技术,形成的技术原理先进、具有新技术、新结构的汽车。新能源汽车包括混合动力电动汽车(HEV)、纯电动汽车(BEV,包括太阳能汽车)、燃料电池电动汽车(FCEV)、其他新能源(如超级电容器、飞轮等高效储能器)汽车等四大类型。

精深加工。是指对相关资源进行深度开发生产,形成具有较高价值和附加值的产品,或是在原有加工基础上进行再次深度开发,精深加工是农林资源实现产业化的关键。

兼并重组。是指企业根据契约关系进行的企业兼并和股权转让,从而实现企业的转型,达到企业重组的目的,以实现生产要素的优化组合,巩固和提升企业竞争力。

K

跨境经济合作园区。是指在两国边境附近划定特定区域,赋予特殊的财政税收、投资贸易以及配套的产业政策,由两国或两国以上政府间共同推动的享有出口加工区、保税区、自由贸易区等优惠政策的次区域经济合作区,其目的是集聚各类生产要素,实现边境地区快速发展,辐射带动周边地区发展。

跨越发展。是指在一定历史条件下落后者对先行者走过的某个发展阶段的超常规赶超行为。工业化背景下的跨越式发展战略是要突破传统工业化道路中单纯追求"速度型"增长,避免经济发展中的短期行为,以及"单项突进"的发展模式,追求速度与效率并重,当前发展与长远发展兼顾,经济和社会、生态环境协调发展的模式。

跨境电子商务。是指分属不同环境的交易主体,通过电子商务平台达成交易、进行支付结算,并通过跨境物流送达商品、完成交易的国际商业活动。2013年8月,国务院印发《关于实施支持跨境电子商务零售出口有关政策的意见》(国办发〔2013〕89号),提出发展跨境电子商务,拓展外贸营销网络,转变外贸发展方式,加快我国跨境电子商务发展,支持跨境电子商务零售出口。

L

流程型制造业。 是指被加工对象不间断地通过生产设备，通过一系列的加工装置使原材料进行化学变化或物理变化，最终得到产品。由于流程制造中物料的变动性强，工艺流程的制约变量多，造成其在生产、物流管理上与离散行业的显著差异。流程型制造业对具有附产品、联合产品的生产过程的管理，以及对库存的管理与离散型制造企业有着显著的区别。

两化融合。 是指电子信息技术广泛应用到工业生产的各个环节，信息化成为工业企业经营管理的常规手段。信息化进程和工业化进程不再相互独立进行，也不再是单方的带动和促进关系，而是两者在技术、产品、管理等各个层面相互交融，彼此不可分割，并催生工业电子、工业软件、工业信息服务业等新产业。

两化融合发展水平指数。 "两化"融合发展水平指数评估指标体系包括基础环境、工业应用、应用效益共三类23个指标。2013年9月，国家工业和信息化部发布《信息化和工业化深度融合专项行动计划（2013～2018年）》，提出到2018年，全国两化融合发展水平指数达到82，具体目标包括企业两化融合管理体系得到全面推广，信息技术向工业领域全面渗透、传统行业两化融合水平整体提升。

两化融合管理体系贯标试点企业。 是指在信息化和工业化融合实践的基础上，在一些关键领域进行深化提升，两化深度融合标杆企业是指信息化建设取得显著成效，在两化深度融合方面具有先进性、示范性和行业代表性的企业。

绿色生产。 是指以节能、降耗、减污为目标，以管理和技术为手段，实施工业生产全过程污染控制，使污染物的产生量最少化的一种综合措施。

铝业二次创业。 是以高新技术为抓手，促使传统铝业产业结构升级带动产品更新换代，关键在于解决电解铝企业用电成本过高的问题，打通产业发展"瓶颈"，提高氧化铝资源就地转化率。

炼化一体化。 集上游炼化到下游产品生产、销售于一体，核心是实现工厂流程和总体布局的整体化与最优化。在炼化一体化中，化工产品上下游关联形成产业链，装置之间通过管道连接，生产规模匹配，资源优化配置，实现"隔墙供应"和零库存，避免了产品泄漏等化工企业较易发生的环境问题。

把握新时代的转型之路

落后产能。落后产能是指技术水平低于行业平均水平的生产设备、生产工艺等生产能力,就生产能力造成的后果而言,如果生产设备、生产工艺的污染物排放、能耗、水耗等技术指标高于行业平均水平,则该生产能力就是落后产能。在具体实践中,落后产能是指技术水平(包括设备、工艺等)达不到国家法律法规、产业政策所规定标准的生产能力。

临海型工业。是指为充分利用海运条件,将工厂布局在沿海港口的工业。临海型工业的共同特点是需要的原料、燃料量很大,产品比较沉重庞大,在整个生产过程中,运费在生产成本中所占比重大。这类工业布局在沿海港口地区最大限度地降低了运输成本,能够实现较好的效益。临海型工业与海洋产业存在交叉,但也有不同。

绿色制造。是指综合考虑环境影响和资源效益的现代化制造模式,其目标是使产品从设计、制造、包装、运输、使用到报废处理的整个产品生命周期中,对环境的影响(负作用)最小,资源利用率最高,并使企业经济效益和社会效益协调优化。

龙头企业。是指在某个行业中对同行业的其他企业具有显著影响、号召带动和示范引导作用,并对该地区、该行业或者国家做出突出贡献的企业。

P

PPP模式。即公私合营模式(Public – Private – Partnership,PPP),是指政府与私人组织之间,为了合作建设城市基础设施项目,或是为了提供某种公共物品和服务,以特许权协议为基础,彼此之间形成一种伙伴式的合作关系,并通过签署合同来明确双方的权利和义务,以确保合作的顺利完成,最终使合作各方达到比预期单独行动更为有利的结果。

Q

全生命周期管理。是指管理产品从需求、规划、设计、生产、经销、运行、使用、维修保养、直到回收再用处置的全生命周期中的信息与过程,支持并行设计、敏捷制造、协同设计和制造,网络化制造等先进设计制造技术。

全员劳动生产率。是指根据产品的价值量指标计算的平均每一个从业人员在单位时间内的产品生产量,是考核企业经济活动的重要指标,是企业生产技术水平、经营管理水平、职工技术熟练程度和劳动积极性的综合表现,工业全员劳动生产率＝工业增加值/全部从业人员平均人数。

清洁生产。是指将综合预防的环境保护策略持续应用于生产过程和产品中,以期减少对人类和环境的风险。从本质上来说,就是对生产过程与产品采取整体预防的环境策略,减少或消除对人类及环境的可能危害,充分满足人类需要,使社会经济效益最大化的生产模式。

R

融资租赁。是指出租人根据承租人对租赁物件的特定要求和对供货人的选择,出资向供货人购买租赁物件,并租给承租人使用,承租人则分期向出租人支付租金,在租赁期内租赁物件的所有权属于出租人所有,承租人拥有租赁物件的使用权。

热电联产。是指发电厂既生产电能,又利用汽轮发电机做过功的蒸汽对用户供热的生产方式,即同时生产电、热能的工艺过程,较之分别生产电能、热能方式节约燃料。热电联产的蒸汽没有冷源损失,能将热效率提高到85%。2013年,鹿寨县引进神华国华广投热电联产项目,该项目是广西第一个获国家核准建设的热电联产项目。

S

生态铝。是以铝为主要原料,经过多重加工而成的新型合金,由于经过了铸锭加温、均质退火、千吨挤压、氧化烤漆等十余道工序,以其制作而成的地板、墙面、吊顶、围墙、卷帘门等材料具有超强耐磨、防潮防火、防霉防菌、质地轻薄、永不变形等优点,具有突出的环保功能,可以循环利用。

生态经济。是指在生态系统承载能力范围内,运用生态经济学原理和系统工程方法改变生产和消费方式,挖掘一切可以利用的资源潜力,通过实行"循环经济"的原则,使一个系统产出的污染物能够成为本系统或者另一个系统的生产原料，从而实现废弃物的资源化。

生态工业。是依据生态经济学原理，以节约资源、清洁生产和废弃物多层次循环利用等为特征，以现代科学技术为依托，运用生态规律、经济规律和系统工程的方法经营和管理的一种综合工业发展模式。

市场壁垒。是指对投资主体自由进入或退出某一市场以及对在位厂商的经营管理过程中的障碍或者在其成长发展的过程中起抑制作用的因素都称为市场壁垒。

三网融合。是指电信网、广播电视网、互联网在向宽带通信网、数字电视网、下一代互联网演进过程中，三大网络通过技术改造，其技术功能趋于一致，业务范围趋于相同，网络互联互通、资源共享，能为用户提供语音、数据和广播电视等多种服务。《关于促进信息消费扩大内需的若干意见》（国发〔2013〕32号）和《关于推进文化创意和设计服务与相关产业融合发展的若干意见》（国发〔2014〕10号）均提出要全面推进三网融合。三网融合涉及智能交通、环境保护、政府工作、公共安全、平安家居等多领域，有利于极大减少基础建设投入，简化网络管理，降低维护成本，将从各自独立的专业网络向综合性网络转变，网络性能得以提升，资源利用水平显著提高。

T

提质增效。提质，就是全面提高产品质量、服务质量、工程质量、环境质量，从而提高经济发展质量；增效，就是改善企业效益、增加财政收入、提高投入产出效率，实现居民收入增长与经济发展同步。从经济层面来说，提质增效就是提高经济发展质量，改善企业效益、增加财政收入、提高投入产出效率，调整和优化经济结构，促进产业结构转型升级。2014年5月，国务院办公厅印发《贯彻实施质量发展纲要2014年行动计划》（国办发〔2014〕18号），提出要大力推动提质增效升级，打造中国经济升级版。

特色产业基地。是指在特定地域内，在实施火炬计划的基础上，发挥当地的资源和技术优势，依托一批产业特色鲜明、产业关联度大、技术水平高的高新技术企业而建立起来的高新技术产业集群。2016年6月，国家科技部火炬中心认定第一批国家火炬特色产业基地，玉林市"国家火炬玉林内燃机特色产业基地"成为广西首个获认定的国家级火炬特色产业基地。

W

网络强国战略。 包括网络基础设施建设、信息通信业新的发展和网络信息安全三方面。网络强国六大标志：一是网络信息化基础设施处于世界领先水平；二是有明确的网络空间战略和国际网络话语权；三是关键技术上自主可控特别是操作系统和CPU技术；四是网络安全有足够的保障手段和能力；五是网络应用规模、质量等方面处在世界领先水平；六是在网络空间战略中有占领制高点的能力和实力。

网络协同制造。 是敏捷制造、协同商务、智能制造、云制造的核心内容，充分利用互联网技术为特征的网络技术、信息技术，协同制造将串行工作变为并行工程，实现供应链内及跨供应链间的企业产品设计、制造、管理和商务等合作的生产模式，通过改变业务经营模式与方式达到资源最充分利用的目的。

物联网。 是新一代信息技术的重要组成部分，是物物相连的互联网。物联网的核心和基础仍然是互联网，是在互联网基础上的延伸和扩展的网络，物联网通过智能感知、识别技术与普适计算等通信感知技术，广泛应用于网络的融合中。

无线电监管。 是指合理、有效地开发和利用无线电频谱资源，审批各类无线电台的设置，协调和处理各类无线电干扰，监督检查各类无线电台的使用情况，维护空中电波秩序，保证各种无线电业务正常进行的管理工作和管理体系。

X

小康社会。 全面小康社会不仅仅是解决温饱问题，而是要从政治、经济、文化等各方面满足城乡发展需要。党的十六大报告明确全面小康社会的六个"更加"：经济更加发展、民主更加健全、科教更加进步、文化更加繁荣、社会更加和谐、人民生活更加殷实。党的十九大提出要决胜全面建成小康社会，更好地满足人民美好生活的需要。

新常态。 新常态最先由美国太平洋基金管理公司总裁埃里安提出，在宏观经济领域被西方舆论用来形容为危机之后经济恢复的缓慢而痛苦的过程。中国经济新常态是由习近平总书记提出和阐述，中高速增长、发展方式转变、结构深度调整、发展动力转向是中国经济新常态的基本特征。

新型工业化。党的十六大提出新型工业化，坚持以信息化带动工业化，以工业化促进信息化，就是科技含量高、经济效益好、资源消耗低、环境污染少、人力资源优势得到充分发挥的工业化。在知识经济时代，没有经过传统工业化的发展中国家可以直接通过新型工业化缩小和发达国家的差距实现赶超战略，避免所谓的"中等收入陷阱"，不再重复污染工业、高耗能工业和剥削性经济，借助知识文明尽快直接达到工业文明的繁荣。

先进制造业。是相对于传统制造业而言的，是指制造业不断吸收电子信息、计算机、机械、材料以及现代管理技术等方面的高新技术成果，并将这些先进制造技术综合应用于制造业产品的研发设计、生产制造、在线检测、营销服务和管理的全过程，实现优质、高效、低耗、清洁、灵活生产，以及实现信息化、自动化、智能化、柔性化、生态化生产，取得更好的经济收益和市场效果的制造业总称。

现代产业体系。是指现代元素比较显著的产业构成，主要指第一产业、第二产业与第三产业的构成。不同经济发展水平的国家现代产业构成差异较大，现代产业体系含义不同。在经济发达国家，现代产业体系主要指现代服务业发展比较充分的产业构成，一般情况下现代服务业要占GDP的70%左右，而在发展中国家，现代产业体系主要指工业化进程比较健康的产业构成，一般指工业增加值占GDP的50%左右、第三产业所占比重稳定上升的产业构成。

下一代互联网。是建立在IP技术基础上的新型公共网络，能够容纳各种形式的信息，在统一的管理平台下，实现音频、视频、数据信号的传输和管理，提供各种宽带应用和传统电信业务，是一个真正实现宽带窄带一体化、有线无线一体化、有源无源一体化、传输接入一体化的综合业务网络。

新一代信息技术。新一代信息技术包括下一代通信网络、物联网、三网融合、新型平板显示、高性能集成电路和以云计算为代表的高端软件。新一代信息技术不仅仅是集成电路、计算机、无线通信等分支领域的纵向升级，更是指信息技术的整体平台和产业的代际变迁。

协同创新。是指创新资源和要素有效汇聚，通过突破创新主体间的壁垒，充分释放人才、资本、信息、技术等创新要素活力而实现深度合作。2012年，教育部启动实施"高等学校创新能力提升计划"，旨在建立一批协同创新中心，大力推进高校与高校、科研院所、行业企业、地方政府以及国外科研机构的深度合作。从国家层面而言，必须坚持自主创新的战略主导性，就欠发达地区而言，开展协同创新具有很强的阶段发展意义。通过协同创新积蓄和提升产业发展能力，深圳、苏州和青岛具有典型示范。

新材料。是指新近发展的或正在研发的、性能超群的材料，具有比传统材料更为优异性能的新材料，新材料技术是通过物理研究、材料设计、材料加工、试验评价等一系列的研究过程，创造出能满足各种需要的新型材料的技术。

先进装备制造。是为国民经济和国防建设提供生产技术装备的先进制造业，是制造业的核心组成部分，是国民经济发展特别是工业发展的基础。

销售收入。是指销售商品产品、自制半成品或提供劳务等而收到的货款，劳务价款或取得索取价款凭证确认的收入。销售收入＝产品销售数量×产品单价。

循环经济。即物质闭环流动型经济，是指在经济发展中，以资源的高效利用和循环利用为核心，以"减量化、再利用、资源化"为原则，符合可持续发展理念的经济增长模式，实现废物减量化、资源化和无害化，是经济系统和自然生态系统的物质和谐循环，维护自然生态平衡的一种经济形式。2013年1月，国务院印发《循环经济发展战略及近期行动计划》（国发〔2013〕5号），提出要构建循环型的工业、农业、服务业体系，推进社会层面循环经济的发展，实施循环经济"十百千"示范行动，全面提高生态文明水平。

Y

云计算。是基于互联网的相关服务的增加、使用和交付模式，通常涉及通过互联网来提供动态易扩展且经常是虚拟化的资源，提供可用的、便捷的、按需的网络访问，进入可配置的计算资源共享池（资源包括网络、服务器、存储、应用软件、服务），这些资源能够被快速提供，只需投入很少的管理工作或与服务供应商进行很少的交互。

云制造。是在"制造即服务"理念基础上，借鉴云计算思想形成的新概念，是先进的信息技术、制造技术以及新兴物联网技术等交叉融合的产品，以及采取云计算等在内的信息技术，支持制造业在广泛的网络资源环境下，为产品提供高附加值、低成本和全球化制造的服务。

云存储。是在云计算概念上延伸和发展出来的新概念，是一种新兴的网络存储技术，是指通过集群应用、网络技术或分布式文件系统等功能，将网络中大量各种不同类型的存储设备通过应用软件集合起来协同工作，共同对外提供数据存储和业务访问功能的系统。

移动互联网。是将移动通信和互联网二者结合起来,互联网技术、平台、商业模式和应用与移动通信技术结合并实践的活动的总称,4G时代开启以及移动终端设备的凸显为移动互联网发展注入了巨大能量。

Z

战略性新兴产业。是指以重大技术突破和重大发展需求为基础,对经济社会全局和长远发展具有重大引领带动作用,知识技术密集、物质资源消耗少、成长潜力大、综合效益好的产业。

智能制造。是一种由智能机器和人类专家共同组成的人机一体化智能系统,在制造过程中能进行分析、推理、判断、构思和决策等智能活动。通过人与智能机器的合作共事,扩大、延伸和部分取代人类专家在制造过程中的脑力劳动,智能制造将制造自动化扩展到柔性化、智能化和高度集成化。

智慧物流。建立一个面向未来的具有先进、互联和智能三大特征的供应链,通过感应器、RFID标签、制动器、GPS和其他设备及系统生成实时信息的"智慧供应链"概念。"智慧物流"更重视将物联网、传感网与现有互联网整合起来,通过精细、动态、科学管理,实现物流自动化、可视化、可控化、智能化,以此提高资源利用率和生产力水平。

智慧城市。智慧城市概念、思想和模型最早由人类思想家与实践家倪会民在1993年提出。2008年11月,在纽约召开的外国关系理事会上,IBM提出了"智慧的地球"这一理念,进而引发了智慧城市建设热潮。智慧城市建设以信息技术应用为主线,是城市信息化的高级阶段,其本质在于信息化与城市化的高度融合,是城市信息化向更高阶段发展的表现。

智能电网。是电网的智能化(智电电力),被称为"电网2.0",建立在集成的、高速双向通信网络的基础上,通过先进的传感和测量技术、先进的设备技术、先进的控制方法以及先进的决策支持系统技术的应用,实现电网的可靠、安全、经济、高效、环境友好和使用安全的目标,主要特征包括自愈、激励和包括用户、抵御攻击、提供满足21世纪用户需求的电能质量、容许各种不同发电形式的接入、启动电力市场以及资产的优化高效运行。

智能微电网。是指由分布式电源、储能装置、能量转换装置、相关负荷和监控、保护装置汇集而成的小型发配电系统,是能够实现自我控制、保护和管理的自治系统，既可以与外部电网并网运行，也可以孤立运行，是多种能源发电设备和终端用户设备的智能优化和管理。

资源禀赋。是指一个国家或地区拥有各种生产要素，包括劳动力、资本、土地、技术、管理等，一国要素禀赋中某种要素供给所占比例大于别国同种要素的供给比例而价格相对低于别国同种要素的价格，则该国的这种要素相对丰裕；反之，如果在一国的生产要素禀赋中某种要素供给所占比例小于别国同种要素的供给比例而价格相对高于别国同种要素的价格，则该国的这种要素相对稀缺。

知识产权。是指人们就其智力劳动成果所依法享有的专有权利，通常是国家赋予创造者对其智力成果在一定时期内享有的专有权或独占权。知识产权从本质上说是一种无形财产权，是一种无形财产或者一种没有形体的精神财富，是创造性的智力劳动所创造的劳动成果。

增材制造。是融合了计算机辅助设计、材料加工与成形技术、以数字模型文件为基础，通过软件与数控系统将专用的金属材料、非金属材料以及医用生物材料，按照挤压、烧结、熔融、光固化、喷射等方式逐层堆积，制造出实体物品的制造技术。与传统的、对原材料进行去除—切削、组装的加工模式不同，是一种"自下而上"通过材料累加的制造方法。

《中国制造2025》。是中国建设制造强国的三个十年战略中第一个十年的行动纲领，是建设制造业强国三步走战略的第一步。《中国制造2025》的主要任务和重点是：提高国家制造业创新能力、推进信息化与工业化深度融合、强化工业基础能力、加强质量品牌建设、全面推行绿色制造、大力推动重点领域突破发展、深入推进制造业结构调整、积极发展服务型制造和生产性服务业、提高制造业国际化发展水平，其目的是实现从制造大国向制造强国转变。

自主创新。是相对于技术引进、模仿而言的一种创造活动，是指通过拥有自主知识产权的独特的核心技术以及在此基础上实现新产品价值的过程，自主创新包括原始创新、集成创新和引进技术再创新。

自主品牌。是指由企业自主开发，且拥有自主知识产权的品牌。中国国内企业拥有完全的产品修改权、完全的品牌运营权的品牌，但不一定所有的研发工作都要在本土完成，关键是拥有自主权利。

中国—东盟信息港。2014年9月，在首届中国—东盟网络空间论坛上，中国与缅甸、印度尼西亚、马来西亚等东盟十国达成了共建"中国—东盟信息港"的倡议，以促进区域内的多边发展与合作，中国—东盟信息港的建设包括基础建设平台、技术合作平台、经贸服务平台、信息共享平台和人文交流平台。

再生资源。是指在人类生产、生活、科教、交通、国防等各项活动中被开发利用一次并报废后，还可反复回收加工再利用的物质资源，包括以矿物为原料生产并报废的钢铁、有色金属、稀有金属、合金、无机非金属、塑料、橡胶、纤维、纸张等都称为再生资源。

转型升级。转型是指改变企业经营形态，进行产业战略或市场战略转移，如从外销型企业转向内外并重型企业，而升级则是从生产低附加值产品转向高附加值产品等。产业转型升级关键是从低附加值转向高附加值升级，从高能耗高污染转向低能耗低污染升级，从粗放型转向集约型升级。

中等收入陷阱。是一个国家发展到中等收入阶段（人均国内生产总值3000美元左右）后，可能出现的两种结果：一是持续发展，逐渐成为发达国家；二是出现贫富悬殊、环境恶化甚至社会动荡等问题，导致经济发展徘徊不前。后一种结果即走入了中等收入陷阱。世界银行《东亚经济发展报告（2006）》提出了"中等收入陷阱"的概念，基本含义是指：鲜有中等收入的经济体成功地跻身为高收入国家，这些国家往往陷入了经济增长的停滞期，既无法在工资方面与低收入国家竞争，又无法在尖端技术研制方面与富裕国家竞争。